厚德博學
經濟匡時

经济学系列

金融计量学精要

张明恒　周亚虹　编著

上海财经大学出版社

图书在版编目(CIP)数据

金融计量学精要 / 张明恒,周亚虹编著. 一上海:上海财经大学出版社,2023.1
(匡时·经济学系列)
ISBN 978-7-5642-4062-2/F·4062

Ⅰ.①金… Ⅱ.①张… ②周… Ⅲ.①金融学-计量经济学 Ⅳ.①F830

中国版本图书馆 CIP 数据核字(2022)第 171745 号

金融计量学精要

著 作 者:张明恒 周亚虹 编著
责任编辑:胡 芸
封面设计:张克瑶
出版发行:上海财经大学出版社有限公司
地 址:上海市中山北一路 369 号(邮编 200083)
网 址:http://www.sufep.com
经 销:全国新华书店
印刷装订:上海市崇明县裕安印刷厂
开 本:787mm×1092mm 1/16
印 张:17(插页:2)
字 数:296 千字
版 次:2023 年 1 月第 1 版
印 次:2023 年 1 月第 1 次印刷
印 数:0 001—3 000
定 价:48.00 元

目　录

第一章 绪 论

金融计量学研究金融市场相关问题，如价格、收益率、波动率及其风险等，属于实证学科。综合应用金融经济学理论和数量经济方法，以实证检验金融市场理论假说、解释金融市场现象及预测金融市场趋势。因此，本章首先介绍金融经济学科的发展历史；其次介绍金融计量学的研究范围及主要问题；最后列举金融市场、金融计量学的实证研究框架及本书内容组织。

第一节 相关学科

金融计量学是涉及金融学、金融经济学、经济计量和概率与统计学的综合实证学科。

1.1.1 金融学

金融学是市场经济的理论基础和金融市场的理论基石。

金融是资金的融通或价值的流通。狭义地讲，金融是银行、证券或保险机构进行资金募集和借贷的经济活动；广义地讲，金融是政府、个体、机构等市场主体通过资金的募集、借贷、配置及运用的经济活动。资本是人类活动的生产要素，为物质和精神财富的各种社会经济资源的总称，包括人力的、物质的以及自然赋予的或人类创造的。例如，个体或企业所有的土地、厂房、设备、技术或专利等。资产是指个体或企业以货币形式通过交易而获得经济资源和预期收益的物质或非物质的资源。例如，企业的产品、公司的股份、个人的字画等。证券是有价格或价值的凭证，具有财产性、流通性、收益性和风险性。例如上市公司股票、政府债券、企业债券、抵押债券或可转换债券等。期货是以某种商品或证券或债券为标的，以约定时间、约定地点和敲定价格进行交易的标准化合约。例如原油期货、铜期货、强麦期货、锰硅期货、动力煤期货、沪深 300 股指期货、上证 50 股指期货等。

期权是以某种商品或证券或债券为标的，以约定时间、约定地点和敲定价格进行交易的选择权利合约；买方向卖方支付权利费用后就获得这种权利，买方拥有执行期权的权利，无执行的义务；而卖方只是履行期权的义务。例如原油期权、铜期权、动力煤期权、沪深300股指期货、上证50股指期货等。显然，股票、债券、期货和期权都具有市场可交易性、市场流动性、交易收益、交易波动及持有风险。

1.1.2　金融经济

金融经济主要研究金融市场的经济学理论问题，如市场有效、投资组合、定价理论及风险理论等。金融经济以现代数学为研究工具，以新古典主义经济学为理论基础，研究金融市场的经济学问题，历经世纪之久（Bernstein，1991），研究成果丰富（史树中，2004；Shiryaev，2003；张尧庭，1998）。例如，20世纪初，Bachelier股票投资随机理论；20世纪中叶，Markowitz组合均值方差模型、Arrow和Debreu经济均衡存在、Modigliani-Miller公司理财及资产负债结构、Sharpe资产定价和投资组合理论、Lintner-Mossin资本资产定价模型；20世纪中期，Fama市场有效EMH假说、Fama-French三因素模型、Black-Scholes-Merton期权定价理论、Ross无套利定价理论、Vašíček金融风险量化；20世纪末，Engle条件异方差ARCH模型（Bollerslev，1986）。

金融经济构成金融市场的理论基础，但其理论假说在给定市场是否成立，仍需实证统计检验。此外，诸如羊群效应、蝴蝶效应或尾部效应等现象有悖于现代金融经济理论，致使难以构造正确的投资组合、资产定价、交易策略或风险控制。

1.1.3　经济计量

经济计量主要以概率统计方法实证研究经济学问题，如检验经济理论假设、分析经济变量的格兰杰因果、刻画经济变量趋势的误差修正、发掘经济变量背后的外生因素等。

经济计量核心首先是经济问题的数理分析；其次是构建经济问题的计量模型；最后是综合运用概率统计方法进行模型参数估计、假说检验、经济趋势预测。经济计量按模型表达角度可分为：线性回归模型、非线性回归模型、限值因变量模型及联立方程；按实证数据可分为：横截面数据、时间序列数据、面板数据和空间数据；按计量问题可分为：位序相关、异方差、内生性；按变量角度可分为：实值变量、属性变量、受限变量、工具变量;按模型参数估计角度可分为:普通最小二乘OLSE估计及其扩展、极大似然MLE估计、广义矩估计GMM及以工具变量IV为核心的多阶段普通最小二乘估计TSLS。模型条件假设重要的是高斯马尔可夫假设(Wooldridge,2008;Gujarati,2006)。

1.1.4 金融计量学

金融计量学运用经济计量方法检验金融经济学理论假设、分析金融市场行为和优化投资组合策略的实证研究学科。

金融计量学使用的数据类型主要有:横截面数据、时间序列、面板数据;运用的计量模型主要有:线性回归模型、非线性模型、联立方程模型、因变量受限模型。无论是金融产品的价格序列、收益率序列还是波动率序列,它们的统计特征多在于:聚集、重尾、尖峰、非高斯、非平稳、非线性。金融计量实证研究,如统计分析、统计检验、趋势预测、资产定价和风险管理等,依赖于金融经济学、经济计量学和数据科学的支持。无论是证券、债券、商品期货、证券期权或其衍生品,还是投资组合、对冲或套期保值策略,它们的计量特征可以抽象为"价格""收益率""波动率"和"风险"属性,见表1.1。

表1.1　金融产品的计量属性

属性	含义
价值	本质、时变性、不确定性
价格	投资追逐、价值的市场体现、市场或企业因素、线性的或非线性
收益率	投资目的、价格的市场变化、市场或企业因素、平稳的或非平稳的
波动率	投资认知差异、收益率的时变方差、随机波动、实例波动
风险	不确定性、波动、杠杆效应、长尾部效应
组合	组合优化、对冲策略、组合管理

金融计量学的主要问题和视图分别见表1.2和表1.3;更多信息参见美国金融计量学会主页。[①]总之,金融计量学的基本问题是:价格、收益率、波动率、微观机制、风险计量和组合管理(Campbell, Lo & MacKinlay, 1997),而金融计量学最新实证或理论研究参见《金融计量学期刊》(*Journal of Financial Econometrics*, *JFEC*):https://academic.oup.com/jfec。

---

① 金融计量学会主页:http://sofie.stern.nyu.edu。

表 1.2　金融计量学的研究问题

中文关键字	英文关键字	中文关键字	英文关键字
高频数据	High-Frequency Data	套利定价	Arbitrage Pricing
资产定价	Asset Pricing	资产配置	Optimal Asset Allocation
投资组合	Optimal Portfolio	微观结构	Micro-Structure
实验行为	Experimental & Behavioral	波动估计	Volatility Estimation
风险管理	Risk VaR ES	基金业绩	Performance Analysis

表 1.3　金融计量学的研究视图

视图	内容
金融问题	价格、收益率、波动率、风险管理、投资组合、资产配置
数据类型	横截面数据、时间序列数据、纵截面面板数据、空间数据
计量模型	线性回归、条件异方差、状态空间、联立方程或神经网络

第二节　金融市场

金融市场主要由提供股票债券交易的证券交易所和提供商品、指数及国债为标的的商品期货或期权交易的交易所、投资者及监管机构构成。交易所提供金融产品的审核、交易和结算；投资者为发行的股票或债券提供融资，以谋取利润或规避风险；监管机构则负责维护市场交易的公平、公正和透明。此外，法律事务所、会计师事务所、证券代理机构及数据服务商等机构为市场交易提供中介服务。

金融市场为市场经济的重要核心，提供机构、个体、企业或政府融资、投资或避险等功能，但是诸如过度融资融券的信用交易、投资组合策略失败、证券定价错误、对冲策略或监管过度或失误等将导致市场剧烈动荡或投资组合巨亏损（周大中，2000）。

历经四十多年的改革、开放和发展，中国金融市场日趋成熟，先后建立证券、商品和期货交易所。例如，上海证券交易所和深圳证券交易所提供证券和债券的交易；中国货币交易中心提供人民币银行间拆放交易和外汇交易；上海期货交易所提供金属、化工、能源的期货及期权交易；郑州商品交易所提供农产品及非农产品的期货或期权交易；中国金融期货交易所提供股指期货交易和国债期货交易。

股票市场按结算货币分为 A 股市场和 B 股市场；按开放程度分为沪港通、深港通和沪伦通;按交易规则分为主板、中小板、创业板和科创板。债券市场由上海交易所、深圳交易所和全国银行间同业拆放中心组成,按债券性质分为国债、地方政府债券、金融债券、企业债券、公司债券、中期票据、短期融资券、资产支持证券、可转换债券、可质押回购债券、小公募公司债券和资产支持证券。货币市场由银行间同业拆放中心和外汇交易中心组成,市场交易形成上海银行间同业拆放利率、贷款市场报价利率、汇率中间价、参考汇率、美元同业拆放利率和人民币汇率指数等。期货期权市场由商品市场、金融衍生品市场组成,中国金融期货交易所提供指数期货和国债期货交易,而上海期货交易所、大连商品交易所和郑州商品交易所提供能源、贵金属、基础金属、农产品、油籽、软商品及化工材料等商品期货或期权交易。此外,部分企业或投资者参与全球金融市场,尤其是香港交易所、纽约证券交易所、NASDAQ 交易所、新加坡交易所或伦敦证券交易所。

金融市场的主要监管和投资机构见表 1.4,主要交易所见表 1.5。此外,主要的金融市场指数及财经数据服务分别见表 1.6 和表 1.7。

表 1.4 金融体系组成

机构	网址
中央财经领导小组	http://cpc.people.com.cn/GB/64114
中央金融工作委员会	http://cpc.people.com.cn/GB/64162/64165/65856/4454726.html
金融稳定发展委员会	http://finance.people.com.cn/n1/2017/0719/c1004-29413850.html
国家发展和改革委员会	http://www.ndrc.gov.cn
国有资产监督委员会	http://www.sasac.gov.cn
财政部	http://www.mof.gov.cn
中国人民银行	http://www.pbc.gov.cn
银行与保险监督委员会	http://www.cbrc.gov.cn
证券监督委员会	http://www.csrc.gov.cn
全国社保基金理事会	http://www.ssf.gov.cn
中投公司	http://www.china-inv.cn
中央汇金	http://www.huijin-inv.cn
中证金融	http://www.csf.com.cn

表 1.5 金融市场组成

机构	网址
上海证券交易所	http://www.sse.com.cn
深圳证券交易所	http://www.szse.cn
中小企业股份转让系统	http://www.neeq.com.cn
北京证券交易所	http://www.bse.cn

续表

机构	网址
利率市场	http://www.chinamoney.com.cn/chinese/mkdatapm
汇率市场	http://www.chinamoney.com.cn/chinese/mkdatapfx
	http://www.sse.com.cn/assortment/bonds
债券市场	http://www.szse.cn/www/bond
	http://www.chinamoney.com.cn/chinese/mkdatabond
郑州商品交易所	http://www.czce.com.cn
大连商品交易所	http://www.dce.com.cn
中国金融期货交易所	http://www.cffex.com.cn
上海期货交易所	http://www.shfe.com.cn
上海黄金交易所	https://www.sge.com.cn

表 1.6　金融市场指数

指数名称	网址
上证综指	http://www.sse.com.cn/market/overview
深证成指	http://www.szse.cn/market/index.html
中小板指数	http://www.neeq.com.cn
上证系列指数	http://www.sse.com.cn/market/sseindex/indexlist
深证系列指数	http://www.szse.cn/market/exponent/pandect/index.html
上海银行间同业拆放利率	http://www.shibor.org
人民币贷款利率	http://www.chinamoney.com.cn/chinese/bklpr
人民币汇率中间价	http://www.chinamoney.com.cn/chinese/bkccpr
人民币债券指数	http://www.chinamoney.com.cn/chinese/bkind

表 1.7　财经数据资源

数据源	网址
雅虎财经	https://finance.yahoo.com
谷歌数据	https://datasetsearch.research.google.com
国家统计局	http://www.stats.gov.cn/tjsj
上海证券交易所	http://www.sse.com.cn
深圳证券交易所	http://www.szse.cn
中小企业股份转让系统	http://www.neeq.com.cn
北京证券交易所	http://www.bse.cn
SHIBOR 数据	http://www.shibor.org
CSMAR 数据	http://www.csmar.com
国泰安数据	https://www.gtafe.com

续表

数据源	网址
万得数据	https://www.wind.com.cn
FiEsen.Rdata	实证财经数据，构成见本书附录 B

第三节　实证研究

金融计量学属于金融实证学科，它以金融市场问题为导向、以市场交易数据或公司财务报告或宏观经济数据为基础、以经济计量方法为工具进行实证研究。因此，首先，确定实证研究的金融问题；其次，收集相应的交易数据、财务数据或财经数据；之后，依据实证问题和观测数据建立计量模型；最后，实证计量分析，如检验理论假设或解释现象或预测未来。特别说明的是，不同的金融市场、金融产品或投资行为，不同的交易期间，可能会导致实证研究结果的性质相异。

金融计量学实证的环境构造、财经数据、经济指标和市场指数及财经事记分别见本书附录 A、附录 B 和附录 C。

表 1.8　　**实证研究框架**

阶段	任务	示例
1	理论模型	线性、协整、波动、定价、风险 组合、配置、套期、对冲
2	数据收集	宏观经济、市场指数、交易数据、财务报表
3	统计软件	R、Python、Stata、SAS、MATLAB
4	统计描述	均值、方差、相关、聚类
5	数据预处理	缺失数据、期间调整、意外数据
6	计量模型	线性、波动、非线性、状态空间 随机系数、限值因变量、神经网络
7	模型检验	理论检验、模型检验、趋势预测
8	实证分析	结果解释、结论推演

第四节　全书结构

本书为金融计量初级教程，教学内容包括价格或收益率的线性模型、收益率的波动模型、价格、收益率或波动率的非线性模型、价格形成的微观机制、风险测度的概率方法及价格预测或组合管理的神经网络和机器学习方法。全书结构安排如表 1.9 所示。其中,附录 A 为实证计量 R① 环境构造,附录 B 为实证财经数据集,附录 C 为主要经济指标、市场指数及财经事记。

本书内容包括两个方面:其一,价格、收益率和波动率的统计方法和计量模型,包括概率模型、线性模型、波动模型和非线性模型;其二,价格形成的微观机制、风险测度的概率方法和组合管理的神经网络和机器学习方法。本书力求通过翔实的计量模型、丰富的实例分析和实证练习,帮助读者掌握、理解和应用金融计量学的方法、技术、模型和实证。本书适用于金融学、经济学、数据科学等专业的本科学生和硕士研究生学习;前五章内容为本科生学习的重点,后四章内容作为硕士研究生学习和研究的重点和扩展。当然,本书可作为金融数量分析专业人士初级参考。

本书内容以数理统计、经济计量或金融学为预修课,但并非必须的,本书学习重点在于掌握基本的金融概念、计量模型和方法以及金融实证数量框架。此外。特别说明的是,本书中实例仅为解释和说明金融计量相关的概念、内容、模型或方法,并不构成或暗示任何投资活动的建议和意见。

表 1.9　　**全书结构**

章	标题	概要
1	绪论	金融计量学简述
2	价格或收益率的概率模型	概率模型、价格、收益率
3	价格或收益率的线性模型	ARMA、多变量线性模型 平稳、协整 CI、向量误差修正 VECM 格兰杰因果模型、结构突变 Chow 检验
4	收益率方差的波动模型	收益率方差、波动率 异方差效应、GARCH 及其扩展 实例波动、随机波动模型
5	价格、收益率或波动率的非线性模型	价格、收益率或波动率 非线性检验、非线性模型 核密度函数、状态空间、限值因变量
6	价格形成的微观机制	概率模型、位序或分解、间隔自相关 日间交易数据、技术分析
7	风险测度的概率方法	波动管理、风险价值 VaR 风险测度公理化体系、预期损失 ES

---

① 本书尽管实证环境为 R 统计计算系统平台,但是其中实例如和练习也可使用其他的统计计算系统完成,如 Python 系统,具体参见本书附录 B 第二节下载安装所附的网络链接文件。

续表

章	标题	概要
8	组合管理的神经网络方法	投资组合策略、神经网络 MLP BP 算法、Actor-Critic 算法 预测与组合优化
附录 A	统计计算系统：R	R 系统及其程序设计
附录 B	实证财经数据：FiEsen	数据集 FiEsen 结构
附录 C	经济指标、市场指数和财经事记	经济指标、市场指数及重要财经事件

第五节 实证练习

1. 列举常见的宏观经济数据指标及金融市场指数。

2. 列举主要的财经媒体互联网地址。

3. 学习金融监管系统文件，认识央行、证监会或银保会如何监管金融市场运行。

4. 了解交易所、投行机构、财经媒体及事务所(会计、法律)在金融市场的功能作用。

5. 认识上市公司股票或证券在证券市场上市公开发行或募集发行过程。

6. 区别上市公司股票和企业债券、私募基金或公募基金和交易所基金。

7. 区别国债利率和货币拆放利率、指数期货和商品期货。

8. 熟练使用金融交易系统或金融信息系统。

9. 依据附录 A 构建金融实证的 R 系统。

10. 依据附录 B 安装财经数据集 FiEsen.Rdata。

11. 依据附录 C 认识经济指标、市场指数和财经事记。

第二章　价格或收益率的概率模型

价格是金融资产的市场属性和价值体现，而收益率是金融资产的期限属性和投资目的，二者都具有不确定性。因此，本章介绍价格或收益率的概率模型。首先，介绍资产的价格、收益率及其概率模型；其次，讨论刻画价格和收益率的统计数字特征；最后，列举金融市场常用的资产属性指标。

第一节　价格

价格是金融资产的基本属性，是其价值的市场交易度量，构成诸如投资组合的选择基础；价格是金融资产依规则在市场交易过程中形成的，进而实现金融资产的价值转移。由于经济体系、金融市场或投资活动具有不确定性，因此金融资产的交易价格具有不确定性和动荡性。

2.1.1　交易

交易是金融资产的价格形成过程。无论是委托报价驱动的英美金融市场，还是委托单驱动的亚洲金融市场，买卖的委托都是以盘前集合竞价、盘中连续竞价或者盘后集合竞价的方式形成交易，而竞价规则依赖于资产类型、交易所或限定。

根据市场交易竞价规则，任意时刻 t（秒、分、时、日）买方和卖方的竞价申报均依价格优先实时地进入交易撮合队列，即：

$$\begin{cases} Pool_t^a \triangleq \{< S_1^a, Q_2^a >, \cdots, < S_m^a, Q_{t_m}^a >\} \\ Pool_t^b \triangleq \{< S_1^b, Q_2^b >, \cdots, < S_m^b, Q_{t_m}^b >\} \end{cases} \tag{2.1}$$

其中，S_i^a 和 Q_i^a 表示时刻 t 买方 i 申报价格和数量，而 S_j^b 和 Q_j^b 表示时刻 t 卖方 j 申报价格和数量。依据撮合系统“价格优先”及“申报时间”等规则撮合双方交易，若双方价格达成一致就形成交易，成交价格及交易数量为：

$$S_t=\begin{cases}S_t^a & 若\ S_{t_1}^a \geqslant S_{t_1}^b \\ S_{t-1} & 否\end{cases} \tag{2.2}$$

和

$$Q_t=\begin{cases}|Q_{t_1}^a - Q_{t_1}^b| & 若\ S_{t_1}^a \geqslant S_{t_1}^b \\ 0 & 否\end{cases} \tag{2.3}$$

其中，S_1^a 和 S_1^b 为最近邻的申报价格，相应数量分别为 Q_1^a 和 Q_1^b 时为买入和卖出的数量。若竞价双方无法达成一致，那么交易就无法进行，双方存在买卖价差为：

$$SP_t=S_{1,t}^a - S_{1,t}^b \tag{2.4}$$

日内交易成交明细过程称为行情，摘要见表 2.1 所示，时间为 2019 年 10 月 18 日；右部买卖申报部分为交易双方竞价队列；左部为形成交易构成表的成交明细；字母 S 代表交易属性为卖出，字母 B 代表交易属性为买入。

表 2.1　　日内交易摘要：中国人寿，SSE A 股

成交明细				买卖申报					
时刻	价格	数量	买卖	时刻：14:38:36			时刻：14:38:54		
		⋮		列位	价格	数量	列位	价格	数量
14:38:17	29.43	5	S		⋮			⋮	
14:38:21	29.44	31	B	卖五	29.48	194	卖五	29.46	111
14:38:24	29.43	1	S	卖四	29.47	179	卖四	29.45	102
14:38:27	29.44	48	B	卖三	29.46	111	卖三	29.44	126
14:38:30	29.43	10	S	卖二	29.45	102	卖二	29.43	1
14:38:33	29.44	5	B	卖一	29.44	129	卖一	29.42	16
14:38:36	29.40	88	S	买一	29.40	68	买一	29.40	51
14:38:42	29.44	3	B	买二	29.39	9	买二	29.39	9
14:38:45	29.42	1	S	买三	29.38	3	买三	29.39	3
14:38:48	29.44	9	B	买四	29.37	58	买四	29.37	58
14:38:51	29.42	6	S	买五	29.36	3	买五	29.36	3
14:38:54	29.42	48	S		⋮			⋮	

交易是金融市场的核心，委托达成交易规则依赖资产品类型(股票、债券、基金、股票期权、指数期货、货币、商品期货)；竞价价差越大，表明买卖双方对同一金融资产价值的认知差异越大，交易越无法达成。

2.1.2　价格

价格是金融资产的价值属性，通过市场日内及日间连续交易形成。

日内交易的成交明细中最主要信息有：开盘价、最高价、最低价、收盘价、调整价及成交量，构成日间交易信息、价格和成交量日线，如表 2.2 所示。其中，时间为

2019年10月16—18日;调整价表示证券价格经过分红、除权等权益调整后的价格,多采取前复权处理。①

2.1.3 成交量

成交量是金融资产的交易属性,通过金融市场交易形成。无论是集合竞价的开盘收盘期间,还是连续竞价的日内交易过程,证券的交易价格总是伴随着相应的成交量,而成交的数量是投资者以“手”即100股为基准单位申报集合竞价或连续竞价②,摘要见表2.2所示。虽然成交量和成交价组成证券交易过程的重要信息,如高频交易策略的设计及投资组合的市值评价—价格与相应持有量(成交量)的乘积,但是证券成交的价格和数量都是有量纲的,如货币单位1元人民币和数量单位100股,难以评测比较投资组合的性能。

表 2.2　　日间交易摘要:中国人寿,SSE A股

交易所	成交信息						
NYSE 美股	交易日	开盘价	最高价	最低价	收盘价	调整价	成交量
	10—16	29.20	29.82	29.06	29.26	29.26	15 591 264
	10—17	29.39	29.89	29.33	29.58	29.58	11 870 666
	10—18	29.64	30.05	29.24	29.35	29.35	14 513 783
SSE A股	交易日	开盘价	最高价	最低价	收盘价	调整价	成交量
	10—16	29.20	29.82	29.06	29.26	29.26	15 591 264
	10—17	29.39	29.89	29.33	29.58	29.58	11 870 666
	10—18	29.64	30.05	29.24	29.35	29.35	14 513 783
HKEX H股	交易日	开盘价	最高价	最低价	收盘价	调整价	成交量
	10—16	29.20	29.82	29.06	29.26	29.26	15 591 264
	10—17	29.39	29.89	29.33	29.58	29.58	11 870 666
	10—18	29.64	30.05	29.24	29.35	29.35	14 513 783

简单地,交易价格 S_t 可表示为:

$$S_t = S_{t-1}^{*} + I_t \frac{SP_t}{2} \tag{2.5}$$

其中,$\delta_t(\cdot)$为狄拉克函数;SP_t 为价差。价格的数学符号表达为 S_t 或 P_t,下标 t 或为离散的年度、季度、月份、日、时、分、秒,或为连续的时期,具体由上下文界定。

① 若无特别指明,本书中的价格由上下文界定;多为前向复权处理后的调整价格;价格以货币形式表达的;简称价格或价格序列或价格过程,交易过程形成的交易价格或结算价格,不包括投资的税收及其他费用,如商品或商品期货的储运费用等。

② 证券竞价申报的最少买卖单位简称“手(shares)”,它依赖于交易规则。例如,上交所和深交所规定竞价买卖数量是100股的倍数,而港交所规定竞价买卖数量的最小单位证券数量则依赖于股票本身,即不同股票有相宜的竞价数量的手;欧美证交所对证券竞价数量则没有限制。

一般地，资产交易的对数价格符合随机微分方程：

$$\mathrm{d}\ln(S_t)=\mu(S_t,t)\mathrm{d}t+\sigma(S_t,t)\mathrm{d}W_t \tag{2.6}$$

其中，$\mu(S_t,t)$、$\sigma(S_t,t)$及 W_t 分别称为漂移项、扩散项和布朗运动或维纳过程。特别地，给定起始价格 S_0、漂移项（或平均收益率）μ 及扩散项（或波动率）σ 时，上述随机微分方程表达的资产价格表示为：

$$S_t=S_0\exp\left\{\left(\mu-\frac{\sigma^2}{2}\right)t+\sigma B_t\right\} \tag{2.7}$$

或

$$\ln(S_t)=\ln(S_0)+\left(\mu-\frac{\sigma^2}{2}\right)t+\sigma B_t \tag{2.8}$$

具体地，价格形成过程参考第六章“价格形成的微观机制”内容。

第二节　收益率

收益率是金融资产的投资属性，测度资产的价格变化，构成诸如组合或对冲的性能评价指标。由于价格的不确定性，投资的收益率同样具有不确定性。①

2.2.1　单期收益率

单期收益率表达持有资产单一时期的价格变化，即相对于上一交易时点的价格变化。

单期简单收益率表示持有资产在单一时期的价格简单变化：

$$(1+R_t)\triangleq\frac{S_t}{S_{t-1}} \tag{2.9}$$

或等价于

$$R_t\triangleq\frac{S_t-S_{t-1}}{S_{t-1}} \tag{2.10}$$

或连续形式

$$\ln(1+R_t)\triangleq\frac{\partial S_t}{\partial t} \tag{2.11}$$

单期对数收益率表示持有资产在单一时期的价格对数变化：

---

① 若无特别指明，本书中资产收益的内涵由上下文界定；收益率具有相对性，以百分比表示，与货币形式无关；简称收益率或收益率序列或收益率过程。

$$r_t \triangleq \ln\left(\frac{S_t}{S_{t-1}}\right)=\ln(S_t)-\ln(S_{t-1}) \tag{2.12}$$

或等价于

$$r_t=\ln(1+R_t) \tag{2.13}$$

或连续形式

$$r_t \triangleq \frac{\partial \ln(S_t)}{\partial t} \tag{2.14}$$

近似等于

$$r_t \approx R_t \tag{2.15}$$

产业或学界中以百分比表示收益率，称为收益率百分数：

$$r_t \triangleq 100.0\times\ln\left(\frac{S_t}{S_{t-1}}\right)=100.0\times[\ln(S_t)-\ln(S_{t-1})] \tag{2.16}$$

需要说明的是，无论是时间还是期限如何，单期对数收益率不加区分地简称为收益率或收益。

2.2.2　多期收益率

多期收益率表示持有资产在多时期的价格变化，即对于上一交易时段的价格变化。多期简单收益率表示持有资产在多时期的价格简单变化，定义为：

$$R_t[k] \triangleq \frac{S_t-S_{t-k}}{S_{t-k}} \tag{2.17}$$

多期简单收益率与相应单期简单收益率的关系如下：

$$1+R_t[k]=\prod_{j=0}^{k-1}(1+R_{t-j}) \tag{2.18}$$

此外，期限为年度时的平均收益率有所谓的年化平均收益率(几何平均)：

$$R_t[k]=\left[\prod_{j=0}^{k-1}(1+R_{t-j})\right]^{\frac{1}{k}}-1 \tag{2.19}$$

或算术平均

$$R_t[k]=\exp\left\{\frac{1}{k}\sum_{j=0}^{k-1}\ln(1+R_{t-j})\right\}-1 \tag{2.20}$$

或单期均值

$$R_t[k]\approx\frac{1}{k}\sum_{j=0}^{k-1}\ln(1+R_{t-j}) \tag{2.21}$$

多期对数收益率表示持有资产多时期的价格对数变化，定义为：

$$r_t[k] \triangleq \ln\left(\frac{S_t}{S_{t-k}}\right)=\ln(S_t)-\ln(S_{t-k}) \tag{2.22}$$

或等价于

$$r_t[k]=\ln(1+R_t[k]) \tag{2.23}$$

或连续形式

$$r_t[k]\triangleq\int_1^k \frac{\partial \ln(S_t)}{\partial t}\mathrm{d}\kappa \tag{2.24}$$

多期对数收益率与相应期限的单期对数收益率的关系如：

$$r_t[k]=\sum_{j=0}^{k-1} r_{t-j} \tag{2.25}$$

2.2.3　组合收益率

组合收益率表示投资者持有特定资产组合的整体收益。

若给定投资组合：

$$\{w_i, R_{it}\}\text{ 或 }\{w_i, r_{it}\}, i=1,\cdots,N \tag{2.26}$$

那么，此持有投资组合的单期简单收益率和对数收益率分别为：

$$R_{p,t}\approx\sum_{i=1}^{N} w_i R_{it} \tag{2.27}$$

和

$$r_{p,t}\approx\sum_{i=1}^{N} w_i r_{it} \tag{2.28}$$

需要指出的是，无论是单期还是多期，若资产持有期间有分红派息等权益变化，那么相应的历史价格和收益率需要必要的复权调整。例如，单期持有资产的收益率调整为：

$$\ln(1+R_t)=\ln\left(\frac{S_t+D_t}{S_{t-1}}\right)=\ln(S_t+D_t)-\ln(S_{t-1})=r_t \tag{2.29}$$

2.2.4　超额收益率

若以某投资标的基准参照，如无风险利率的国库券或国债利率或银行间拆放利率 r_f、市场指数或板块指数或交易所公开发行基金指数 r_m，那么持有投资组合的超额收益率为：

$$Z_t=r_t-r_{f,t} \tag{2.30}$$

最重要的收益率就是国债（或国库券）收益率，相当于无风险利率，可用于投资业绩评价基准、衍生产品设计或交易所开放基金等。此外，存款利率、贷款利率、外汇汇率或债券利率也都是常见的收益率。例如，中债国债 2021 年 2 月 1 日到期收益率如表 2.3 所示。其中,标准期限为待偿日期或到期日。

表 2.3 中债收益率摘要:到期国债

标准期限(年)	收益率(%)	标准期限(年)	收益率(%)
0.00	2.350 5	0.08	2.357 1
0.17	2.45	0.25	2.450 1
0.50	2.423 5	0.75	2.453 4
1.00	2.604 3	2.00	2.755 5
3.00	2.846 4	5.00	2.989 9
7.00	3.172 5	10.00	3.171 2
15.00	3.553 5	20.00	3.675
30.00	3.734 2	40.00	3.763 2
50.00	3.785		

除上述价格、收益率之外,金融资产的市场价格与其价值的差异,如基金类资产,以及收益率与无风险资产的差异,如证券类资产,这些偏误差异现象称为溢价或溢价效应,与之相关还有风险溢价效应讨论,参见第四章"收益率方差的波动模型"第 4.3.5 节"均值广义自回归条件异方差模型:GARCH-M"。

实例 2.2.1 价格及收益率序列统计实证:中国人寿 CHINALIFE

中国人寿隶属于中国人寿保险(集团)公司,继 2003 年 12 月在纽约、香港两地同步上市之后,又于 2007 年 1 月回归境内 A 股市场,成为全球首家分别在纽约、香港和上海三地上市的保险公司。[①] 实证财经数据 FiEsen 的中国人寿证券数据的相应项目标识含义如表 2.4 所示;中国人寿在纽约证券交易所、香港交易所及上海证券交易所上市交易的股票及相应市场大盘指数的价格及收益率时间序列如图 2.1 所示。

表 2.4 数据项目说明:中国人寿 CHINALIFE

数据标识	含义
sse.chinalife.x sse.chinalife.x$p sse.chinalife.x$r	OHLC 价格,zoo 类型,多列 日价格,调整后的收盘价 日收益率
hkex.chinalife.x hkex.chinalife.x$p hkex.chinalife.x$r	OHLC 价格,zoo 类型,多列 日价格,调整后的收盘价 日收益率
nyse.chinalife.x nyse.chinalife.x$p nyse.chinalife.x$r	OHLC 价格,zoo 类型,多列 日价格,调整后的收盘价 日收益率

① 中国人寿主页:https://www.e-chinalife.com/xxpl/gywm/gsjs。

续表

数据标识	含义
chinalife.p	多市场合并的收盘价及指数,zoo 类型,多列
chinalife.r	多市场合并的收益率及指数的收益率,zoo 类型,多列

表 2.5　　价格及收益率序列统计实证:中国人寿 CHINALIFE

```
library(zoo) # 基础数据包
library(stats) # 基础统计包
library(fBasics) # 基础金融包
setwd("D:/FiEsen//Dat") # 指定财经数据集文件所在目录,以下从略
load("FiEsen.Rdata") # 财经数据集
plot.zoo(chinalife.p, xlab ="",index="",main="") # 绘制多市场合并指数或价格
plot.zoo(chinalife.r, xlab ="",index="",main="") # 绘制多市场合并收益率
basicStats(chinalife.r) # 统计多市场合并的收益率
```

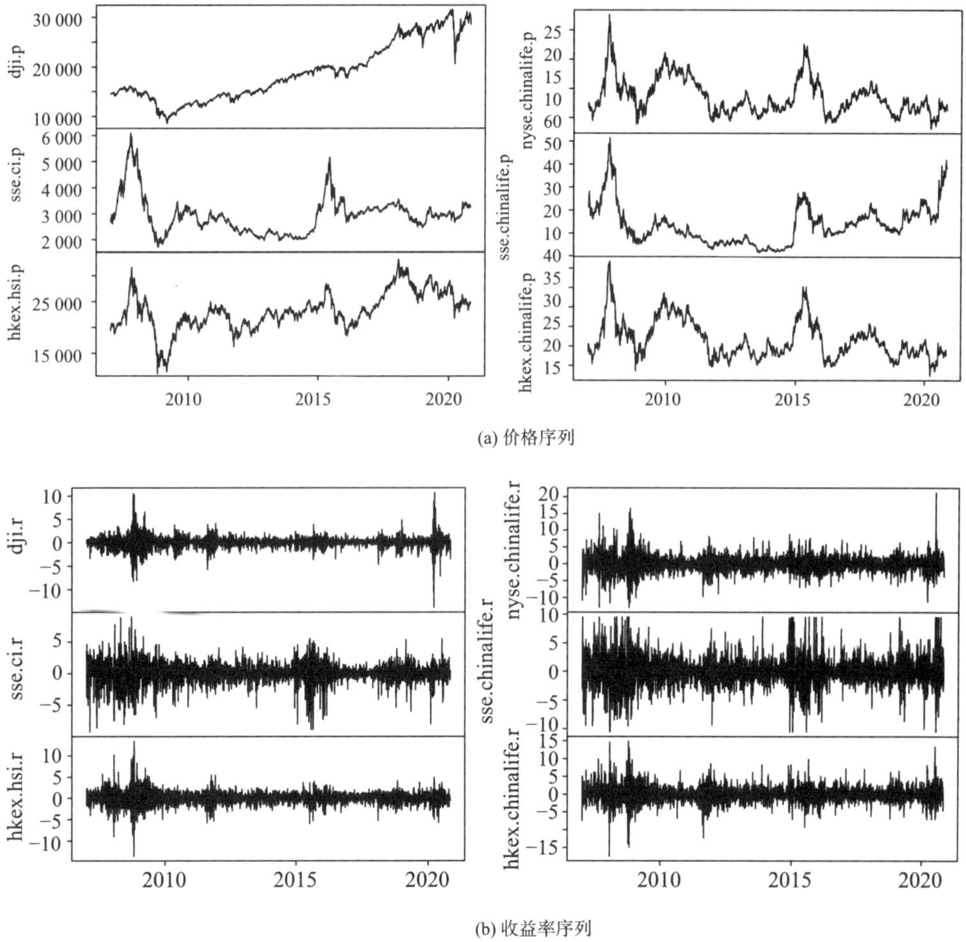

图 2.1　价格及收益率时间序列:中国人寿 CHINALIFE

第三节　概率模型

概率模型是刻画金融资产价格或收益率的不确定性的最简单的数学模型，最简单的假设就是价格或收益率是独立同分布。

2.3.1　概率分布函数

概率分布函数刻画金融资产的价格、收益率或波动的不确定性，描述价格、收益率或波动的统计特征。

金融资产的价格或收益率[①]的不确定性的概率模型表示为随机变量，以希腊符号 ξ、η 或 ζ 表示，其不确定性用概率、分布函数、密度函数及条件分布如表 2.6 所示。

概率测度：

$$\Pr\{\xi = x;\theta\} \tag{2.31}$$

累积分布函数：

$$F_{\xi}(x) = \Pr\{\xi < x;\theta\} \tag{2.32}$$

概率密度函数：

$$f(x;\theta) = \frac{\partial}{\partial x} F_{\xi}(x;\theta) \tag{2.33}$$

条件分布函数：

$$F_{\xi|\eta \leqslant y}(x, y;\beta,\theta) = \frac{\Pr\{\xi \leqslant x, \eta \leqslant y;\beta\}}{\Pr\{\eta \leqslant y;\theta\}} \tag{2.34}$$

条件密度函数：

$$f_{\xi|\eta \leqslant y}(x, y;\beta,\theta) = \frac{\partial}{\partial x} F_{\xi|\eta \leqslant y}(x, y;\beta,\theta) \tag{2.35}$$

其中，分布参数 β 或 θ 依赖于给定的金融资产的不确定性，需利用历史数据或观测样本或先验知识进行参数估计。

表 2.6　　价格或收益率的概率模型

概率模型	金融计量概念
随机变量	价格、成交量、竞价价差、收益率

① 此后，文中上下文相关地使用“价格”或“价格时间序列”或“价格序列”，“收益率”或“收益率时间序列”或“收益率序列”。

续表

概率模型	金融计量概念
随机序列	价格、成交量、竞价价差、收益率的时间序列
随机过程	价格、成交量、竞价价差、收益率的随机过程
概率分布	价格或收益率的不确定性计量
联合分布	多个资产价格或收益率的整体不确定性计量
边际分布	单个资产价格或收益率的不确定性计量
条件分布	给定外生因素条件下，资产价格或收益率的不确定性计量

2.3.2　数字特征

数字特征刻画随机事件分布的几何特征，如聚集位置及其偏离程度。随机变量常用的数字特征有：

$$\begin{cases} \mu_\xi & = E[\xi] \\ \sigma_\xi^2 & = E[(\xi-\mu_\xi)^2]=D[\xi] \\ \gamma(\xi,\eta) & = E[(\xi-\mu_\xi)(\eta-\mu_\eta)]=E[\xi\eta]-E[\xi]E[\eta]=\mathrm{Cov}[\xi,\eta] \\ \rho_{\xi,\eta} & =\dfrac{\mathrm{Cov}[\xi,\eta]}{\sqrt{D[\xi]}\sqrt{D[\eta]}}=\mathrm{Corr}[\xi\eta,\eta] \\ S & =E\left[\left(\dfrac{\xi-\mu_\xi}{\sigma_\xi}\right)^3\right] \\ K & =E\left[\left(\dfrac{\xi-\mu_\xi}{\sigma_\xi}\right)^4\right] \\ \mathrm{med} & =F_\xi^{-1}(\alpha=0.5) \\ \mathrm{mod} & =\underset{\alpha\in(0,1)}{\mathrm{argsup}} F_\xi^{-1}(\alpha) \\ q_\alpha & =F_\xi^{-1}(\alpha) \end{cases} \tag{2.36}$$

特别说明的是，概率论中最重要的契贝雪夫不等式：

$$\Pr\{|\xi-\mu|<\epsilon\}\leqslant 1.0-\frac{\sigma^2}{\epsilon^2},\forall\epsilon>0 \tag{2.37}$$

说明方差越小，随机事件$\{|\xi-\mu|<\epsilon\}$发生的概率就越大，即随机变量取值聚集在数学期望μ附近，散布程度为其标准方差σ限定。因此，投资策略或组合性能评价不仅考虑组合收益率的平均值，而且还要重视组合收益率的方差。上述数字特征(2.36)相应解释见表2.7所示。

表 2.7　**数字特征的含义：以日收益率为例**

统计描述	统计	金融
期望	中心、均值	平均收益或盈亏
方差	偏离中心的绝对程度	偏离均值的盈亏幅度或亏损区间
协方差	偏离各自中心的相同趋势	相同的盈亏趋势
相关系数	归一化的偏离各自中心的相同趋势	标准化相同盈亏趋势
偏度	散离中心的相对程度	偏左侧亏、偏右侧盈厚尾现象
峰度	聚集中心的相对程度	聚集程度、尖峰现象
中位数	可能性相等的分布	左右两侧均等的收益或盈亏
众数	聚集程度最高的分布	频率最高的收益或盈亏
分位数	给定发生可能性条件的分布	给定可能条件下的预期收益或盈亏

2.3.3　经验分布

经验分布是样本统计的理论基础。格里文科定理指出，随机试验观测样本

$$\mathbb{X} \triangleq \{x_n \mid n=1,\cdots,N\} \tag{2.38}$$

构成的经验分布函数依概率 1 或几乎处处地收敛到累积分布函数，即：

$$\Pr\{\lim_{n\to+\infty} F_n^*(x)=F_\xi(x)\}=1 \tag{2.39}$$

其中，经验分布函数定义为：

$$F_n^*(x)=\begin{cases}0, & x<x_1^* \\ \dfrac{k}{N}, & x_k^*<x\leqslant x_{k+1}^* \quad k=1,\cdots,N-1 \\ 1, & x>x_N^*\end{cases} \tag{2.40}$$

而与随机变量 ξ 同分布的观测样本观测 x_n 的顺序统计量构造为：

$$\min_n\{x_n\}=x_1^*\leqslant\cdots\leqslant x_n^*\cdots\leqslant x_N^*=\max_n\{x_n\} \tag{2.41}$$

同样地，贝努里大数定律指出，试验次数 n 充分增加时随机事件的发生频率具有稳定性，该频率依概率或概率为 1，或几乎处处收敛于概率①，即：

$$\Pr\left\{\lim_{N\to+\infty}\frac{1}{N}\sum_{n=1}^{N}x_n=\mu_\xi\right\}=1 \tag{2.42}$$

与数字特征相应的样本估计量（观测值）依次为：

---

① 此后，文中上下文可区分总体的数字特征与其样本的数字特征的估计值。

$$
\begin{cases}
\hat{\mu}_x & = \frac{1}{N}\sum_{i=1}^{N} x_i = \overline{x} \\
\hat{\sigma}_x^2 & = \frac{1}{N-1}\sum_{i=1}^{N} (x_i - \hat{x})^2 = s^2 \\
\hat{\gamma}_{xy} & = \frac{1}{N}\sum_{i=1}^{N} (x_i - \hat{x})(y_i - \hat{y}) \\
\hat{\rho} & = \frac{\hat{\gamma}_{xy}}{\hat{\sigma}_x \hat{\sigma}_y} \\
\hat{S}_x & = \frac{1}{N}\sum_{i=1}^{N} \left(\frac{x_i - \mu_x}{\hat{\sigma}_x}\right)^3 \\
\hat{K}_x & = \frac{1}{N}\sum_{i=1}^{N} \left(\frac{x_i - \mu_x}{\hat{\sigma}_x}\right)^4 \\
\widehat{\mathrm{med}} & = x^*_{\frac{N}{2}+(N\&1)} \\
\widehat{\mathrm{mod}} & = \underset{\alpha\in[0,1]}{\mathrm{argsup}} F_n^{*(-1)}(\alpha) \\
\hat{q}_\alpha & = F_N^{*(-1)}(\alpha)
\end{cases}
\tag{2.43}
$$

2.3.4　独立同分布假设

金融资产对数收益率序列 ξ 的简单模型是独立同分布假设：

$$\xi_t \sim \mathrm{iid} \tag{2.44}$$

亦即，收益序列不仅独立，而且有相同的概率分布。

具体设定如下：其一，多个资产在给定时段的给定点 $t=t_0$ 的概率分布与资产 ξ 无关，横截面数据类型：

$$(\xi_{1,t},\xi_{2,t},\cdots,\xi_{\kappa,t},\cdots,\xi_{k,t})^T \sim F(x;\theta_t) \tag{2.45}$$

亦即，相同行业或板块或产业的证券有相同的概率分布且相互独立。其二，单个资产在给定时段的任意点 t 的概率分布与时间无关，如时间序列数据模型：

$$\xi_{\kappa,t} \sim F_{\xi_\kappa}(x;\theta) \tag{2.46}$$

亦即，单一证券在给定时间的概率分布相同。其三，多个资产在给定时段的任意点 t 的分布不仅与时间 t 无关，而且与资产 ξ_κ 无关，面板数据类型：

$$(\xi_{1,t},\xi_{2,t},\cdots,\xi_{\kappa,t},\cdots,\xi_{k,t})^T \sim F(x;\theta) \tag{2.47}$$

亦即，多个证券给定时间的概率分布独立且相同。

2.3.5 正态分布假设

正态分布假设是金融资产收益率分布的最简单形式。

首先，给定独立的随机变量序列$\{x_n\}$，有限的期望$|E(x_n)=a_n|<\infty$和方差$D(x_n)=\sigma_n^2<\infty$。设定方差平方和$B_N^2=\sum_{n=1}^{N}D(x_n)$及归一化$\zeta_N=\sum_{n=1}^{N}\frac{x_n-a_n}{B_n}$。那么，中心极限CLT定理表示为：

$$\lim_{N\to+\infty}\Pr\{\zeta_N<z\}=\frac{1}{\sqrt{2\pi}}\int_{-\infty}^{z}\exp\left\{-\frac{1}{2}z^2\right\}\mathrm{d}z \tag{2.48}$$

简记为：

$$\zeta_N\xrightarrow{d}N(0,1) \tag{2.49}$$

然后，依据中心极限定理(2.48)条件，资产多期对数收益率(2.22)可表示为系列单期对数收益率(2.12)累计和：

$$r_t[k]=r_t+r_{t-1}+\cdots+r_{t-k+1} \tag{2.50}$$

从而可以合理地认为收益率近似或渐进于正态分布假设：

$$f(x;\mu,\sigma^2)=\frac{1}{\sqrt{2\pi}\sigma}\exp\left\{-\frac{1}{2}\left(\frac{x-\mu}{\sigma}\right)^2\right\} \tag{2.51}$$

其中，分布参数μ为数学期望，分布参数σ^2为方差。

同样地，简单设定非负的价格过程近似或渐近于对数正态分布：

$$f(x;\mu,\sigma^2)=\begin{cases}\frac{1}{\sqrt{\log e\pi}\sigma x}\exp\left\{\frac{1}{2}\left(\frac{\log x-\mu}{\sigma}\right)^2\right\} & 若\ x>0\\ 0 & 否\end{cases} \tag{2.52}$$

其中，期望为$10^{\mu+\frac{1}{2}\sigma^2\ln(10)}$，方差为$10^{2\mu+\sigma^2\ln(10)}(10^{\sigma^2\ln(10)}-1)$。

此外，中心极限定理保证大样本统计量的渐近正态分布(Shiryaev，2003)。例如，样本正态分布假设检验的JB统计量：

$$JB=\frac{N}{6}\left(S^2+\frac{1}{4}(K-3)^2\right)\overset{a}{\sim}\chi_2^2 \tag{2.53}$$

即JB统计量渐近收敛于χ_2^2：

$$\Pr\{\lim_{N\to+\infty}JB=\chi_2^2\}=1 \tag{2.54}$$

简记为：

$$\zeta_N\xrightarrow{a.s.}\chi_2^2 \tag{2.55}$$

实例 2.3.1 收益率统计特征及直方图实证:中国人寿 CHINALIFE

实证收益率序列的统计特征和样本分布。注意到,中国人寿上证 A 股在 2016 年 6 月 17 日每 10 股派现金 4.20 元人民币,其财务数据公告充分、市场信息完整及不存在不可预期的事件。因此,实证观测时间点从 2016 年 6 月 17 日至 9 月 30 日期间,累计 75 个交易日;设定观测时期内收益率的概率分布为独立同分布的;实证代码见表 2.8 所示。三地市场指数及中国人寿证券的描述性统计结果和直方图分别如表 2.9 和图 2.2 所示。据此统计结果,中国人寿在三地(纽约证交所、上交所、港交所)证券的日均收益率(0.284%、0.065%、0.262%)中,纽约证交所证券表现最好;日均标准方差(2.022、0.989、1.761)表明纽约证交所证券的变动最大,上交所证券的变动最小;中位数(0.412、0.000、0.206)表明纽约证交所日均收益率多为正值,而三地证券收益率的偏度(−0.417、1.321、−0.264)说明纽约证交所的证券日均有极端亏损,峰度(0.542、4.556、0.968)表明上交所的证券日均收益多聚集在均值;观测期间累计收益率(21.306、4.881、19.723)中纽交所的证券累计收益率最高。这些实证结果在某种程度上表明风险越大收益越高。此外,JB 统计量(2.53)检验表明,道指、上海综指、香港恒指及相应的中国人寿股票收益率序列为正态分布的假设不成立。[①]

表 2.8 收益率统计特征及直方图实证:中国人寿 CHINALIFE

```
library(zoo)#基础数据包
library(stats)#基础统计包
library(fBasics)#基础金融包
library(tseries)#时间序列包
load("FiEsen.Rdata")#经数据集
x <- window(chinalife.r,start = "2016-06-17",end = "2016-09-30")
basicStats(x)#收益率统计描述
hist(x$dji, freq = FALSE,xlab="",ylab="",main="")#直方图
hist(x$sse.ci, freq = FALSE,xlab="",ylab="", main="")
hist(x$hkex.hsi, freq = FALSE,xlab="",ylab="",main="")
hist(x$nyse.chinalife, freq = FALSE,xlab="",ylab="",main="")
hist(x$sse.chinalife, freq = FALSE,xlab="",ylab="",main="")
hist(x$hkex.chinalife, freq = FALSE,xlab="",ylab="",main="")
hist(x$dji)
jarque.bera.test(x$sse.hsi)#正态分布检验
jarque.bera.test(x$sse.ci)
jarque.bera.test(x$nyse.chinalife)
jarque.bera.test(x$sse.chinalife)
jarque.bera.test(x$hkex.chinalife)
```

① 本书实例中的实证分析及推断只是初步的。

表 2.9 **收益率统计特征：中国人寿 CHINALIFE**

	道指	上证综指	恒指	NYSE 美股	SSE A 股	HKEX H 股
Minimum	−3.447	−1.925	−3.414	−6.700	−1.892	−5.770
Maximum	1.623	2.413	1.737	4.648	4.660	4.276
1.Quartile	−0.246	−0.315	−0.167	−0.853	−0.595	−0.760
3.Quartile	0.438	0.364	0.786	2.018	0.560	1.386
Mean	0.046	0.054	0.215	0.284	0.065	0.262
Median	0.020	0.064	0.391	0.412	0.000	0.206
Sum	3.518	4.061	16.191	21.306	4.881	19.723
SE Mean	0.090	0.088	0.110	0.233	0.114	0.203
LCL Mean	−0.133	−0.121	−0.004	−0.181	−0.162	−0.142
UCL Mean	0.227	0.229	0.436	0.749	0.292	0.668
Variance	0.616	0.582	0.920	4.088	0.979	3.103
Stdev	0.785	0.763	0.959	2.022	0.989	1.761
Skewness	−1.193	0.193	−1.258	−0.417	1.321	−0.264
Kurtosis	4.462	1.431	2.645	0.542	4.556	0.968

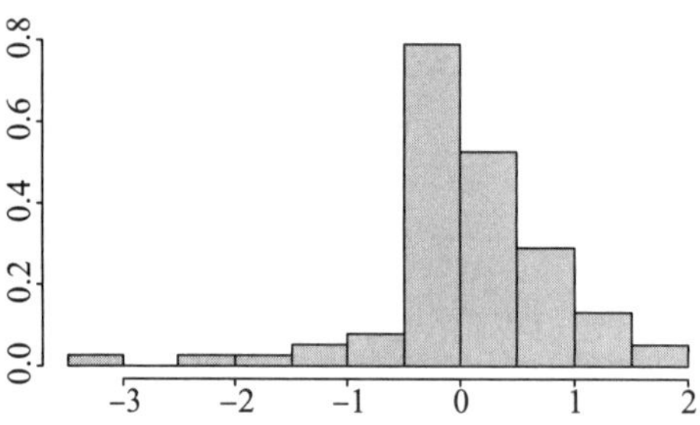

(a) 道指

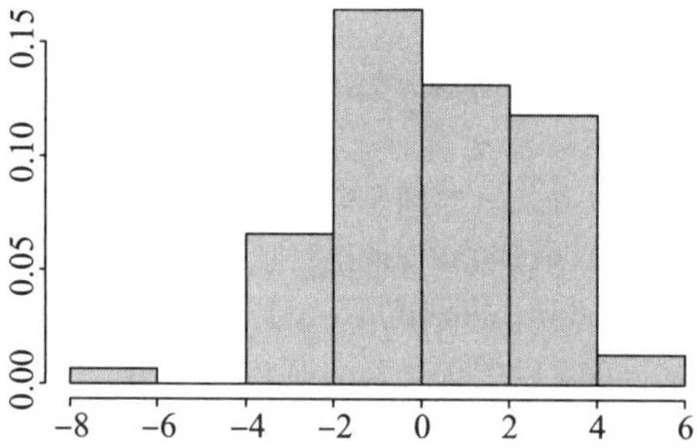

(b) NYSE美股

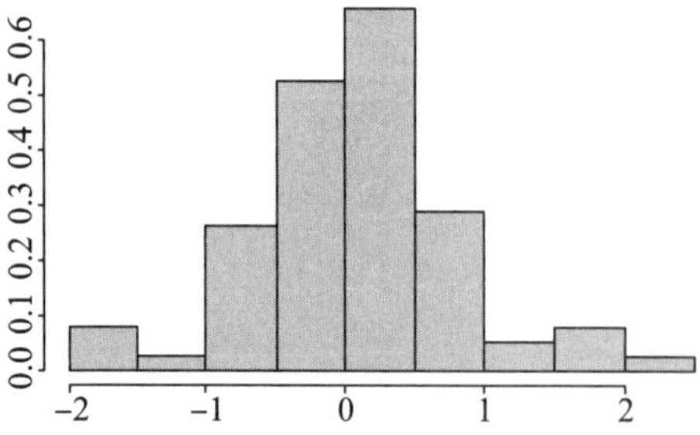

(c) 上证综指

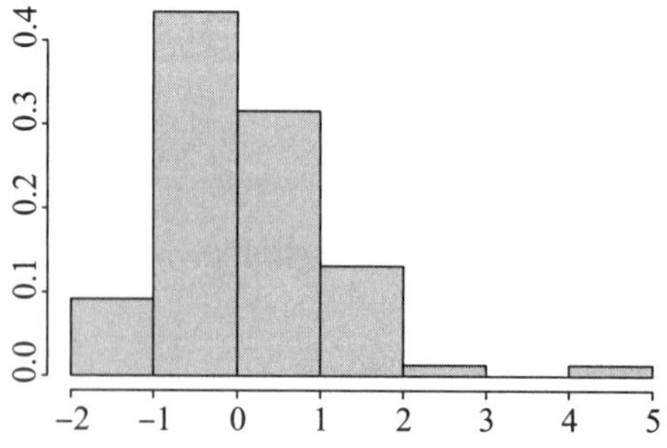

(d) SSE A股

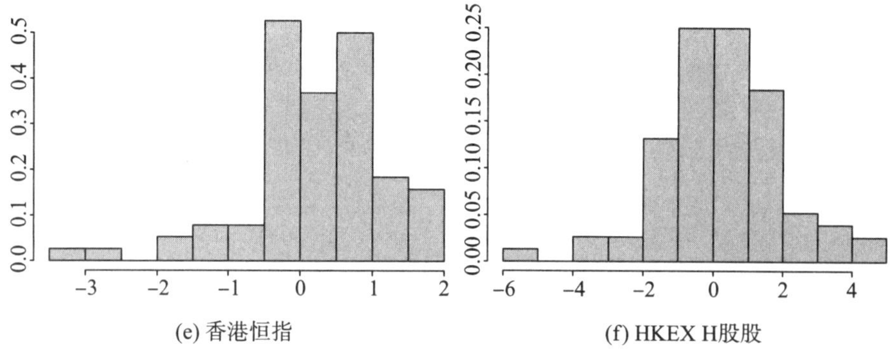

图 2.2　收益率序列直方图：中国人寿 CHINALIFE

第四节　相关与独立

相关与独立是概率论中最重要的基本概念；相关以数学期望尺度描述随机变量偏离其中心的平均变化趋势，而独立则以概率分布尺度刻画随机变量间的随机关系。

2.4.1　线性相关

线性相关为随机变量偏离其期望的趋势累计程度。

随机变量 ξ 与 η 线性相关（Pearson Correlation）测度为：

$$\rho=\frac{\mathrm{Cov}[\xi,\eta]}{\sigma_\xi\sigma_\eta} \tag{2.56}$$

当且仅当相关系数 $\rho=0.0$ 时，称金融资产 ξ 与 η 之间不存在线性相关关系。注意，不存在线性相关关系并不意味着二者是独立的。

一般而言，同一交易所的证券与其所在交易所的大盘指数存在相关关系；同一行业板块的证券与其位于板块的行业指数存在相关关系；不同国家或区域的交易所的证券不存在相关关系，除非同一家企业在多个交易所上市或这些证券的企业处于相同的产业链。一般地，金融资产的线性相关是普通的。

2.4.2　秩相关

秩相关（Rank Dependence）为线性相关的扩展，有时也称为非线性相关，以概率而非期望测量随机变量间的非线性相关属性。

最为常用的秩相关为 Kendall τ 和 Sperman ρ。设定(ξ,η)与(X_1,Y_1)、(X_2,Y_2)和(X_3,Y_3)同分布，那么，刻画随机变量 ξ 与 η 的位秩关系的 Kendall τ 和 Sperman ρ 分别定义为：

$$\tau=\Pr\{(\xi_1-\xi_2)(\eta_1-\eta_2)>0\}-\Pr\{(\xi_1-\eta_2)(\eta_1-\eta_2)<0\} \tag{2.57}$$

和

$$\rho_S= 3(\Pr\{(X_1-X_2)(Y_1-Y_3)>0\}-\Pr\{(X_1-X_2)(Y_1-Y_3)<0\}) \tag{2.58}$$

此外，Bolmqvist β 秩相关以中位数为参照，而 Scheizer & Wolff σ 以联合分布与边际分布乘积的绝对差异为标准的度量独立性；具体应用哪种秩相关分析，取决于给定的实证问题。

2.4.3　独立分布

随机变量为独立分布的当且仅当联合分布等于边际分布乘积：

$$F_{\xi,\eta}(x,y;\theta)=F_\xi(x;\theta_\xi)F_\eta(y;\theta_\eta) \tag{2.59}$$

刻画随机变量是否独立或独立程度，可采用柯尔莫可洛夫—斯米洛夫检验 KS 统计量

$$\mathrm{KS}_{\xi,\eta}=\sup_{x,y}\mid F_{\xi,\eta}(x,y;\theta_\xi)-F_\xi(x;\theta_\xi)F_\eta(y;\theta_\eta)\mid \tag{2.60}$$

进行检验。

一般地，同一交易所的证券与其市场指数不可能独立；同一行业板块的证券与其板块指数更不可能独立；即便不同区域交易市场的证券的相互独立几乎难以成立，除非交易市场是封闭的或区域经济是自闭的。

2.4.4　尾部关联

尾部关联量随机变量分布尾部（左尾、右尾）的关联性质，属于小概率事件的相关性测度。随机变量尾部关联程度等于随机变量尾部取值的联合概率与其尾部边际概率之比，即尾部条件概率：

$$\lambda(\alpha)=\Pr\{\eta>F_\eta^{-1}(\alpha)\mid\xi>F_\xi^{-1}(\alpha)\} \tag{2.61}$$

其中，显著水平 $\alpha\in(0.00,1.00)$。

尾部关联刻画资产间小概率事件的相关结构，可扩展到左尾、右尾的四种情形，用于构造对冲或组合策略的风险管理（Zhang，2008）。

实例 2.4.1　多市场股票相关分析实证：中国人寿 CHINALIFE

中国人寿三地证券的相关分析的实证代码见表 2.10 所示，相应的 Pearson 线性相关、Kendall 秩相关和 Spearman 秩相关分析结果分别如表 2.11、表 2.12、表 2.13 所示。实证结果表明，从线性相关 Pearson 角度，纽约证交所中国人寿证券与港交所的恒生指数和中国人寿证券的相关性最高，上交所的中国人寿证券与其指数相关性最高，港交所的中国人寿证券与其恒生指数和纽约证交所的证券的相关性最高。这与纽约证交所和港交所的市场参与主体、市场开放及市场监管的成熟程度有关。

表 2.10　　多市场股票相关分析实证：中国人寿 CHINALIFE

```
library(zoo)#基础数据包
library(stats)#基础统计包
library(fBasics)#基础金融包
load("FiEsen.Rdata")#财经数据集
x <- window(chinalife.r,"2016-06-17" = start,end = "2016-09-30")#获取限定数据
cor(x, y = NULL, use = "everything",method = c("pearson"))
cor(x, y = NULL, use = "everything",method = c("kendall"))
cor(x, y = NULL, use = "everything",method = c("spearman"))
```

表 2.11　　Pearson 线性相关：中国人寿 CHINALIFE

	道指	上证综指	香港恒指	NYSE 美股	SSE A 股	HKEX H 股
道指	1.000 0	0.076 9	0.265 5	0.503 4	−0.015 0	0.084 9
上证综指	0.076 9	1.000 0	0.413 8	0.301 2	0.581 9	0.364 8
香港恒指	0.265 5	0.413 8	1.000 0	0.612 7	0.371 6	0.756 4
NYSE 美股	0.503 4	0.301 2	0.612 7	1.000 0	0.381 8	0.772 2
SSE A 股	−0.015 0	0.581 9	0.371 6	0.381 8	1.000 0	0.497 8
HKEX H 股	0.084 9	0.364 8	0.756 4	0.772 2	0.497 8	1.000 0

表 2.12　　Kendall 秩相关：中国人寿 CHINALIFE

	道指	上证综指	香港恒指	NYSE 美股	SSE A 股	HKEX H 股
道指	1.000 0	−0.001 8	0.182 5	0.354 1	0.016 5	0.127 0
上证综指	−0.001 8	1.000 0	0.194 8	0.103 4	0.391 3	0.161 0
香港恒指	0.182 5	0.194 8	1.000 0	0.392 7	0.340 4	0.597 7
NYSE 美股	0.354 1	0.103 4	0.392 7	1.000 0	0.274 9	0.598 8
SSE A 股	0.016 5	0.391 3	0.340 4	0.274 9	1.000 0	0.378 2
HKEX H 股	0.127 0	0.161 0	0.597 7	0.598 8	0.378 2	1.000 0

表 2.13　　Spearman 秩相关：中国人寿 CHINALIFE

	道指	上证综指	香港恒指	NYSE 美股	SSE A 股	HKEX H 股
道指	1.000 0	0.008 0	0.245 7	0.476 0	0.031 4	0.178 2
上证综指	0.008 0	1.000 0	0.273 7	0.141 6	0.512 0	0.231 1
香港恒指	0.245 7	0.273 7	1.000 0	0.561 9	0.491 3	0.781 1
NYSE 美股	0.476 0	0.141 6	0.561 9	1.000 0	0.404 9	0.796 3
SSE A 股	0.031 4	0.512 0	0.491 3	0.404 9	1.000 0	0.541 2
HKEX H 股	0.178 2	0.231 1	0.781 1	0.796 3	0.541 2	1.000 0

第五节　投资组合评价

投资组合性能以其组合标的期望、方差或相关系数的某种形式来评价。①

2.5.1　阿尔法系数

阿尔法系数度量投资组合与市场变化无关的收益，即高于市场收益的超额收益率。由单因素资产定价模型

$$(r_p - r_f) = \alpha + \beta \times (r_m - r_f) + \epsilon, \epsilon \sim N(0, \sigma^2) \tag{2.62}$$

可获得度量市场变化无关的收益的阿尔法系数：

$$\alpha = E[r_p - r_f] - \beta \times (E[r_m - r_f]) \tag{2.63}$$

显然，阿尔法系数与市场无关，其数值越大，投资组合收益就越大。

2.5.2　贝塔系数

贝塔系数测度投资组合收益率与市场收益率的协方差对市场收益率的方差之比：

$$\beta = \frac{\mathrm{Cov}[(r_p - r_f), (r_m - r_f)]}{D[r_m - r_f]} \tag{2.64}$$

显然，贝塔系数与市场有关，其数值越小，投资组合收益就越大。

2.5.3　夏普比率

夏普比率测度投资组合的收益对其标准方差之比：

① 投资组合的风险管理参见第七章“风险测度的概率方法”。

$$\text{Sharpe}=\frac{E[r_p-r_f]}{\sqrt{D(r_p-r_f)}} \tag{2.65}$$

显然，夏普比率越大其风险回报越高，其数值越大投资组合收益越大。

实例 2.5.1　组合评价指标实证：中国人寿 CHINALIFE

中国人寿系金融系数计算的实证代码见表 2.14 所示[①]，计算结果见表 2.15 所示。实证结果表明，依阿尔法系数的市场无关的超额收益看，纽约证交所上市的中国人寿股票最佳；依贝塔系数的相对市场收益看，上交所上市的中国人寿股票最佳；依夏普系数的风险收益看，港交所上市的中国人寿股票最高。需要指出的是，全面评价投资组合的性能远非这些金融系数所能及，它们仅是从某种侧面刻画了证券与市场指数或投资组合的统计特征而已。

表 2.14　　组合评价指标实证：中国人寿 CHINALIFE

```
library(zoo)#基础数据包
library(stats)#基础统计包
library(fBasics)#基础金融包
library(PerformanceAnalytics)#投资组合性能包
load("FiEsen.Rdata")#财经数据集
x <- window(chinalife.r, start = "2016-06-17", end = "2016-09-30")
rf <- 0.0 #不妨设定无风险利率为 0.00
CAPM.alpha(x$nyse.chinalife, x$dji, rf)
CAPM.alpha(x$sse.chinalife, x$sse.ci, rf)
CAPM.alpha(x$hkex.chinalife, x$hkex.hsi, rf)
CAPM.beta(x$nyse.chinalife, x$dji, rf)
CAPM.beta(x$sse.chinalife, x$sse.hsi, rf)
CAPM.beta(x$hkex.chinalife, x$hkex.hsi, rf)
sharpeRatio(x$nyse.chinalife, Rf=0.00, FUN="StdDev")
sharpeRatio(x$sse.chinalife, Rf=0.00, FUN="StdDev")
sharpeRatio(x$hkex.chinalife, Rf=0.00, FUN="StdDev")
```

表 2.15　　组合评价指标：中国人寿 CHINALIFE

	NYSE 美股	SSE A 股	HKEX H 股
阿尔法值	0.223 2	0.024 2	−0.036
贝塔值	1.296 3	0.754 8	1.388 7
夏普比值	0.140 4	0.065 7	0.149 2

① 尽管这些金融系数可以直接利用期望、协方差、方差或相关系数等直接计算，但我们还是简单地应用 R 所提供的应用包。简化起见，设定单期的证券且无风险利率为 0.0。

第六节 实证练习

1. 分析主要证券交易市场指数、收益率的统计特征，如道指(dji)、标普 500 指数(sp500)、纳指(nasdaq.ci)、芝加哥波指(cboe.vix)、芝加哥罗指(cboe.rut2000)、上证综指(sse.ci)、深证成指(szse.ci)、香港恒指(hkex.hsi)。[①]

2. 分析不同行业上市公司的股票价格及收益率的统计特征、阿尔法系数、贝塔系数和夏普比率系数，如谷歌(nasdaq.google)、新浪(nasdaq.sina)、星巴克(nasdaq.starbucks)、中国石油(nyse.petrochina)、阿里巴巴(nyse.alibaba)、工商银行(sse.icbc)、中信证券(sse.citic.sc)、中国人寿(sse.chinalife)、平安银行(szse.pingan)、万科地产(szse.vanke)、格力电器(szse.gree)和申万宏源证券(szse.swhy.sc)。

3. 分析选定行业上市公司在不同市场股票的价格及收益率的统计特征，如中国东航分别在上交所上市的 A 股(sse.ceair)和纽约证交所上市的美股(nyse.ceair)。

4. 分析选定行业上市公司的股票在不同选定[②]时期内的价格及其收益率的统计特征、阿尔法系数、贝塔系数和夏普比率系数，如建设银行 A 股(sse.ccb)。

5. 分析上交所中国石化 A 股(sse.sinopec)和纽约证交所中国石化美股(nyse.sinopec)与相应市场指数在选定时段的价格及收益率的相关或独立关系。

6. 分析上交所中国东航的股票(sse.ceair)与纽商所原油期货指数(nymex.cl)在选定时段的价格及收益率的相关或独立关系。

---

① 在实证练习中，可根据问题自选特定的指数或证券样本，如不同市场或不同行业的，以下从略。

② 在实证练习中，可根据问题自选特定时期的样本数据，如包括特定事件或特别关注的时期，以下从略。

第三章　价格或收益率的线性模型

价格是金融资产的市场属性和价值体现；收益率是金融资产的期限属性和投资目的；金融资产投资的本质则是分享资产持有或流通的市场价值。正常市场条件下，资产价值的提升及变化形态是线性的，合理设定资产的市场价格和投资收益率是线性的。因此，本章介绍金融资产价格或收益率的线性模型。首先，介绍金融资产的线性定价理论；其次，讨论时间序列的平稳性质、自回归 AR 模型、滑动平均 MA 模型及自回归滑动平均 ARMA 模型的统计性质；之后，介绍时间序列的非平稳性质、单根非平稳及协整关系；最后，讨论多变量的线性回归模型及其应用，如市场有效 EMH 假设检验、向量误差修正 VECM 模型、格兰杰因果关系和结构突变 Chow 统计量检验。

第一节　资产定价

资产定价是金融经济学研究的主要问题，也是金融投资的核心问题。虽然企业创造的商品价值、资产流通的市场价值及或投资者的预期价值都具有不确定性，但是正常市场条件下金融资产的市场价格符合渐近无套利 ATP 假设且价格或收益率是线性的。

3.1.1　线性法则

线性定价法则是资产定价的基础假设。

线性定价法则认为，金融资产的未来价格或收益率 x 是诸多组合标的或影响因素的线性函数 $p(\cdot)$：

$$y=p(x_0,x_1,\cdots,x_k)=\pi_0x_0+\pi_1x_1+\cdots+\pi_kx_k \tag{3.1}$$

其中，x_0 为无风险的金融资产，如大额存款或国债；$x_k(k>0)$为标的或因素的价格，如市场指数、权益市值、盈利能力或资产增长；π_k 为权重系数或因素效应，其正负符号表示持有或减持。

线性定价法则确保资产(或商品)的批发价等于零售价;反之,市场就存在套利机会,进而市场重新定价、消除套利机会,以达到动态均衡。

3.1.2 市场有效假设:EMH

市场有效 EMH 假设认为市场价格完全反映了资产所有可用信息,即价格完全反映影响因素,增加或透露任何信息都不会影响价格,交易不会产生收益。

给定资产不可观测的价值为 V_{t+1}^*,当前价格 S_t 及市场信息集 $\mathbb{F}_t$:

$$\mathbb{F}_0 \subset \mathbb{F}_1 \subset \cdots \subset \mathbb{F}_t \subset \mathbb{F}_{t+1} \cdots \subset \cdots \tag{3.2}$$

和

$$S_t = E_{\mathbb{F}_t}[V_{t+1}^* \mid \mathbb{F}_0, \mathbb{F}_1, \cdots, \mathbb{F}_t] \tag{3.3}$$

那么,市场有效 EMH 假设表达为:

$$E_{\mathbb{F}_t}[S_{t+1} - S_t] = E_{\mathbb{F}_t}[E_{\mathbb{F}_{t+1}}[S_{t+1}]] - S_t = 0 \tag{3.4}$$

市场信息集形式有三种:其一,弱形式,仅有资产自己过去价格或收益率;其二,中强形式,不仅有历史价格或收益率,而且包含市场参与者都知道的公共信息;其三,强形式,不仅有历史价格或收益率及市场参与者都知道的公共信息,而且还包括市场参与者所拥有的全部信息,包括私有信息。这些形式对应于市场有效 EMH 假设的三种范式(张尧庭,1998)。

简化起见,设定信息集只包括随机折现因子 M_t 及未来预期分红额度 D_{t+1},即影响资产价格的因素仅有无风险利率和企业分红额度。那么,市场有效 EMH 假设可简化为:

$$S_t = E_{\mathbb{F}_t}[M_t(S_{t+1} + D_{t+1})] = E_{\mathbb{F}_t}\left[M_t\left(S_{t+1}\left(1 + \frac{D_{t+1}}{S_{t+1}}\right)\right)\right] \tag{3.5}$$

或

$$\log(S_t) = \log(M_t) + E_{\mathbb{F}_t}[\log(S_{t+1})] + E_{\mathbb{F}_t}\left[\log\left(1 + \frac{D_{t+1}}{S_{t+1}}\right)\right] \tag{3.6}$$

相应地,金融资产的市场价格

$$S_t = \mu + S_{t-1} + \epsilon_t \tag{3.7}$$

对数价格

$$\log(S_t) = \log(M_{t-1}) + \beta\log(S_{t-1}) + \epsilon_t \tag{3.8}$$

收益率

$$r_t = \log(S_t) - \log(S_{t-1}) = \log(M_{t-1}) + (\beta - 1)\log(S_{t-1}) + \epsilon_t \tag{3.9}$$

其中，未来预期分红额 D_{t+1} 为确定性未知常数；扰动项 ϵ_t 为随机变量序列，或独立同分布，或独立但不同分布，或非独立，存在相关结构。

3.1.3 无套利定价原理：ATP

无套利定价 ATP 原理认为，若资产的未来价值相同，那么资产的当前价格应该相同；反之，市场就存在无风险套利机会；与线性定价是等价的。资产的当前价格或收益率是未来各种可能的标的或因素的价格的线性组合，即存在非负实数 λ_k，使得

$$x_t = \lambda_0 + \lambda_1 x_{1,t} + \lambda_2 x_{2,t} + \cdots + \lambda_k x_{k,t} + \epsilon_t \tag{3.10}$$

成立。

3.1.4 多因素定价模型：MFP

多因素定价认为，资产价格或收益率是可以通过企业财务信息、证券市场或公开市场信息等因素复制表示。

例如，资产当前价格或收益率可以由过去的各种可能的标的或因素的线性组合复制：

$$y_t = \beta_0 + \beta_1 x_{1,t_1} + \beta_2 x_{2,t_2} + \cdots + \beta_k x_{k,t_k} + \epsilon_t \tag{3.11}$$

其中，x_{k,t_k} 为定价因素，如财务盈利、国债利率、退货膨胀率、国民经济收入、货币发行量 Mx、市场借贷利率 LPR 及居民消费等；回归系数 β_k 为定价权重；$k=1,2,\cdots,k$。

特别地，给定 t 时期(月份或年度)、资产收益率 r_t 及无风险利率 r_{ft}。那么，经典的 Fama-French 五因素模型表达为：

$$\begin{aligned} r_t - r_{ft} = \beta_0 + \beta_1(Mkt_t - r_{ft}) + \beta_2 SMB_t + \beta_3 HML_t \\ + \beta_4(RMW_t + \beta_5 CMA_t + \epsilon_t \end{aligned} \tag{3.12}$$

其中，Mkt_t 为市场组合收益；SMB_t 为市值大小组合收益；HML_t 为权益高低组合收益；RMW_t 为财务盈利；CMA_t 为投资增长(Fama & French，2015)。

第二节 时间序列

无论是金额资产的价格或收益率，还是宏观经济的国民生产宏观数据、货币的利率或汇率，从时间维度角度观测，它们演变过程都会呈现相对平缓稳定的形态，这些平稳形态是经济学理论或金融经济学理论的市场体现。刻画这种平缓稳

定形态的数学工具正是平稳序列。①

3.2.1　时间序列

具有离散时间标度的随机变量的有序集合：

$$\mathbb{Y} \triangleq \{y_t \mid y_t \in \mathbb{R}^1, t=1,2,\cdots\} \tag{3.13}$$

称为时间序列，简记为$\{y_t \mid t=1,2,\cdots\}$或 y_t，下标 t 称为观测时间点。②

常见的观测间隔为：时分、日、周、月份、季度或年度。常见的时间序列为：证券日间收盘价格、日间收益率、国债到期收益率、银行贷款利率、国民经济季度数据或商品期货的当日结算价。

时间序列 y_t 概率分布函数及其矩表示为：

$$\begin{cases} F_{y_{t_1},y_{t_2},\cdots,y_{t_k}}(y_1,y_2,\cdots,y_k) & =\Pr\{y_{t_1}\leqslant y_1,y_{t_2}\leqslant y_2,\cdots,y_{t_k}\leqslant y_k\},\forall k\geqslant 1 \\ E[y_t] & =\mu_{y_t}=\int_{-\infty}^{+\infty} f_t(y_t)\mathrm{d}t \\ D[y_t] & =\sigma_{y_t}^2=E[(y_t-E[y_t])^2] \\ \mathrm{Cov}[y_{t_1},y_{t_2}] & =\gamma_y(t_1,t_2)=E[(y_{t_1}-E[y_{t_1}])(y_{t_2}-E[y_{t_2}])] \end{cases} \tag{3.14}$$

显然，除非时间序列 y_t 具有某种特殊性质，否则上述概率分布函数及其密封度分布函数根本无法确定，更不要说计算其一阶矩期望和二阶矩方差和协方差。

3.2.2　白噪声：WN

具有独立同分布的时间序列 ϵ_t 称为白噪声，当且仅当：

$$\begin{cases} F_{\epsilon_{t_1},\epsilon_{t_2},\cdots,\epsilon_{t_k}}(y_1,y_2,\cdots,y_k) & =F_{\epsilon_1}(y_1)F_{\epsilon_2}(y_2)\cdots F_{\epsilon_k}(y_k) \\ E[\epsilon_t] & =0<+\infty \\ D[\epsilon_t] & =\sigma_\epsilon^2<\infty \end{cases} \tag{3.15}$$

并标记为

$$\epsilon_t \sim \text{i.i.d.}(0,\sigma_\epsilon^2) \text{ 或 } \text{WN}(0,\sigma_\epsilon^2) \tag{3.16}$$

这是时间序列组成的基础要素。

白噪声 WN 序列是基本的、重要的、抽象的时间序列形式。例如，常见的正态

---

① 本书虽讨论实域的因果序列：$y_t=0,t<1$，但研究方法和主要结论可以推广到复域的随机序列或随机过程。

② 通常，观测点离散时，观测间隔为给定基准的整数倍或为任意的，观测结果为取实值的随机变量，依观测位序组成的序贯数据为时间序列，简称为随机序列、序列、信号或变量；而当观测点连续时，不存在观测间隔，观测结果为取实值的随机变量，依连续观测位序其组的序贯数据称为随机过程、过程、信号或变量。

分布的白噪声 WN 序列：

$$\begin{cases}\epsilon_t \sim N(0,\sigma^2), \forall t \\ E[\epsilon_t]=0<+\infty \\ D[\epsilon_t]=\sigma^2<\infty \\ \mathrm{Cov}[\epsilon_{t_1},\epsilon_{t_2}]=0, \forall t_1 \neq t_2\end{cases} \tag{3.17}$$

3.2.3 序列运算及其变换

作为特殊的数据类型或数据对象，时间序列的运算符序列数乘、序列加减、序列滞后(延迟、位移)依次为：

$$\begin{cases}ky_t & \triangleq \{z_t \mid z_t=k\times y_t \mid \forall k>0\} \\ ax_t \pm by_t & \triangleq \{z_t \mid z_t=a\times x_t \pm b\times y_t \mid a,b\in \mathbb{R}\}\end{cases} \tag{3.18}$$

和

$$\begin{cases}L^{\ell}[y_t] & \triangleq L^1[L^{\ell-1}[y_t]], \ell \in \mathbb{N} \\ L^0[y_t] & \triangleq y_t \\ L^{\pm 1}[y_t] & \triangleq y_{t\mp 1}\end{cases} \tag{3.19}$$

其中，x_t 和 y_t 为给定时间序列。

仅当时间序列 y_t 与系列时间序列 $\{x_{\ell t} \mid \ell \geqslant 1\}$ 线性组合的相关系数绝对值为 1 时，称序列 y_t 与系列时间序列 $x_{\ell t}$ 是完全共线性的。

给定时间序列 x_t、y_t 或 z_t，标记其历史信息集：

$$\mathbb{F}_{t-1} \triangleq \{y_\ell, x_\ell, z_\ell \mid \ell=t-1, t-2, \cdots, 1\} \tag{3.20}$$

除上述概率统计方法外，还有其他数学变换工具用于分析离散时间序列或连续的随机过程 y_t，如 Z 变换和傅立叶 F 变换。

给定 Z 平面：$Z \triangleq \{z \mid z=A(\cos\omega+i\sin\omega), i=\sqrt{-1}, A, \omega\in\mathbb{R}\}$，幅度 A 和角频率 ω。那么，序列 y_t 的 Z 变换

$$\begin{cases}Y(z)=Z[y_t] & \triangleq \sum_{t=1}^{+\infty} y_t z^{-t} \\ y_t=Z^{-1}[Y(z)] & =\dfrac{1}{2\pi\times i}\oint_C Y(z) z^{t-1}\mathrm{d}z\end{cases} \tag{3.21}$$

Z 变换把序列从时域转换到 Z 平面(域)，从而使观测数据某些性质更为凸显。Z 变换主要数学性质有：其一，线性，$Z[ax_t+b_t]=aZ[x_t]+bZ[y_t], \forall a,b$；其二，时移，$Z[x_{t+m}]=z^{+m}Z[x_t], \forall m\in\{1,2,\cdots\}$；其三，展缩，$Z[a^t x_t]=X\left(\dfrac{z}{a}\right)$；

其四，翻转，$Z[x_{-n}]=X(z^{-1})$。

此外，连续随机过程的时域连续傅立叶 F 变换

$$\begin{cases} X(f) & =\int_{-\infty}^{+\infty} x(t)\exp\{-2\pi ift\}\mathrm{d}t \\ x(t) & =\int_{-\infty}^{+\infty} X(f)\exp\{+2\pi ift\}\mathrm{d}f \end{cases} \tag{3.22}$$

及离散时间序列的时域离散傅立叶 F 变换

$$\begin{cases} Y_k & \triangleq \dfrac{1}{N}\sum_{t=0}^{N-1} y_t \exp\left\{-\dfrac{2\pi i}{N}tk\right\} \\ y_t & =\dfrac{1}{N}\sum_{k=0}^{N-1} Y_k \exp\left\{+\dfrac{2\pi i}{N}tk\right\} \end{cases} \tag{3.23}$$

时间序列或随机过程的分析方法中，Z 变换及傅立叶 F 变换是主要的数学工具。

3.2.4 平稳序列

常见的、简单的和重要的序列是平稳的时间序列。

时间序列 y_t 称为严平稳的，当且仅当 $\forall t_1, t_2, \cdots, k \in \mathbb{N}^+$，$\forall \tau \geqslant 1$：

$$F_{y_{t_1}, y_{t_2}, \cdots, y_{t_k}}(y_1, y_2, \cdots, y_k)=F_{y_{t_1+\tau}, y_{t_2+\tau}, \cdots, y_{t_k+\tau}}(y_1, y_2, \cdots, y_k) \tag{3.24}$$

亦即，严平稳的时间序列的联合概率分布函数具有时移不变。① 显然，联合概率分布条件过于苛刻严厉，实践中难以应用和检验。

通常，时间序列 y_t 称为弱平稳的，当且仅当：

$$\begin{cases} E[y_t] & =\mu_y<\infty \\ D[y_t] & =\sigma_y^2<\infty \\ \mathrm{Cov}[y_{t_1}, y_{t_1+\tau}] & =E[(y_{t_1}-\mu_y)(y_{t_1+\tau}-\mu_y)]=\gamma_y(\tau), \forall \tau \end{cases} \tag{3.25}$$

亦即，弱平稳的时间序列的均值和方差皆为有界常数，其协方差函数具有时移不变，如此常数的数学期望和位移不变的协方差条件相对宽松且易于统计检验和实际应用，有时称为二阶矩平稳。

常见的时间序列或随机过程见表 3.1 所示，它们有着自己特殊的统计性质和应用领域。

---

① 时移表达的是序列在观测位序的整体平移，即从一组观测点 $(t_1, t_2, \cdots, t_k)$ 移动到另一组观测点 $(t_1+\tau, t_2+\tau, \cdots, t_k+\tau)$；而时移不变是要求 $y_{t_1, t_2, \cdots, t_k}$ 和 $y_{t_1+\tau, t_2+\tau, \cdots, t_k+\tau}$ 的联合概率分布不变或二阶矩不变，有时简称为时不变或时齐的。

表 3.1 **经典的时间序列**

序列名称	统计特征
白噪声	期望和方差为常数且协方差是时移不变
正态白噪声	正态分布的、高斯分布
学生白噪声	t 分布的、学生 t 分布
指数白噪声	指数分布的
贝努利序列	独立同分布的贝努利试验组成
平稳过程	均值方差为常数的且协方差有时不变的
随机徘徊	初值为任意的独立同分布的序列和
简单随机徘徊	分布取+1 或−1 且初值为整数的随机徘徊
对称简单随机徘徊	等概率的简单随机徘徊
鞅列	未来的条件期等于现在的观测值
独立增量序列	时段任意划分对应的所有的增量都是独立的
泊松序列	初始为零分布为泊松的独立增量序列
维纳过程或布朗运动	正态分布的独立增量过程且增量是平稳的
马尔可夫链	当期的条件概率等于其近邻的条件概率

3.2.5 沃尔德解析范式

沃尔德解析定理指出，除去确定成分的任何平稳时间序列，都可以表示为白噪声的有限或无限滞后序列的线性加权平均(滑动平均)

$$y_t = \sum_{j=1}^{+\infty} \theta_i \epsilon_{t-i} + \eta_t, t \in \{1, 2, \cdots\} \tag{3.26}$$

其中，解析成分的白噪声 ϵ_t 与观测到的时间序列 y_t 过去任何观测点都是独立的；分解系数 θ_i 唯一存在且平方可积；常数项 η_t 为线性确定成分。

沃尔德解析定理不仅从理论上确保平稳时间序列的解析范式的存在性和唯一性，而且解析范式表明分解系数(权重、效应)可作为序列间相关结构的度量依据。客观世界存在的或观测到的时间序列大多是因果的，特定时期内(中长期)是平稳的和时不变的，而正是时间序列的平稳性保证揭示(或解释)观测数据，如经济指标、金融指数或证券价格，收益率偏离其平均增长率的关联关系。

第三节　相关分析

相关分析是时间序列最简单的统计方法，它测度序列或两序列在任意时移偏离其均值或线性拟合均值的偏差的规整累计（程乾生，2003）。

3.3.1　相关函数：CF

时间序列 y_t 和 x_t 在任意时间点 t_1 和 t_2 的互协方差函数 CCoF 定义为：

$$\gamma_{yx}(t_1,t_2)=\mathrm{Cov}[y_{t_1},x_{t_2}]=E[(y_{t_1}-\mu_y(t_1))(x_{t_2}-\mu_x(t_2))] \tag{3.27}$$

用于度量时间序列偏离其期望的偏差累计。

序列 y_t 和 x_t 在任意两时间点 t_1 和 t_2 的互相关函数 CCF 定义为：

$$\rho_{yx}(t_1,t_2)=\frac{\mathrm{Cov}[y_{t_1},x_{t_2}]}{\sqrt{D[y_{t_1}]}\sqrt{D[x_{t_2}]}} \tag{3.28}$$

简记为 $\mathrm{Corr}[y_{t_1},x_{t_2}]$。

序列 y_t 在任意两时间点 t_1 和 t_2 的自相关函数 ACF 定义为：

$$\rho_y(t_1,t_2)=\frac{\mathrm{Cov}[y_{t_1},y_{t_2}]}{\sqrt{D[y_{t_1}]}\sqrt{D[y_{t_2}]}} \tag{3.29}$$

即归一化的协方差函数。

仅当序列为平稳时，二维观测时点的相关函数简化为一维时移的。序列 y_t 和 x_t 的互协方差函数和互相关函数：

$$\begin{cases}\gamma_{yx}(\tau) & =E[(y_t-\mu_y)(x_{t+\tau}-\mu_x)] \\ \rho_{yx}(\tau) & =\dfrac{\gamma_{yx}(\tau)}{\sqrt{\sigma_y^2}\sqrt{\sigma_x^2}},\forall\tau=0,1,2,\cdots\end{cases} \tag{3.30}$$

和序列 y_t 的自协方差与自相关函数①：

$$\begin{cases}\gamma_y(\tau) & =E[(y_t-\mu_y)(y_{t+\tau}-\mu_y)] \\ \rho_y(\tau) & =\dfrac{\gamma_y(\tau)}{\sigma_y^2},\forall\tau=0,1,2,\cdots\end{cases} \tag{3.31}$$

例如，白噪声序列的 ACF

$$\rho(t_1,t_2)=\begin{cases}1, & 若\ t_1=t_2 \\ 0, & 否\end{cases} \tag{3.32}$$

---

① 序列 y_t 的自协方差和自相关函数的下标大多略去 y，直接简记为 $\gamma(\tau)$ 和 $\rho(\tau)$。

用狄拉克 δ 函数表示为：

$$\rho(\tau)=\delta(\tau)=\begin{cases}1, & 若\ \tau=0\\ 0, & 否\end{cases} \tag{3.33}$$

设定平稳序列 y_t 和 x_t 的观测数据分别为：

$$\mathbb{Y}_N \triangleq \{y_t \mid t=1,2,\cdots,N\} \tag{3.34}$$

和

$$\mathbb{X}_N \triangleq \{x_t \mid t=1,2,\cdots,N\} \tag{3.35}$$

那么，序列 y_t 和 x_t 的互相关函数的一致估计量：

$$\hat{\rho}_{yx}(\tau)=\frac{\sum_{t=1}^{N}(y_t-\overline{y})(x_t-\overline{x})}{\sqrt{\sum_{t=1}^{N}(y_t-\overline{y})^2}\sqrt{\sum_{t=1}^{N}(x_t-\overline{x})^2}} \tag{3.36}$$

和序列 y_t 的自相关函数的一致估计量①：

$$\hat{\rho}_{y}(\tau)=\frac{\sum_{t=1}^{N}(y_t-\overline{y})(y_t-\overline{y})}{\sum_{t=1}^{N}(y_t-\overline{y})^2} \tag{3.37}$$

其中，$\overline{y}$ 和 $\overline{x}$ 分别为时间序列 y_t 和 x_t 的样本均值。

互相关函数的数学性质可概括为：其一，绝对不等式：$|\rho_{yx}(\tau)|\leqslant\sqrt{\rho_{yy}(0)}\sqrt{\rho_{xx}(0)}$；其二，镜像对称：$\rho_{yx}(\tau)=\rho_{xy}(-\tau)$；其三，最大值，零时移间隔数值并非最大：$\rho_{yx}(0)\lesseqgtr\rho_{yx}(\tau)$，$\forall\,\tau\geqslant 0$；其四，零趋势，随着间隔时移增大，数值渐趋于零：$\lim_{\tau\to+\infty}\rho_{yx}(\tau)=0$；其五，共有频率：$\rho_{yx}(\tau)$ 包含序列 y_t 和序列 x_t 的共有频率成分。

类似地，自相关函数的数学性质可概括为：其一，绝对值小于 1：$|\rho_y(\tau)|\leqslant 1.0$；其二，偶对称：$\rho_y(\tau)=\rho_y(-\tau)$；其三，最大值，零时移间隔数值最大：$\rho_y(0)\geqslant\rho_y(\tau)$，$\forall\,\tau\geqslant 0$；其四，零趋势，随着间隔时移增大相关渐趋于零：$\lim_{\tau\to+\infty}\rho_t(\tau)=0$；其五，渐近正态：存在 m，使得 $\rho_y(\tau)\sim N(0,(1+2\sum_{i=1}^{m}\rho_y^2(i))/N)$，$\tau>m$。

尤其是，利用自相关函数估计值的渐近分布性质可构造一系列检验统计量，以检验序列的平稳（线性）假设。例如，对于正整数 $m\approx\log N$，渐近正态分布的 t-ratio 统计量

$$\text{t-ratio}=\frac{\hat{\rho}_m}{\sqrt{(1+2\sum_{i=1}^{m-1}\hat{\rho}_i^2)/N}}\sim N(0,1) \tag{3.38}$$

① 由于大样本理论保证估计量的渐近性质，从而在概率分布意义上估计量与原未知量是等价的。

渐近 χ^2 分布的 Q 统计量

$$Q^*(m) = N\sum_{\tau=1}^{m}\hat{\rho}_\tau^2 \sim \chi_m^2 \tag{3.39}$$

或扩展形式

$$Q(m) = N(N+2)\sum_{\tau=1}^{m}\frac{\hat{\rho}_\tau^2}{N-\tau} \sim \chi_m^2 \tag{3.40}$$

3.3.2 偏相关函数：PCF

偏相关函数是以序列与其滞后序列或其他外生的序列的线性组合的偏差累计作为相关测度，而不是简单地像互相关函数和自相关函数那样只与其期望的偏差累计作为度量，它还考虑到其他外生的序列的影响。

设定多解释变量的样本或序列集：

$$\mathbb{X}_t \triangleq \{x_{\ell,t} \mid \ell = 1,2,\cdots,k\} \tag{3.41}$$

那么，y_t 在序列集 $\mathbb{X}_t$ 上的线性投影[①]定义为：

$$\begin{cases} y_t & \triangleq \alpha_0 + \alpha_1 x_{1t} + \alpha_2 x_{2t} + \cdots + \alpha_k x_{kt} + \epsilon_t \\ LP(y_t \mid \mathbb{X}_t) & \triangleq E[y_t \mid \mathbb{X}_t] = \alpha_0 + \alpha_1 x_{1t} + \alpha_2 x_{2t} + \cdots + \alpha_k x_{kt} \end{cases} \tag{3.42}$$

其中，未知常数 α_k 为线性投影（回归）的偏效应（偏相关）系数；序列 $x_{t,\ell}$ 称为外生因素，相互不能完全线性相关；序列 ϵ_t 称为随机扰动项（或误差项），与投影因素 $x_{t,\ell}$ 互不相关且零均值的白噪声；当 $\mathbb{X}_t$ 仅为 y_t 的滞后序列集 $\{L^\ell[y_t] \mid \ell \geqslant 1\}$ 时，称为自身线性投影。

序列 y_t 和 x_t 在任意两时间点 t_1 和 t_2 的偏互相关函数 PCCF 定义为：

$$\rho_{yx}(t_1,t_2) = \begin{cases} \mathrm{Corr}[y_{t_1}, x_{t_2}], & 若 \mid t_1 - t_2 \mid = 1 \\ \mathrm{Corr}[y_{t_1} - LP(y_{t_1} \mid \mathbb{X}_{t_1}), x_{t_2} - LP(x_{t_2} \mid \mathbb{X}_{t_2})], & 否 \end{cases} \tag{3.43}$$

序列 y_t 在任意两时间点 t_1 和 t_2 的偏自相关函数 PACF 定义为：

$$\rho_y(t_1,t_2) = \begin{cases} \mathrm{Corr}[y_{t_1}, x_{t_2}], & 若 \mid t_1 - t_2 \mid = 1 \\ \mathrm{Corr}[y_{t_1} - LP(y_{t_1} \mid \mathbb{Y}_{t_1}), y_{t_2} - LP(y_{t_2} \mid \mathbb{Y}_{t_2})], & 否 \end{cases} \tag{3.44}$$

仅当平稳时，序列 y_t 与 x_t 的偏互相关函数 PCCF 简化为：

---

① 线性投影表达的是随机序列在由给定随机序列集组成的因素空间的仿射投影，而回归表达的是被解释随机变量在给定随机变量集构成的解释因素的线性组合。

$$\rho_{yx}(\tau)=\begin{cases}\text{Corr}[y_t, x_{t+1}], & \text{若 } \tau=1 \\ \text{Corr}[y_t - LP(y_t \mid \mathbb{X}_t), y_{t+\tau} - LP(y_{t+\tau} \mid \mathbb{X}_{t+\tau})], & \text{否}\end{cases} \tag{3.45}$$

和序列 y_t 的偏自相关函数 PACF 简化为：

$$\rho_y(\tau)=\begin{cases}\text{Corr}[y_t, y_{t+1}], & \text{若 } \tau=1 \\ \text{Corr}[y_t - LP(y_t \mid \mathbb{Y}_t), y_{t+\tau} - LP(y_{t+\tau} \mid \mathbb{Y}_{t+\tau})], & \text{否}\end{cases} \tag{3.46}$$

实例 3.3.1　相关分析实证：建设银行 CCB

建设银行是中国领先的、大型国有控股商业银行，先后于 2005 年 10 月和 2007 年 9 月在香港交易所和上海证券交易所挂牌上市。截至 2019 年末，建设银行市值约为 25 436 亿元人民币、平均资产回报率 1.11%、核心一级资本充足率 13.88%、不良贷款率 1.42%、信用评级准普尔长期 A；2020 年 7 月 9 日每股红利 0.320 元人民币；跻身全球上市银行第五位。鉴于建设银行 2014 年 10 月 10 日至 2015 年 6 月 5 日期间中国证券市场处于所谓牛市的快速上扬过程中，并未发生重大事件及没有发生红利派发，所以实证观测时间点选择此时段，累计 166 个交易日。设定观测时期内证券收益率序列为平稳的；实证代码如表 3.2 所示[①]；建设银行系的价格及其对数收益率如图 3.2 所示，相应的自相关、互相关函数及偏自相关函数分别如图 3.3 和图 3.4 所示。实证结果表明，无论是证券交易市场指数还是股票，都存在不同程度的自相关性；股票与其所在的交易市场指数的相关性高于其他非所在的交易市场指数的相关性；香港交易所指数与上海证券交易所市场指数相互相关；香港市场的与上海市场的建设银行股票同样存在相关性。

表 3.2　　相关分析实证：建设银行 CCB

```
library(zoo) # 基础数据包
library(stats) # 基础统计包
load("FiEsen.Rdata") # 财经数据集
p <- window(ccb.p, start = "2014-10-10", end = "2015-06-05")
r <- window(ccb.r, start = "2014-10-10", end = "2015-06-05")
plot.zoo(p$sse.ccb, main="", xlab="", ylab="")
plot.zoo(r$sse.ccb, main="", xlab="", ylab="")
acf(ts(r$sse.ccb), xlab="", ylab="", na.action=na.pass)
pacf(ts(r$sse.ccb), main="", xlab="", ylab="", na.action=na.pass)
```

① 此后在不影响上下文理解的前提下，实证代码表中省略功能相近的命令行代码或命令参数或命令注解。

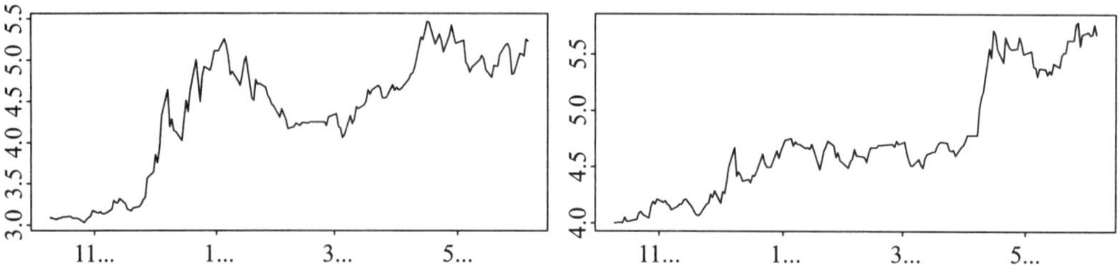

(a) SSE A股　　(b) HKEX H股

图 3.1　证券价格:建设银行 CCB

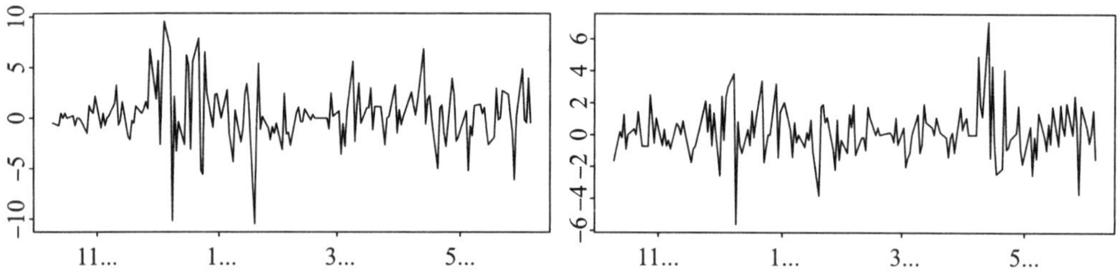

(a) SSE A股　　(b) HKEX H股

图 3.2　证券收益率:建设银行 CCB

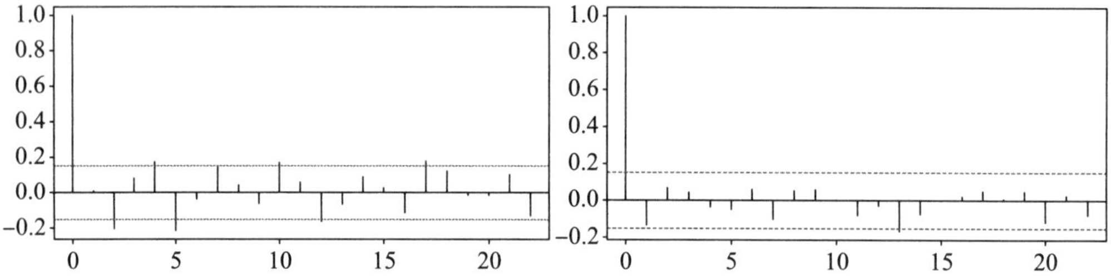

(a) SSE　　(b) HKEX

图 3.3　自相关函数:建设银行 CCB

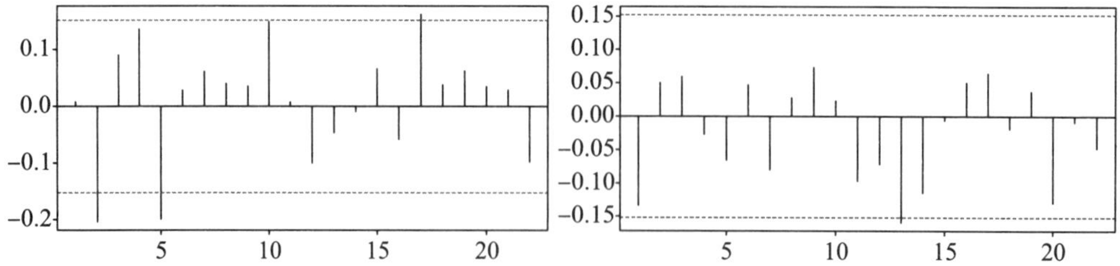

(a) SSE A股　　(b) HKEX H股

图 3.4　偏自相关函数:建设银行 CCB

实例 3.3.2 相关分析实证:银行间同业拆放利率 SHIBOR

上海银行间同业拆放利率是由信用等级较高的银行金融机构组成报价团自主报出的人民币同业拆出利率计算确定的算术平均利率，是单利、无担保、批发性利率，包括隔夜、1 周、2 周、1 个月、3 个月、6 个月、9 个月及 1 年期限，每个交易日根据各报价行的报价，剔除最高、最低各 4 家报价，对其余报价进行算术平均计算后得出每一期限品种的 SHIBOR。2019 年 2 月 15 日至 12 月 15 日期间的各种期限品种的 SHIBOR 拆放利率如图 3.5 所示，拆借期限是:隔夜、1 周和 2 周;相应于期限 ON、W1 和 W2 的 SHIBOR 的收益率序列的自相关函数如图 3.6 所示;图中互相关和偏互相关函数显示隔夜拆放利率与 1 周期限拆放利率的相关性尤其突出。

表 3.3　　　　相关分析实证:银行间同业拆放利率 SHIBOR

```
library(zoo) # 基础数据包
library(stats) # 基础统计包
load("FiEsen.Rdata") # 财经数据集
p <- window(shibor.x,start = "2019-02-15",end = "2019-12-15")
r <- window(shibor.r,start = "2019-02-15",end = "2019-12-15")
plot.zoo(p,main="",xlab="")
plot.zoo(r,main="",xlab="")
acf(ts(r[,1:3]),xlab="",ylab="",na.action=na.pass)
pacf(ts(r[,1:3]),xlab="",ylab="",na.action = na.pass)
```

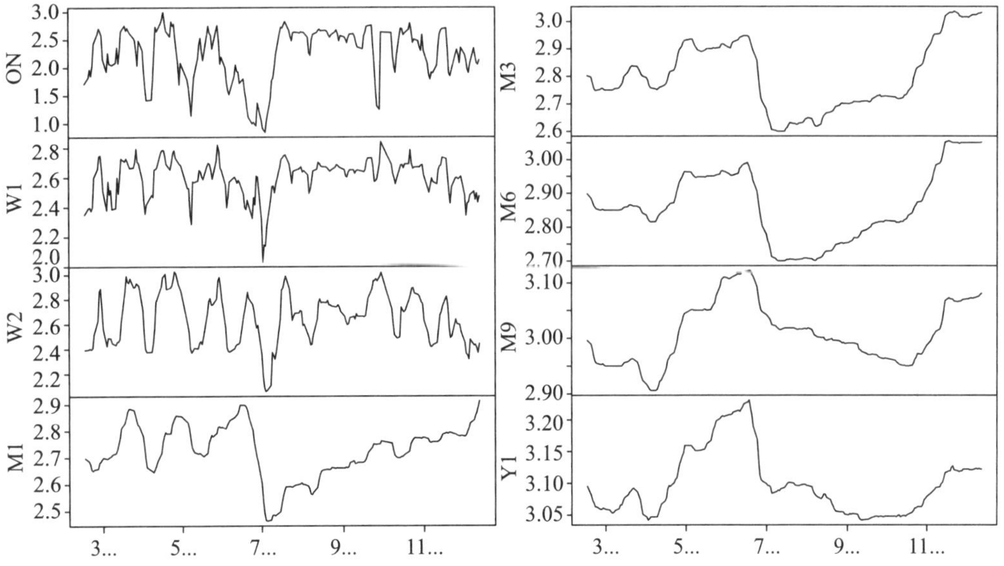

图 3.5 银行间同业拆放率:SHIBOR

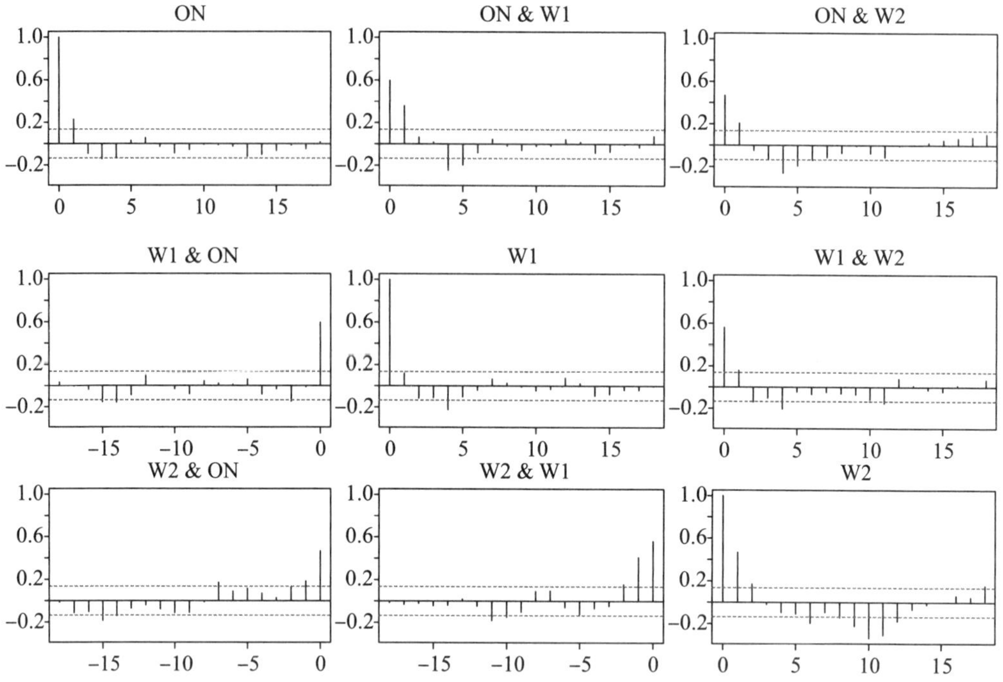

图 3.6　自相关及互相关函数：银行间同业拆放率 SHIBOR，ON、W1、W2

第四节　自回归滑动平均模型

沃尔德分解和偏自相关函数表明，平稳条件下时间序列可以由有限或无限数目的白噪声或其自身滞后序列的线性组合构成。因此，本节首先研究自回归 AR 模型、滑动平均 MA 模型及自回归滑动平均 ARMA 模型的统计性质；其次进行宏观经济或金融市场的实证研究。

3.4.1　自回归模型：AR

事实上，无论是自然现象、宏观经济还是金融市场，在特定时期内相邻位点序列都有着千丝万缕的联系，至少历史事实可作为当前决策的支撑依据。

对于时间序列 y_t，随机事件当前的观测值可以由相邻的观测值和白噪声的线性组合：

$$y_t = \varphi_0 + \varphi_1 y_{t-1} + \epsilon_t \tag{3.47}$$

称此组合为 1 阶自回归 AR 模型，简称 AR 模型，记作：

$$y_t \sim \mathrm{AR(p)}$$

其中,方程式称为回归方程;回归方程系数 φ_1 称为回归系数。

例如,在证券市场常规条件下,投资者依前一交易日收盘价为基准进行申报当日开盘的买卖价格和数量,交易所系统按照预定撮合原则形成开盘价;机构或普通投资者以证券的预期收益、市场信息和自有信息进行参与市场竞价过程;证券日内交易过程其价格多以开盘价内上下浮动,如沪深市场的主板证券正负10%、科创板证券及创业板证券正负20%。因此,简单地认为短期内证券的交易价格和收益率表达为其过去的价格和收益率的线性组合:

$$\begin{cases} S_t = a_0 + a_1 S_{t-1} + a_2 S_{t-2} + a_3 S_{t-3} + u_t \\ r_t = b_0 + b_1 r_{t-1} + b_2 r_{t-2} + b_3 r_{t-3} + v_t \end{cases} \tag{3.48}$$

其中,系数 a_i 为价格组合权重;系数 b_i 为收益率组合权重;扰动项 u_t 和 v_t 为白噪声。

推而广之,时间序列 y_t 的 p 阶线性自回归 AR 模型[①]为:

$$y_t = \varphi_0 + \sum_{i=1}^{p} \varphi_i y_{t-i} + \epsilon_t \tag{3.49}$$

其中,解释变量 y_{t-i} 为被解释变量 y_t 的 i 阶滞后项;系数 φ_i 为相应滞后项的偏效应;扰动项或误差项 ϵ_t 为均值 0 和方差为 σ_ϵ^2 的白噪声。

对 AR 模型中回归方程(3.49)两端做 Z 变换,可得 AR 模型的特征多项式:

$$A(z) = 1 - \sum_{i=1}^{p} \varphi_i z^i \tag{3.50}$$

和 AR 系统响应函数:

$$H(z) = \frac{\varphi_0}{1 - \sum_{i=1}^{p} \varphi_i z^i} \tag{3.51}$$

特征多项式 $A(z)$ 的根称为系统响应函数 $H(z)$ 的极点或简称为 AR 模型或时间序列的特征根,它决定了时间序列或 AR 模型的统计性质。

3.4.1.1　自回归模型统计性质

线性自回归 AR 模型(3.49)统计性质由回归方程的系数 φ_i 所确定。设定 2 阶自回归 AR 模型:

$$y_t = \varphi_0 + \varphi_1 y_{t-1} + \varphi_2 y_{t-2} + \epsilon_t \tag{3.52}$$

2 阶 AR 模型的统计性质讨论如下。其一,均值表达式:

---

① 序列、过程、模型三者表达具体含义依上下文解析。

$$E[y_t]=\varphi_0+\varphi_1 E[y_{t-1}]-\varphi_2 E[y_{t-2}] \tag{3.53}$$

或

$$E[y_t]=\mu=\frac{\varphi_0}{1-\varphi_1-\varphi_2} \tag{3.54}$$

其中,模型参数满足:$\varphi_1+\varphi_2\neq 1$ 以确保序列为平稳的。

其二,方差表达式:

$$D[y_t]=E[(y_t-\mu)^2]=\frac{\sigma_\epsilon^2}{1-\varphi_1^2-\varphi_0^2-\dfrac{2\varphi_1^2\varphi_2}{1-\varphi_2}} \tag{3.55}$$

其中,模型参数满足:$\varphi_1^2+\varphi_2^2+\dfrac{2\varphi_1^2\varphi_2}{1-\varphi_2}<1$ 以确保序列为平稳的。

其三,协方差方程:

$$\gamma(\tau)=\varphi_1\gamma(\tau-1)+\varphi_2\gamma(\tau-2),\tau>1 \tag{3.56}$$

具体地,利用式(3.54),对 AR 模型回归方程式(3.52)两端乘以($y_{t-\ell}-\mu$),取数学期望即得协方差方程。

其四,自相关函数方程:

$$\rho(\ell)=\begin{cases}\dfrac{\varphi_1}{1-\varphi_2}, & 若\ \tau=1\\ \varphi_1\rho(\ell-1)+\varphi_2\rho(\ell-2), & 若\ \tau>1\end{cases} \tag{3.57}$$

其五,特征多项式:

$$A(z)=1-\varphi_1 z^1-\varphi_2 z^2 \tag{3.58}$$

仅当特征根为复数共轭:

$$z_{1,2}=\frac{\varphi_1\pm\sqrt{\varphi_1^2+4\varphi_2}}{2} \tag{3.59}$$

时称常数:

$$k=\frac{360}{\cos^{-1}\left[\dfrac{\varphi_1}{2\sqrt{-\varphi_2}}\right]} \tag{3.60}$$

为序列随机周期的平均长度,如宏观经济周期或商业周期。

由于 AR 模型回归方程的迭代形式,所以模型均值方程、协方差函数、自相关函数、特征函数的表达式也都是简单迭代的。

3.4.1.2 自回归模型参数估计

AR 模型参数估计模型阶数和回归方程系数,参数估计步骤如下。其一,偏自

相关函数,依模型阶数设定 $\ell=1,2,\cdots$进行 AR 模型参数估计:

$$\begin{cases} y_t &= \varphi_{0,1} + \varphi_{1,1} y_{t-1} + \epsilon_{1,t} \\ y_t &= \varphi_{0,2} + \varphi_{1,2} y_{t-1} + \varphi_{2,2} y_{t-2} + \epsilon_{2,t} \\ y_t &= \varphi_{0,3} + \varphi_{1,3} y_{t-1} + \varphi_{2,3} y_{t-2} + \varphi_{3,3} y_{t-3} + \epsilon_{3,t} \\ y_t &= \varphi_{0,4} + \varphi_{1,4} y_{t-1} + \varphi_{2,4} y_{t-2} + \varphi_{3,4} r_{t-3} + \varphi_{4,4} y_{t-4} + \epsilon_{4,t} \\ & \vdots \\ y_t &= \varphi_{0,p} + \varphi_{1,p} y_{t-1} + \varphi_{2,p} y_{t-2} + \cdots + \varphi_{p,p} y_{t-p} + \epsilon_{p,t} \\ y_t &= \varphi_{0,p+1} + \varphi_{1,p+1} y_{t-1} + \varphi_{2,p+1} y_{t-2} + \cdots + \varphi_{p+1,p+1} y_{t-p} + \epsilon_{p+1,t} \end{cases} \tag{3.61}$$

参数估计 $\varphi_{\ell,\ell}$称为偏自相关函数,与式(3.46)含义是一致的,对于真实 p 阶 AR 模型具有截尾性:

$$\rho(\ell) = \begin{cases} \neq 0, 若\ \ell \leqslant p \\ = 0, 若\ \ell > p \end{cases} \tag{3.62}$$

虽然理论上 PACF 具有截尾性质,但是实证中 PACF 估计并非截然分明,常用阶数选择准则有:AIC、BIC 或 KS 统计量。

其二,回归方程系数,通过 Yule-Walker-Burg 代数方程、回归的普通最小二乘 OLS 估计或极大似然 ML 估计等方法估计。例如,代数估计方法。首先,不妨标记 $a_0=1$、$a_i=-\varphi_i$ 及观测样本数据中心归一化(样本零均值)$y_t=(y_t-\mu)$;其次,重写表达式

$$y_t + \sum_{i=1}^{p} a_i y_{t-i} = e_t \tag{3.63}$$

并方程两端数乘

$$y_{t-\ell}\left(y_t + \sum_{i=1}^{p} a_i y_{t-i}\right) = e_t\left(e_{t-\ell} - \sum_{i=1}^{p} a_i y_{t-\ell-i}\right) \tag{3.64}$$

之后,方程式两端取数学期望

$$E\left[y_{t-\ell}\left(y_t + \sum_{i=1}^{p} a_i y_{t-i}\right)\right] = E\left[e_t\left(e_{t-\ell} - \sum_{i=1}^{p} a_i y_{t-\ell-i}\right)\right] \tag{3.65}$$

并简化为

$$\sum_{i=0}^{p} a_i \gamma(\ell - i) = E[e_t e_{t-\ell}] - \sum_{i=1}^{p} a_i E[e_t y_{t-\ell-i}] \tag{3.66}$$

最后,在模型设定:零均值 $E[e_t]=0$、同方差 $D[e_t]=\sigma^2$ 且与 y_t 互不相关条件有:

$$\sum_{i=0}^{p} a_i \gamma(\ell - i) = \sigma^2 \delta(\ell) \tag{3.67}$$

因此,AR 模型的 Toplitz 矩阵方程:

$$\begin{pmatrix}\gamma(0) & \gamma(-1) & \cdots & \gamma(-p) \\ \gamma(1) & \gamma(0) & \cdots & \gamma(-p+1) \\ & & \vdots & \\ \gamma(p) & \gamma(p-1) & \cdots & \gamma(0)\end{pmatrix}\begin{pmatrix}1 \\ a_1 \\ \vdots \\ a_p\end{pmatrix}=\begin{pmatrix}\sigma^2 \\ 0 \\ \vdots \\ 0\end{pmatrix} \tag{3.68}$$

参数估计的代数方程方法有如此完美的，是因为 AR 模型回归方程的差分迭代、零均值的白噪声及其互不相关的模型假设。

此外，利用扰动项 ϵ_t 的拟合的残差构造系列检验统计量，以检验自回归 AR 模型假设及参数假设。

3.4.1.3　自回归模型前向预测

预测是依据当期和过去历史信息对未来趋势的推断；利用观测样本对 AR 模型参数估计，除进行模型相关假设检验外，还需要对序列未来趋势进行预测。首先，设定预测原点 $h>0$ 并选取观测样本 $\mathbb{Y}_N$ 的子集 $\mathbb{Y}_h=\{y_1,y_2,\cdots,y_h\}$ 为训练样本数据[①]；其次，依据 PACF 函数或实际问题确定 AR 模型阶数 p、估计模型参数 φ_i 与估计扰动项的方差 σ_ϵ^2；之后，依据实际问题选取前向预测长度 $\ell\geqslant1$；最后，p 阶 AR 模型预测 $\hat{y}_h(\ell)\triangleq E[y_{h+\ell}\,|\,\mathbb{Y}_h]$ 及其误差 $e_h(\ell)\triangleq y_{h+\ell}-\hat{y}_h(\ell)$ 表示为：

$$\begin{cases}\hat{y}_h(1) & = & \varphi_0+\varphi_1 y_h+\varphi_2 y_{h-1}+\cdots+\varphi_p y_{h-p+1} \\ \hat{y}_h(2) & = & \varphi_0+\varphi_1\hat{y}_h(1)+\varphi_2 y_{h+0}+\cdots+\varphi_p y_{h-p+2} \\ \hat{y}_h(3) & = & \varphi_0+\varphi_1\hat{y}_h(2)+\varphi_2\hat{y}_h(1)+\cdots+\varphi_p y_{h-p+3} \\ & \vdots & \\ \hat{y}_h(\ell) & = & \varphi_0+\varphi_1\hat{y}_h(\ell-1)+\varphi_2\hat{y}_h(\ell-2)+\cdots+\varphi_p\hat{y}_h(\ell-p)\end{cases}$$

由上述表达式可以看到，随着前向预测步长 ℓ 增加，预测值渐近趋向于自回归 AR 模型的无条件期望[②]，而预测误差的方差极限于自回归模型的无条件方差。

此外，当期条件下未来($\ell>0$)1 阶 AR 模型的条件期望和条件方差

$$\begin{cases}E[y_{t+\ell}\mid y_t] & =\dfrac{\varphi_0}{1-\varphi_1}[1-\varphi_1^{\tau}]+y_t\varphi_1^{\tau} \\ D[y_{t+\ell}\mid y_t] & =\dfrac{1-\varphi_1^{2\tau}}{1-\varphi_1^2}\sigma_\epsilon^2\end{cases} \tag{3.69}$$

除非 AR 回归系数 φ_1 数值大，否则当期观测信息对较远前向预期值几乎没有什么

---

① 实证中，观测样本数据集多划分为训练样本数据集和预测检验样本数据集；前者用于模型参数的估计、学习或辨识，而后者用于拟合模型的预测、检验或评测。

② 线性模型预测的此性质在金融学中称为均值逆转，它表示金融资产的价格、收益或波动最终渐近于长期均值，从而可以构成不同的股票交易技术和期权定价模型。

价值。

实例 3.4.1　AR 模型实证：建设银行 CCB

建设银行在港交所及上交所 2009 年 3 月 8 日至 2019 年 3 月 9 日期间股票月份的收益率的自回归统计性质，其月份收益率自回归阶数取 3 是因为 3 月财务季报。实证建设银行在两市股票的月份价格及收益率见图 3.7，AR 模型参数估计及前向预测结果见表 3.5。在普通最小二乘 OLS 估计方法阶数选取 AIC 准则上交所的建设银行股票 AR 模型阶数为 7，而港交所的股票 AR 模型为 4，港交所建设银行证券月份收益率的自相关持续短于上交所证券的持续性，或许是半年度为 6 个月的缘故，或证券市场信息有效性至持续多半年；据此，自回归 AR 模型参数估计值，基于后向预备 3 个月份数据前向预测未来 7 个月份的收益，预测结果依然有误差。

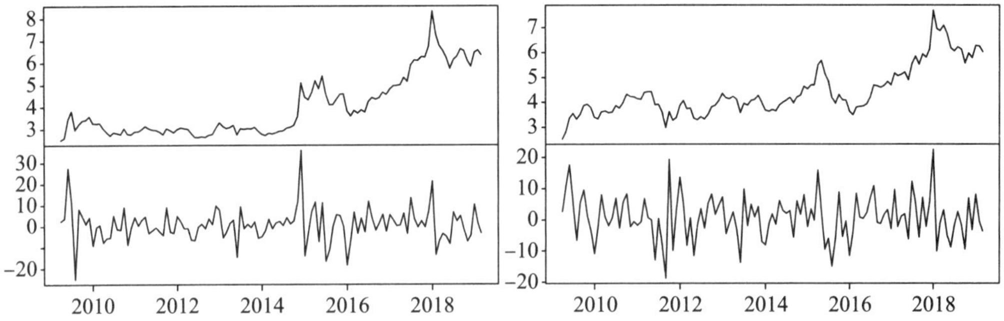

(a) SSE A股　　(b) HKEX H股

图 3.7　价格及收益率：建设银行 CCB，月份

表 3.4　AR 模型实证：建设银行 CCB 港股

```
library(zoo) # 基础数据包
library(stats) # 基础统计包
load("FiEsen.Rdata") # 财经数据集
p <- window(m.ccb.p, start = "2009 - 03 - 08", end = "2019 - 03 - 09")
r <- window(m.ccb.r, start = "2009 - 03 - 08", end = "2019 - 03 - 09")
plot.zoo(cbind(p $ hkex.ccb, r $ hkex.ccb), main="HKEX CCB", xlab="", ylab="")
plot.zoo(cbind(p $ sse.ccb, r $ sse.ccb), main="SSE CCB", xlab="", ylab="")
ar.hkex.ccb <- ar(ts(r $ hkex.ccb), aic=TRUE, method="ols", na.action=na.pass)
plot(ar.hkex.ccb $ resid, xlab="", ylab="AR resid of HKEX CCB")
summary(ar.hkex.ccb)
ar.sse.ccb <- ar(ts(r $ sse.ccb), aic=TRUE, method="ols", na.action=na.pass)
plot(ar.sse.ccb $ resid, xlab="", ylab="AR resid of SSE CCB")
summary(ar.sse.ccb)
```

续表

```
bfw <- 3; origin <- length(r$hkex.ccb) - bfw #后向预备
horizon <- 7; dtx <- r$hkex.ccb[1:origin] #前向预测 7 个月
Pre <- Predict(ar.hkex.ccb, newdata = dtx, n.ahead = horizon, se.fit = TRUE)
forcast <- zoo(Pre$Pred)
bfw <- 3; origin <- length(r$sse.ccb) - bfw #后向预备
horizon <- 7; dtx <- r$sse.ccb[1:origin] #前向预测 7 个月
Pre <- Predict(ar.sse.ccb, newdata = dtx, n.ahead = horizon, se.fit = TRUE)
forcast <- zoo(Pre$Pred)
```

表 3.5　　自回归 AR 模型参数估计及预测:建设银行 CCB,月份

参数估计									
	φ_0	φ_1	φ_2	φ_3	φ_4	φ_5	φ_6	φ_7	σ^2
A 股	−0.247	−0.011	−0.131	−0.009	0.050	−0.044	0.193	−0.149	47.090
H 股	−0.305 5	−0.078	−0.087	0.089	−0.145				45.420

前向预测							
	1th	2nd	3rd	4th	5th	6th	7th
A 股	4.339 1	0.398 7	0.399 4	−0.367 2	−0.232 8	0.757 4	2.136 0
H 股	−0.360 56	2.905 5	−0.885 2	0.853 9	0.924 8	−0.040 2	0.732 0

需要说明的是,任何模型参数估计方法的评价准则并非相同。例如,基于模型观测值与估计值的误差平方和最小的普通最小二乘 OLS 估计,基于观测样本数据的联合概率密度的极大似然 MLE 估计,二者估计结果也并非相同,除非实证模型符合理论假设以及观测样本数据的容量足够大。

3.4.2 滑动平均模型:MA

注意,由于 3 阶自回归 AR 模型的回归方程(3.49)逐次迭代展开、整理归并和系数标注:

$$\begin{cases} y_1 & = \varphi_0 + \varphi_1 y_0 + \varphi_2 y_{-1} + \varphi_3 y_{-2} + \epsilon_1 & = \theta_0^1 + \epsilon_1 \\ y_2 & = \varphi_0 + \varphi_1 y_1 + \varphi_2 y_0 + \varphi_3 y_{-1} + \epsilon_2 & = \theta_0^2 + \theta_1^2 \epsilon_1 + \epsilon_3 \\ y_3 & = \varphi_0 + \varphi_1 y_2 + \varphi_2 y_1 + \varphi_3 y_0 + \epsilon_3 & = \theta_0^3 + \theta_1^3 \epsilon_1 + \theta_2^3 \epsilon_2 + \epsilon_3 \\ y_4 & = \varphi_0 + \varphi_1 y_3 + \varphi_2 y_2 + \varphi_3 y_1 + \epsilon_4 & = \theta_0^4 + \theta_1^4 \epsilon_1 + \theta_2^4 \epsilon_2 + \theta_3^4 \epsilon_3 + \epsilon_4 \end{cases}$$

因此,推而广之白噪声及其时移滑动序列的平均组合

$$y_t = c_0 + \epsilon_t - \theta_1 \epsilon_{t-1} - \theta_2 \epsilon_{t-2} - \cdots - \theta_q \epsilon_{t-q} \tag{3.70}$$

称为线性滑动平均 MA 模型,并记作

$$y_t \sim MA(q)$$

对 MA 模型中回归方程式(3.70)两端做 Z 变换，可得到 MA 模型的特征多项式：

$$M(z)=(1-\theta_1 z^{-1}-\theta_2 z^{-2}-\cdots-\theta_q z^{-q}) \tag{3.71}$$

和 MA 系统响应函数：

$$H(z)=(1-\theta_1 z^{-1}-\theta_2 z^{-2}-\cdots-\theta_q z^{-q}) \tag{3.72}$$

特征多项式 $M(z)$ 的根称为系统响应函数 $H(z)$ 的零点，或称为 MA 模型或时间序列的特征根，它影响时间序列或自回归滑动平均 MA 模型的统计性质(程乾生，2003)。

3.4.2.1　滑动平均模型统计性质

注意，滑动平均 MA 模型为白噪声的线性组合，因此滑动平均 MA 模型统计性质概括如下。其一，MA 模型总是平稳的

$$\begin{cases} E[y_t]=c_0 \\ D[y_t]=(1+\theta_1^2+\theta_2^2+\cdots+\theta_q^2)\sigma_\alpha^2 \end{cases} \tag{3.73}$$

其二，2 阶 MA 模型和 3 阶 MA 模型的自相关函数分别在滞后 2 和滞后 3 处存在截尾

$$\begin{cases} \rho(0)=1 \quad \rho(1)=\dfrac{-\theta_1}{1+\theta_1^2} \quad \rho(2)=0 \quad \rho(3)=0 \\ \rho(0)=1 \quad \rho(1)=-\dfrac{-\theta_1+\theta_1\theta_2}{1+\theta_1^2+\theta_2^2} \quad \rho(2)=\dfrac{-\theta_2}{1+\theta_1^2+\theta_2^2} \quad \rho(3)=0 \end{cases} \tag{3.74}$$

其三，MA 模型总是可逆的，$\epsilon_t=y_t+\theta_1^1 y_{t-1}+\theta_1^2 y_{t-2}+\cdots$ 意味着特征函数可逆，即 MA 模型不存在零点。其四，平稳时间序列 MA 模型的回归方程与沃尔德解析范式是一致的，且零均值条件下协方差函数为：

$$\gamma(\tau)=\sum_{i=1}^{+\infty}\theta_i\theta_{i+\tau} \tag{3.75}$$

3.4.2.2　滑动平均模型参数估计

由于 MA 模型回归方程为白噪声序列的线性组合，所以模型阶数和参数的估计过程是直观简单。首先，可以使用自相关函数的截尾现象估计 MA 模型的阶数

$$\hat{q}=\arg\min_{q=1,2,\cdots}\{\rho(q)\neq 0 \wedge \forall k>0\rho(q+k)=0\} \tag{3.76}$$

其次，设定白噪声概率分布和观测样本

$$\epsilon_t=-c_0+y_t+\theta_1\epsilon_{t-1}+\theta_2\epsilon_{t-2}+\theta_3\epsilon_{t-3}+\cdots+\theta_q\epsilon_{t-q}$$

之后，构造似然函数：

$$L(\epsilon_1,\epsilon_2,\cdots,\epsilon_N)=f(\epsilon_1,\epsilon_2,\cdots,\epsilon_N)=\prod_{t=1}^{N}f(\epsilon_t)$$

最后，依照白噪声概率分布和观测样本进行极大似然 MLE 估计 MA 模型参数，初始观测数据

$$\mathbb{Y}_0 \triangleq \{y_0,y_{-1},y_{-2},\cdots,y_{-q+1}\}$$

选取对应于不同实现的极大似然 MLE 估计及其变体，如初始置零 CMLE 和初始预定 EMLE。

3.4.2.3　滑动平均模型前向预测

首先，设定预测原点 $h>0$ 并选取观测样本 $\mathbb{Y}_N$ 的子集 $\mathbb{Y}_h=\{y_1,y_2,\cdots,y_h\}$ 为训练样本数据及其对应的拟合残差 $\mathbb{E}_h=\{e_1,e_2,\cdots,e_h\}$；其次，依据 ACF 函数或实际问题确定 MA 模型阶数 q、MLE 估计模型参数 θ_i 及估计扰动项的方差 σ_ϵ^2；之后，选定预测起始点 $h\leqslant N$ 和前向预测长度 $\ell\geqslant1$；最后，q 阶 MA 模型预测 $\hat{y}_h(\ell)\triangleq E[y_{h+\ell}|\mathbb{Y}_h]$，$\ell>0$ 及其误差 $e_h(\ell)\triangleq y_{h+\ell}-\hat{y}_h(\ell)$表示为：

$$\begin{cases}\hat{y}_h(1) & = & c_0-\theta_1e_h-\theta_2e_{h-1}-\cdots-\theta_qe_{h-q+1}\\ \hat{y}_h(2) & = & c_0-\theta_1e_h(1)-\theta_2e_h-\cdots-\theta_qe_{h-q+2}\\ \hat{y}_h(3) & = & c_0-\theta_1e_h(2)-\theta_2e_h(1)-\cdots-\theta_qe_{h-q+3}\\ & \vdots & \\ \hat{y}_h(\ell) & = & c_0-\theta_1e_h(\ell-1)-\theta_2e_h(\ell)-\cdots-\theta_qe_h(\ell-q)\end{cases}$$

如同自回归 AR 模型预测渐近性质那样，随着前向预测步长 ℓ 增加，滑动平均模型预测值趋向于其无条件期望，而预测误差的方差极限于其无条件方差。

实例 3.4.2　MA 模型实证：万科地产 VANKE

万科地产成立于 1984 年，经过三十余年的发展，已成为国内领先的城乡建设与生活服务商，公司业务聚焦全国经济最具活力的三大经济圈及中西部重点城市。2016 年，公司首次跻身《财富》“世界 500 强”，位列榜单第 356 位；2017—2020 年公司分别位列榜单第 307 位、第 332 位、第 254 位和第 208 位；2009 年 4 月 4 日和 2019 年 4 月 4 日公司在深圳证券交易所和香港交易所上市发行股票。实证样本区间为 2014 年 10 月 10 日至 2015 年 6 月 5 日，取样周期为周，相应的港交所和深交所的万科股票的价格及收益率如图 3.8 所示。滑动平均 MA 模型参数估计及前向预测见表 3.7，模型参数估计方法为极大似然 MLE 估计；万科地产港交所股票预测过程出现 MA 模型不可逆的警示表明 MA 模型拟合有潜在问题。

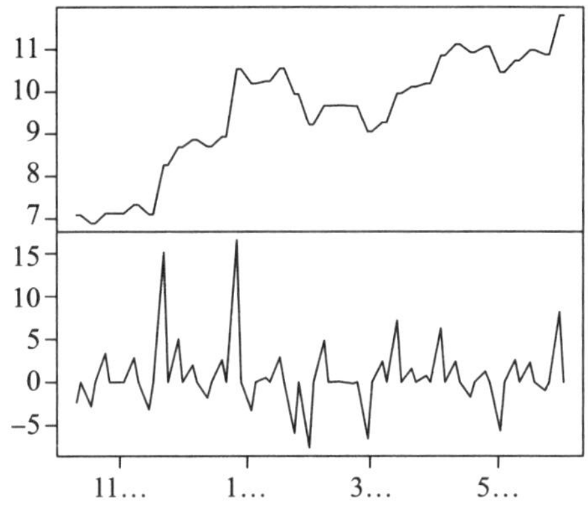

(a) SZSE A股

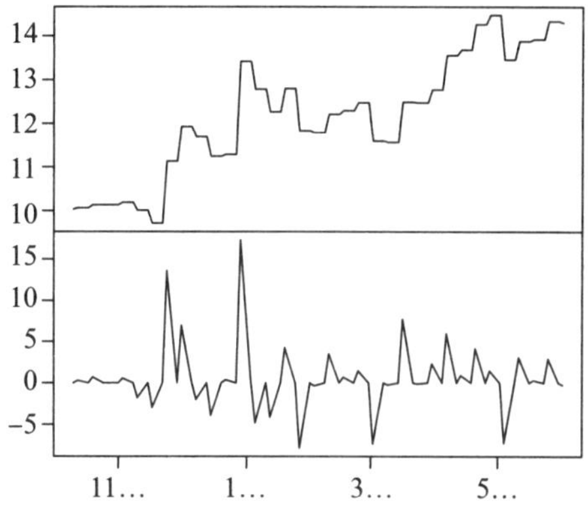

(b) HKEX H股

图 3.8 价格及收益率:万科地产 VANKE,周

表 3.6 滑动平均 MA 模型实证:万科地产 VANKE,周

```
library(zoo)#基础数据包
library(stats)#基础统计包
load("FiEsen.Rdata")#财经数据集
p <- window(w.vanke.p,start = "2014-10-10",end = "2015-06-05")
r <- window(w.vanke.r,start = "2014-10-10",end = "2015-06-05")
plot.zoo(cbind(p$hkex.vanke,r$hkex.vanke),main="",xlab="",ylab="")
plot.zoo(cbind(p$szse.vanke,r$szse.vanke),main="",xlab="",ylab="")
hkex.vanke.fit <- arima0(r$hkex.vanke,order = c(0,0,4),method="ML",delta = 0.01)
Print(hkex.vanke.fit);Predict(hkex.vanke.fit, n.ahead = 4)#前向预测 4 周
szse.vanke.fit <- arima0(r$szse.vanke,order = c(0,0,4),method="ML",delta = 0.01)
Print(szse.vanke.fit);Predict(szse.vanke.fit, n.ahead = 4)#前向预测 4 周
```

表 3.7 滑动平均 MA 模型参数估计及预测:万科地产 VANKE,周

参数估计							
	intercept	θ_1	θ_2	θ_3	θ_4	AIC	σ^2
SZSE A 股	1.431 2	−0.077 3	−0.123 9	0.123 4	0.028 3	219.33	25.99
HKEX H 股	1.027 7	−0.105 6	−0.797 0	0.105 6	−0.203 1	207.05	15.59

前向预测				
	1th	2nd	3rd	4th
SZSE A 股	1.111 5	0.433 0	2.229 6	1.622 6
HKEX H 股	−1.502 4	4.451 5	0.055 0	1.712 0

3.4.3　自回归滑动平均模型：ARMA

尽管自回归 AR 模型捕获序列历史的线性组合和 MA 模型的白噪声线性组合，但是二者都涉及模型阶数的选择或阶数数值过大。因此，为降低参数估计的过程复杂度、提高模型的预测能力及表示序列的动态结构，简单地组合 AR 与 MA 模型：

$$y_t = \varphi_0 + \sum_{i=1}^{p} \varphi_i y_{t-i} - \sum_{j=0}^{q} \theta_j \epsilon_{t-j} \tag{3.77}$$

称此整合为自回归滑动平均 ARMA 模型，记为：

$$y_t \sim \text{ARMA(p,q)}$$

对 ARMA 模型中回归方程(3.77)两端做 Z 变换，可得 ARMA 模型的特征多项式：

$$\begin{cases} A(z) & = 1 - \theta_1 z^{-1} - \theta_2 z^{-2} - \cdots - \theta_q z^{-q} \\ M(z) & = 1 - \varphi_1 z^{-1} - \varphi_2 z^{-2} - \cdots - \varphi_p z^{-p} \end{cases} \tag{3.78}$$

和系统响应函数：

$$H(z) = \frac{1 - \theta_1 z^{-1} - \theta_2 z^{-2} - \cdots - \theta_q z^{-q}}{1 - \varphi_1 z^{-1} - \varphi_2 z^{-2} - \cdots - \varphi_p z^{-p}} \tag{3.79}$$

多项式 $A(z)$的特征根称为 ARMA 模型的零点，而多项式 $MA(z)$的特征根称为 ARMA 模型的极点，正是 ARMA 模型系统响应函数 $H(z)$的零点，极点刻画决定 ARMA 模型或时间序列的统计性质(程乾生，2003)。

3.4.3.1　自回归滑动平均模型统计性质

作为自回归 AR 和滑动平均 MA 模型的整合，ARMA 模型兼备二者的统计属性：其一，期望和方差有限；其二，协方差函数或自相关函数保持迭代递推关系，尽管其表达式更加烦琐；其三，无论是偏相关函数 PACF 还是自相关函数 ACF，都没有相应的 AR 或 MA 模型那样的截尾特性。

3.4.3.2　自回归滑动平均模型参数估计

自回归滑动平均 ARMA 模型阶数 p-q 估计量推导烦琐复杂 (Tsay，2005)，实证研究中多以实际问题估计；而 ARMA 模型参数估计则借助于线性模型及数学变换进行(Wooldridge，2008；程乾生，2003)。

3.4.3.3　自回归滑动平均模型前向预测

首先，设定预测原点 $h>0$ 并选取观测样本 $\mathbb{Y}_N$ 的子集 $\mathbb{Y}_h=\{y_1, y_2, \cdots, y_h\}$为训练样本数据及其对应的拟合残差 $\mathbb{E}_h=\{e_1, e_2, \cdots, e_h\}$；其次，依据 PACF、ACF

或实际问题确定 ARMA 模型阶数 p-q、MLE 估计模型参数 φ_i 和 θ_i 及和估计扰动项的方差 σ_ϵ^2；之后，依据实证问题设定预测起始点 $h\leqslant N$ 和前向预测长度 $\ell\geqslant 1$；最后，p-q 阶 ARMA 模型预测 $\hat{y}_h(\ell)\triangleq E[y_{h+l}\mid \mathbb{Y}_h]$，$\ell>0$ 及其误差 $\hat{e}_h(\ell)\triangleq y_{h+\ell}-\hat{y}_h(\ell)$ 表示为：

$$\begin{cases}\overline{y}_h(\ell) & = E[y_{h+\ell}\mid \mathbb{F}_h]=\varphi_0+\sum_{i=1}^{p}\varphi_i y_{h+1-i}-\sum_{j=1}^{q}\theta_j a_{h+1-\ell} \\ & = \varphi_0+\sum_{i=1}^{p}\varphi_i\,\overline{y}_h(\ell-i)-\sum_{j=1}^{q}\theta_j a_h(\ell-j)\end{cases}$$

注意，预测值 $\overline{y}_h(\ell-i)=y_{h+\ell-i}$ 若 $(\ell-i)<0$，而 $a_h(\ell-j)=0$ 若 $(\ell-j)>0$ 及预测误差 $e_h(\ell)=y_{h+\ell}-\overline{y}_h(\ell)$。

实例 3.4.3　ARMA 模型实证：中国石油 PETROCHINA

中国石油是国内油气行业最大的和专有的生产销售企业，于 1999 年 11 月 5 日和 2000 年 4 月 6 日在纽约证券交易所和香港交易所挂牌上市，并于 2007 年 11 月 5 日在上海证券交易所挂牌上市。公司挂牌上市交易后，经历系列宏观经济政策和企业经营战略的重大变化。2018 年 2 月 10 日至 2020 年 10 月 28 日期间，公司在纽约证交所、港交所和上交所的证券价格见图 3.9。实证 ARMA 模型拟合的阶数 p-q 取 3 和 2，没有考虑季节因素和市场结构是否变化；证券的收益率序列的

图 3.9　价格序列：中国石油 PETROCHINA

ARMA 模型参数估计及前向预测见表 3.9；模型参数估计方法为条件误差平方和最小 CSS 估计。[①] 实证 ARMA 模型参数估计值表明：其一，三地交易所的中石油证券的平均收益都为负；其二，从拟合角度看，纽约证交所的中石油证券的模型似然拟合最好；其三，从方差估计值角度看，上交所的中石油证券的变化最小。这些实证结果源自市场环境、竞价机制和涨跌幅规则不同。

表 3.8　　ARMA 模型实证：中国石油 PETROCHINA

```
library(zoo) # 基础数据包
library(stats) # 基础统计包
load("FiEsen.Rdata") # 财经数据集
p <- window(petrochina.p, start = "2018-02-10", end = "2020-10-28")
r <- window(petrochina.r, start = "2018-02-10", end = "2020-10-28")
plot.zoo(cbind(p$nyse.petrochina, p$hkex.petrochina, p$sse.petrochina))
plot.zoo(cbind(r$nyse.petrochina, r$hkex.petrochina, r$sse.petrochina))
arma.nyse <- arima0(ts(r$nyse.petrochina), order=c(3,0,2), method="CSS")
Print(arma.nyse); Predict(arma.nyse, n.ahead = 5)
```

表 3.9　　ARMA 模型参数估计及预测：中国石油 PETROCHINA

参数估计								
	intercept	φ_1	φ_2	φ_3	θ_1	θ_2	log likelihood	σ^2
美股	−0.109	0.938	−0.706	−0.172	−1.064	0.900	−1 505.37	4.190
A 股	−0.089	−0.311	0.490	0.025	0.280	−0.551	−1 137.43	1.475
H 股	−0.109	−0.504	−0.998	−0.001	0.495	0.999	−1 460.47	3.689

前向预测					
	1th	2nd	3rd	4th	5th
美股	2.046 1	2.062 3	2.068 1	2.068 3	2.070 2
A 股	1.212 3	1.212 9	1.214 5	1.214 9	1.215 6
H 股	1.917 0	1.917 1	1.917 1	1.917 1	1.917 2

第五节　非平稳序列

平稳时间序列是复杂现实的简化描述，是主观抽象；而非平稳则是现实演化

---

① ARMA 模型参数 CSS 估计方法参见文档：https://www.rdocumentation.org/packages/stats/versions/3.6.2/topics/arima。

的本源动力，是客观存在，如价格依赖、储量累计、时间趋势、结构变化等。就统计分析而言，非平稳性在于序列的数学期望无限、方差无界或自相关函数的时间依赖。

3.5.1　非平稳形式

非平稳性本源在于时间序列 Z 变换(3.21)不收敛，或等价于 AR、MA 及 ARMA 模型特征多项式(3.50)、(3.71)及(3.78)的特征根的模大于 1 或模型系统响应函数(3.51)、(3.72)及(3.79)的零极点分布在单位圆周或圆外，从而导致模型输出无限响应；仅当特征根位于单位圆圆周时，称序列为单位根非平稳序列。

例如，带漂移项且自相关系数为 $\varphi_1=1$ 序列，即随机游走：

$$y_t=\mu+\varphi_1 y_{t-1}+\epsilon_t \tag{3.80}$$

或带有时间增长趋势序列

$$y_t=ct+\mu+\varphi_1 y_{t-1}+\epsilon_t \tag{3.81}$$

无论是存在漂移项 μ、自相关系数 $\varphi_1=1$，还是存在时间增长趋势 ct，序列相应的数学期望或方差皆为时间倍数，时变的且无界的；从而导致序列趋势无限膨胀，这是最为特殊的特征根位于单位圆周的非平稳序列。因此，单位根的非平稳时间序列首先要进行差分的平稳处理，以保证时间序列的期望方差有界和自相关结构的位移不变，从而保证时间序列之间回归模型参数的真实估计。

3.5.2　单根平稳

时间增长因素、同比或同期影响都会致使宏观经济数据序列、资产价格或收益率序列呈现单根平稳性。因此，实证分析时，首先检验和处理单根非平稳，如研究经济数据的环比或同比增量规律。

如同滞后运算符(3.19)那样，时间序列差分[①]递推定义为：

$$\begin{cases}\Delta^0[y_t] &=y_t\\ \Delta^1[y_t] &=y_t-y_{t-1}\\ \Delta^d[y_t] &=\Delta^{d-1}[\Delta[y_t]],\forall d>1\end{cases} \tag{3.82}$$

时间序列 ARMA 模型的差分方程为：

$$\Delta^d y_t-\sum_{i=1}^{p}\varphi_i\Delta^d y_{t-i}=\varphi_0+\epsilon_t-\sum_{j=1}^{q}\theta_j\epsilon_{t-j} \tag{3.83}$$

---

① 注意，时间序列的 Z 变换、滞后运算及差分运算的差异。前者变换为 Z 平面的函数，而后两者是序列运算，其结果还是时间序列，滞后表达时间序列的延迟，差分表示序列相邻的差异。

时间序列仅当 d 阶差分后 $\Delta^d[y_t]$ 为平稳时，称为 ARIMA(p,d,q) 过程，记为

$$y_t \sim \text{ARIMA}(p,d,q)$$

特别地，1 阶 AR 模型：

$$y_t = \varphi_0 + \varphi_1 y_{t-1} + \epsilon_t \tag{3.84}$$

当系数 $\varphi_1 = 1$ 时，称为单根平稳或随机游走。

显然，模型期望 $E[y_t] = t\varphi_0$ 和方差 $D[y_t] = t\sigma_\epsilon^2$ 都依赖于时间，致使游走偏差可能无限大。因此，随机游走模型等价变换为：

$$\Delta y_t = \varphi_0 + (\varphi_1 - 1) y_{t-1} + \epsilon_t \tag{3.85}$$

或扩展为高阶差分 AR 模型：

$$\Delta y_t = \alpha + c_t + \delta y_{t-1} + \sum_{i=1}^{p-1} \delta_i \Delta y_{t-i} + \epsilon_t \tag{3.86}$$

此时，模型参数 δ 估计值与其标准差之比

$$\text{ADF} = \frac{\bar{\delta}}{\text{std}(\bar{\delta})} \tag{3.87}$$

称为 Augmented-Dickey-Fuller 检验统计量，以统计检验单位根假设 $H_0: \delta = 0$。

实例 3.5.1　单根平稳检验实证：货币供应及其同比增长率

货币供给主要功能在于为经济实体注入、创造、扩展或收缩货币，尤其是预期经济通膨或经济萎缩时。常规地，根据货币委员会的调控目标，中央银行(或称央行)通过货币市场进行回购或逆回购实施货币的投放或收回。货币供给量(亿元)的指标有：广义货币供给量 M2、狭义货币供给量 M1、流通现金 M0。实证检验货币供给及其同比增长率是否为单根平稳的；实证样本自 2008 年 4 月 1 日至 2018 年 6 月 1 日期间，货币供给量及其同比增长率如图 3.12 所示；相应的单根平稳检验见表 3.11。实证结果表明，月份货币供给量序列 M2、M1 和 M0 都是单根平稳的，相应的同比增长率序列都是平稳的。

表 3.10　单根平稳检验实证：货币供给及其同比增长率

```
library(zoo)#基础数据包
library(stats)#基础统计包
library(tseries)#时间序列包
load("FiEsen.Rdata")#财经数据集
x <- window(m.mx.x,start = "2008-04-01",end = "2018-6-01")
plot.zoo(x,main="",xlab="")
adf.test(ts(x$M2));adf.test(ts(x$M2p))#单根平稳检验
adf.test(ts(diff(x$M2)));adf.test(ts(diff(x$M2p)))
```

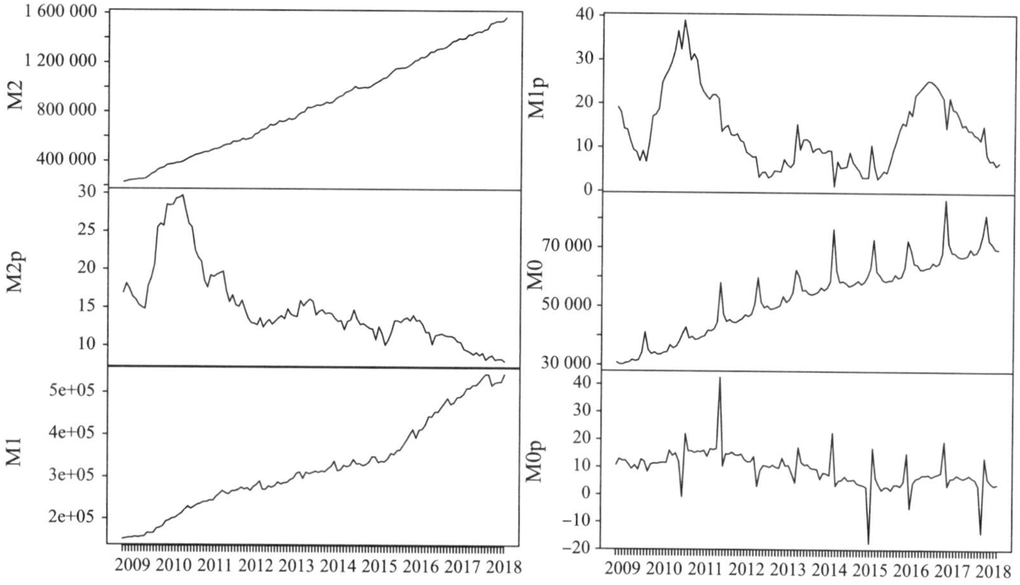

图 3.10 货币供给量及其同比增长率,2008 年 4 月 1 日至 2018 年 6 月 1 日

表 3.11 **单根平稳检验:货币供给量及其同比增长率**

	M2	M2p	M1	M1p	M0	M0p
ADF	−1.846 9	−4.046 7	−0.639 64	−2.774 3	−4.787 8	0.189 7
p	0.640 2	0.010	0.973 5	0.254 8	0.010	0.010
	ΔM2		ΔM1		ΔM0	
ADF	−7.027 6		−5.328 7		−6.813 2	
p	0.010 0		0.010 0		0.010	

3.5.3 季节趋势

无论是宏观经济数据还是微观金融市场交易数据,季节趋势或经济周期性是其主要特征。例如,天象四季轮换、企业财务季报年报、政府换届更新、货币政策调整或经济危机等。只有除去此般季节或周期趋势,才可能把控经济调控和金融运作。

给定时间序列 y_t 具有经济或观测的季节周期 s,季节滞后算子 $B_s=Z^{-s}$。那么,称

$$\Delta_s y_t=(1-B^s)y_t=y_t-y_{t-s}, \forall s>1 \tag{3.88}$$

为季节差分,简记为 Δ_s,表示序列随季节变化趋势。

多值季节模型或航线模型

$$(1-B^s)(1-B)y_t=(1-\Theta B^s)(1-\theta B)\epsilon_t \tag{3.89}$$

该模型的主要特征为：方程式左端 AR 部分差分$(1-B)$表示环比增长，而季节差分$(1-B^s)$表示同比增长，组合分$(1-B^s)(1-B)y_t=y_t-y_{t-1}-y_{t-s}+y_{t-(s+1)}$表示消除环比和同比增长因素[①]；方程式左端 MA 部分组合差分$(1-\theta B)(1-\Theta B^s)\epsilon_t=\epsilon_t-\theta\epsilon_{t-1}-\Theta\epsilon_{t-s}+\theta\Theta\epsilon_{t-s-1}$表达白噪声序列消除环比和同比增长因素。

需要说明的是：其一，季节差分阶 s 依据观测对象的经济内涵；其二，宏观经济增长多呈现季节趋势；其三，宏观经济数据发布多经过季节处理。

3.5.4　长记忆效应

位序线性相关将导致序列表现出聚集现象，即序列现在的观测值会显著影响序列未来取值，或序列久远的历史数值会显著影响现在取值。如此持久的记忆效应是某些客观事物运动的本质特性。

统计地，长记忆效应表现为自相关函数 ACF 呈现指数缓慢衰减，并非很快收敛到零。单根平稳过程，当样本容量增加时，ACF 收敛到常数；特别地，1 阶 AR 模型自相关函数 $\rho(k)=\varphi_1^k$，而 1 阶 MA 模型自相关函数 $\rho(0)=1,\rho(1)=\frac{-\theta_1}{1+\theta_1^2}$，$\rho(\ell>1)=0$。

客观地，存在着一类自相关函数以多项式收敛于零的时间序列，例如

$$(1-B)^d y_t=\epsilon_t,\forall d\in(-0.5,+0.5) \tag{3.90}$$

多项式

$$(1-B)^d=\sum_{k=0}^{\infty}(-1)^k\begin{pmatrix}d\\k\end{pmatrix}B^k \tag{3.91}$$

当且仅当$(1-B)^d y_t$ 为 ARMA 过程，称序列 y_t 为长记忆效应 ARMA 过程。

无论是单根平稳时间序列、季节性时间序列，还是长记忆效应序列，经过有限次差分操作就可以使之成为平稳的，进而用 ARMA 模型线性地表示。然而，并非所有的非平稳序列都是如此简朴，或许形态会表现出奇异的分形奇异和非线性混沌。这是时间性序列非线性的本质特征。

---

① 观测数据与历史同时期相比的增量称为同比，而与上一统计周期比的增量称为环比，二者差异在于基期不同。

第六节　多变量线性模型

依据多因素定价理论，资产的当前价格或收益率可以通过资产的历史价格和收益率、当前或历史投资者众知的公共信息，或当前或历史的投资者的私有信息等因素的线性组合。因此，多变量的线性回归模型和多变量的自回归模型都是实证价格或收益率的有价值的计量方法，尤其是序列的格兰杰因果关系、协整关系及误差修正关系。

3.6.1　多变量线性回归模型：MLRM

实证研究不仅计量分析价格、收益率或经济指标的自身变化，更重要是，探索影响价格、收益率或经济指标的外生因素，实证统计检验价格、收益率或经济指标的理论假设，统计预测他们未来的变化趋势。

无论资产价格或收益率的数据形式是横截面数据类型、时间序列还是面板数据类型，最有应用价值的计量方法是多变量的线性回归模型。首先，设定时期 t 时的所有解释变量

$$x_t = (x_{1t}, x_{2t}, \cdots, x_{kt})^T \tag{3.92}$$

和所有时期的被解释变量和所有解释变量

$$\begin{cases} \mathbb{Y} &= \{y_t \mid t = 1, 2, \cdots, N\} \\ \mathbb{X} &= \{x_t \mid t = 1, 2, \cdots, N\} \end{cases} \tag{3.93}$$

那么，常规的多变量的线性回归模型，例如

$$y_t = \beta_0 + \sum_{j=1}^{k} \beta_j x_{jt} + \epsilon_t = \beta x_t + \epsilon_t \tag{3.94}$$

其中，$y_t \in \mathbb{R}^1$ 为被解释变量或因变量；$x_{jt} \in \mathbb{R}^1$ 为解释变量或自变量①，包括被解释变量的滞后变量、外生变量、虚拟变量或工具变量 IV；随机扰动项或随机误差项 $\epsilon_t \in \mathbb{R}^1$ 为白噪声序列或 ARMA 序列；未知系数或参数 $\beta_j \in \mathbb{R}^1$ 为解释变量 x_{jt} 对被解释变量的偏效应。

显然，AR 模型、MA 模型、ARMA 模型、ARIMA 模型都是多变量的线性回归模型的特例。此时，解释变量仅包括被解释变量 y_t 的滞后项 $y_{t-j}, j = 1, 2, \cdots$

---

①　科学实验中，依据实验目的把解释变量划分为：自变量、中介变量和控制变量。其中，自变量是研究对象；中介变量是通过自变量影响被解释变量的变量；控制变量则是非本实证研究中所关注的那些自变量。

3.6.1.1　高斯马尔可夫假设 GMA

多变量的线性回归模型符合高斯马尔可夫假设 GMA，则模型未知参数的普通最小二乘 OLS 估计的估计量是最佳线性无偏的或与在大样本条件下未知参数的估计量具有一致性。

高斯马尔可夫假设 GMA 及主要结论见表 3.12 所示。无论观测数据为什么形式，模型未知参数估计的前提条件是：条件零均值、条件同方差或条件位序不相关。其中，条件零均值假设要求所有解释变量都是外生的，以保障估计统计量的无偏或一致；条件方差相同假设则是要求被解释变量在时间维度或个体维度的变动范围都是相同的，以保障统计量的渐近分布。此外，随机扰动项的正态分布假设在大样本数据并非必要的。

表 3.12　　高斯马尔可夫假设 GMA：多变量的线性回归模型

横截面数据类型	
参数线性的	$y=\beta_0+\beta_1 x_1+\cdots+\beta_k x_k+\epsilon$
随机取样	$\{y_i;x_{ij}\}$
无完全共线性	$\mathrm{RSS}_j^2\neq 0,\forall j=1,2,\cdots,k$
条件零均值	$E[\epsilon_t\vert X]=0$
条件同方差	$D[\epsilon_t\vert X]=\sigma^2$
条件位序不相关	$E[\epsilon_{i1}\epsilon_{i2}\vert X]=0,\forall i1_1\neq i+2$
有限样本时，最佳线性无偏且估计量正态分布 大样本时，估计量一致的且渐近正态分布	
时间序列类型，严格	
参数线性的	$y_t=\beta_0+\beta_1 x_{t1}+\cdots+\beta_k x_{tk}+\epsilon$
随机取样	$\{y_t;x_{tj}\}$
无完全共线性	$\mathrm{RSS}_j^2\neq 0,\forall j=1,2,\cdots,k$
严格条件零均值	$E[\epsilon_t\vert X]=0$
严格同方差	$D[\epsilon_t\vert X]=\sigma^2$
严格无位序相关	$E[\epsilon_s\epsilon_t\vert X]=0$
正态分布	$\epsilon_t\sim N(0,\sigma)$
有限样本时，最佳线性无偏的且估计量正态分布 大样本时，估计量一致的且渐近正态分布	
时间序列类型，同期	
参数线性的	$y_t=\beta_0+\beta_1 x_{t1}+\cdots+\beta_k x_{tk}+\epsilon$
随机取样、平稳与弱相关	$\{y_t;x_{tj}\}$
无完全共线性	$\mathrm{RSS}_j^2\neq 0,\forall j=1,2,\cdots,k$
同期条件零均值	$E[\epsilon_t\vert x_t]=0$
同期条件同方差	$D[\epsilon_t\vert x_t]=\sigma^2$
同期无位序相关	$E[\epsilon_s\epsilon_t\vert x_s,x_t,\forall s\neq t]=0$
大样本时，估计量一致的且渐近正态分布	

3.6.1.2 参数估计及假设检验

无论是横截面观测数据、时间序列观测数据，还是面板观测数据类型，线性模型参数估计的最直观准则就是最小均方误差 MSE，或称普通最小二乘 OLS 估计；而非线性模型参数估计的最佳准则就是似然函数最大，即极大似然 MLE 估计；以此无偏或一致的参数估计值进行实证假设检验和前向预测。

对于横截面数据线性模型，依据模型参数估计值与观测值的最小均方误差 MSE 准则：

$$\hat{\beta}=\underset{\beta\in\mathbb{R}^{k+1}}{\arg\min}\left\{\sum_{i=1}^{N}(\hat{u}_i=(y_i-\hat{y}_i))^2\right\}=\underset{\beta\in\mathbb{R}^{k+1}}{\arg\min}\left\{\sum_{i=1}^{N}\left(y_i-\left(\beta_0-\sum_{i=1}^{k}\beta_j x_{ji}\right)\right)^2\right\} \tag{3.95}$$

相应普通最小二乘 OLS 估计 S 的估计量为：

$$\begin{cases}\hat{\beta}_j &=\dfrac{\sum_{i=1}^{N}\hat{r}_{ij}y_i}{\sum_{i=1}^{N}\hat{r}_{ij}^2},\forall j=1,2,\cdots,k\\ \hat{\sigma}^2 &=\dfrac{\sum_{i=1}^{N}\hat{u}_i^2}{N-k-1}=\dfrac{\text{RSS}}{N-k-1}\end{cases} \tag{3.96}$$

其中，表达式$\hat{r}_{ij}^2=(x_{it}-\hat{x}_{it})$为第 j 个解释变量被其他解释变量的线性拟合的残差。仅当回归模型(3.94)符合高斯马尔可夫假设 GMA 时，估计量$\hat{\beta}_j$ 是最佳线性无偏估计的或一致估计。

线性拟合的误差程度及假设检验统计量分述如下。其一，用于评价数据与模型的拟合优度

$$\begin{cases}\text{TSS} &=\sum_{i=1}^{N}(y_i-\overline{y})^2\\ \text{ESS} &=\sum_{i=1}^{N}(\hat{y}_i-\overline{y})^2\\ \text{RSS} &=\sum_{i=1}^{N}(y_i-\hat{y})^2=\sum_{i=1}^{N}\hat{u}_i^i\\ R^2 &=\dfrac{\text{ESS}}{\text{TSS}}=1-\dfrac{\text{RSS}}{\text{TSS}}\\ \overline{R}^2 &=\dfrac{\text{ESS}/(k)}{\text{TSS}/(N-1)}=1-\dfrac{\text{RSS}/(N-k-1)}{\text{TSS}/(N-1)}\end{cases} \tag{3.97}$$

其二,用于检验零假设的 t 检验统计量和联合零假设的 F 检验统计量

$$\begin{cases} t_j &= \dfrac{(\hat{\beta}_j - \beta_j)}{\text{s.e.}(\hat{\beta}_j)} \sim t_{N-k-1}, \forall j = 1, 2, \cdots, k \\ F &= \dfrac{\text{RSS}/k}{\text{RSS}/(N-k-1)} \sim \text{F}(k+1, N-k-1) \end{cases} \tag{3.98}$$

线性模型参数 β_j 估计量表达式中的$\hat{r}_{ij}$为解释变量 x_j 对其他解释变量进行线性回归的残差平方和;被解释变量的总体离差平方和记为 TSS,被解释变量的估计值与其样本均值的估计偏差平方和为 ESS,而被解释变量估计值与其样本观测值的残差平方和 RSS;参数估计量偏离其真实值的偏差与其标准差之比值称为 t 统计量,以检验参数对应的解释变量对于被解释变量影响是否显著,属于单个假设检验;估计偏差平方和与回归残差平方和之比值称为 F 统计量,以检验所有解释变量对被解释变量影响是否显著,属于整体假设检验。

除单个检验或整体检验外,实证应用会遇到要检验系列因素(或解释变量)是否对被解释变量产生响应,即无约束模型与约束模型的差异显著性的统计检验。约束条件可为线性的或非线性的,至少满足隐函数二阶偏导数存在条件。

对于线性模型:

$$y_t = \beta_0 + \sum_{i=1}^{p} \beta_i x_{ti} + \sum_{j=1}^{q} \beta_{p+j} x_{t,(p+j)} + \epsilon_t, \epsilon_t \sim \text{WN}(0, \sigma^2) \tag{3.99}$$

具有线性约束条件:

$$H_0: \beta_{p+1} = \beta_{p+2} = \cdots = \beta_{p+q} = 0 \tag{3.100}$$

首先,简化为约束线性模型:

$$y_t = \beta_0 + \sum_{j=1}^{p} \beta_j x_{tj} + \epsilon_t \tag{3.101}$$

然后,利用二者最小二乘 OLS 估计残差平方和构造 F 检验:

$$F = \frac{(\text{RSS}_u - \text{RSS}_r)/q}{\text{RSS}_u/(N-(p+q+1))} \sim \text{F}(q, N-p-q-1) \tag{3.102}$$

检验约束假设 H_0 是否成立。

而对于任意回归模型:

$$y_t = \psi(X_t; \theta) + \epsilon_t, \epsilon_t \sim f(\cdot) \tag{3.103}$$

具有约束条件:

$$\text{H}_0: \mathbf{g}(\theta) = \mathbf{0} \in \mathbb{R}^p; \theta \in \mathbb{R}^r; p, r > 0 \tag{3.104}$$

其中,约束函数 $g: \mathbb{R}^p \to \mathbb{R}^r$ 且约束条件矩阵秩:$\text{rank}\left(\dfrac{\partial \mathbf{g}(\theta)}{\partial \theta}\right) = r$。

此类模型及其假设检验可以通过最大化似然函数对数

$$L(\theta \mid \mathbb{Y},\mathbb{X}) = \sum_{t=1}^{N} \log(f(y_t \mid \mathbf{x}_t;\theta)) \tag{3.105}$$

进行约束模型的参数估计和约束条件假设检验。

首先，在无任何约束条件下给定模型的参数最大似然 MLE 估计$\hat{\theta}_N$，或在线性或非线性约束条件(3.104)下给定模型的极大似然 MLE 估计 $\widetilde{\theta}_N$，并计算似然函数信息矩阵：

$$\Im_N(\theta) = E_X\left[E_\theta\left[\frac{\partial^2 L(\theta)}{\partial\theta\partial\theta^T}\right]\right]$$

然后，应用渐近 $\chi^2(r)$的 Wald 检验统计量、LM 检验统计量或 LR 检验统计量：

$$\begin{cases} X_{\text{Wald}} & = (g(\hat{\theta})^T)\left[\left(\frac{\partial g(\theta)}{\partial\theta^T}\right)(\Im_N^{-1}(\hat{\theta}_N))\left(\frac{\partial g(\hat{\theta}_N)}{\partial\theta}\right)\right]^{-1}(g(\hat{\theta}_N)) \\ X_{\text{LM}} & = \left(\frac{\partial L(\widetilde{\theta}_N)}{\partial\theta^T}\right)(\Im_N^{-1}(\widetilde{\theta}_N))\left(\frac{\partial L(\widetilde{\theta}_N)}{\partial\theta}\right) \\ X_{\text{LR}} & = 2(L(\hat{\theta}_N) - L(\widetilde{\theta}_N)) \end{cases} \tag{3.106}$$

检验约束假设 H_0 是否成立。

应用极大似然 MLE 估计性质及函数泰勒展开式可以构造 Wald 检验统计量、LM 检验统计量和 LR 检验统计量，推导统计性质及其线性约束条件下特殊形式。①

此外，多变量的线性回归模型可以推广到多个被解释变量的联合成立情形，即联立方程模型：

$$\begin{cases} y_{1t} & = \beta_{10} + \sum_{j=1}^{k}\beta_{1j}x_{jt} + \epsilon_{1t} \\ y_{2t} & = \beta_{20} + \sum_{j=1}^{k}\beta_{2j}x_{jt} + \epsilon_{2t} \\ & \vdots \\ y_{dt} & = \beta_{d0} + \sum_{j=1}^{k}\beta_{dj}x_{jt} + \epsilon_{dt} \end{cases} \tag{3.107}$$

其中，解释变量 x_{jt} 或为某些被解释变量的滞后项或其他外生变量及其滞后项；随机扰动项向量$(\epsilon_{1t},\epsilon_{2t},\cdots,\epsilon_{dt})^T$ 同样满足高斯马尔可夫假设的零均值向量和单位

① 经济计量的三大经典检验统计量：http://faculty.ndhu.edu.tw/ jlin/files/3tests.pdf。

方差矩阵的白噪声；联立方程模型计量问题不仅要处理单方程的条件均值非零、条件方差非同及条件位序相关，而且还要解决方程联立的判定及解释变量的内生性问题。

需要注意的是，无论是横截面数据、时间序列数据，还是面板数据模型参数估计的棘手问题，依然是被解释变量的自相关、位序相关和异方差，或等价于解释变量内生性问题。有关自相关、异方差或内生性问题更多计量方法，例如，工具变量IV方法及相应的两阶段最小二乘TSLS估计方法（Wooldridge，2008）。

3.6.2　向量自回归模型：VAR

依据多变量的线性回归模型的联立方程组（3.107），可以简单地扩展单一时间序列自回归模型AR（3.49）和多变量的线性回归模型（3.94）到多解释变量的多变量的线性自回归模型，即向量自回归模型VAR：

$$\begin{cases} y_{1t} = \varphi_{10} + \sum_{i=1}^{d}\sum_{j=1}^{p}\alpha_{j,i}^{1} y_{i,t-j} + \sum_{i=1}^{k}\beta_{1i}x_{it} + u_{1t} \\ y_{2t} = \varphi_{20} + \sum_{i=1}^{d}\sum_{j=1}^{p}\alpha_{j,i}^{2} y_{i,t-j} + \sum_{i=1}^{k}\beta_{2i}x_{it} + u_{2t} \\ \vdots \\ y_{dt} = \varphi_{d0} + \sum_{i=1}^{d}\sum_{j=1}^{p}\alpha_{j,i}^{d} y_{i,t-j} + \sum_{i=1}^{k}\beta_{di}x_{it} + u_{dt} \end{cases} \tag{3.108}$$

其中，时期 t 时自回归向量 $\mathbf{y}_t$ 的滞后向量 $\mathbf{y}_{(t-j)}$，滞后 $j=1,2,\cdots,p$；向量 $\mathbf{x}_t \in \mathbb{R}^k$ 为外生的；向量 $\mathbf{u}_t \in \mathbb{R}^d$ 为白噪声的随机扰动项。

3.6.3　市场有效假设检验：EMH

市场有效EMH假设（3.4）认为当期市场与其历史信息无关，即使提供再多的已知历史信息也无法提高当期市场的预判能力，简单地认为市场收益率不可能符合自回归AR模型，即便包括其他外生变量。

实例3.6.1　市场有效EMH假设检验实证：沪深港市场

上海证交所、深圳证交所和香港交易所是最重要的证券交易市场，尤其是沪深市场与香港市场的部分证券双向交易，即为港股通、沪港通和深港通交易政策的实施。[①] 实证检验沪、深、港证券市场有效EMH假设，而认识和理解证券市场是

① 参见证监会及交易所互联互通相关的监管文档。

否有效，无论对于投资者还是监管者而言都是非常重要的。实证样本数据观测时段为2008年4月1日至2018年6月1日市场指数日收益序列；设定上海综指、深圳成指及香港恒指符合5阶AR模型及带外生变量的向量自回归模型VAR，具体实证代码见表3.13。单因素自回归AR模型参数估计见表3.14；而考虑影响证券市场的外生因素影响，如台湾权指、新加坡海指及日京225指，上证综指、深圳成指和香港恒指及其他外生因素的向量自回归模型VAR参数估计见表3.15、表3.16和表3.17。实证结果都表明，无法承认上证市场、深证市场和香港市场的市场有效EMH假设[①]，尤其注意到诸如台湾权指、新加坡海指及日经225指等外围市场对三地市场当期影响。此外，还可以通过诸如第五章"价格、收益率或波动的非线性模型"中第5.2.4节所示的BDS统计量检验市场指数序列的非独立同分布和非线性。

表3.13　　市场有效EMH假设检验实证：沪深港市场指数

```
library(zoo) # 基础数据包
library(stats) # 基础统计包
library(tseries) # 时间序列包
library(vars) # 向量自回归包
load("FiEsen.Rdata") # 财经数据集
x <- window(mkt.r,start = "2008-04-01",end = "2018-06-01")
sse.ci.ar <- arma(ts(x$sse.ci),order = c(5,0)); summary(sse.ci.ar) # 单因素 AR
szse.ci.ar <- arma(ts(x$szse.ci),order = c(5,0)); summary(szse.ci.ar)
hkex.hsi.ar <- arma(ts(x$hkex.hsi),order = c(5,0)); summary(hkex.hsi.ar)
z <- cbind(x$sse.ci,x$szse.ci,x$hkex.hsi)
colnames(z) <- c("sse.ci","szse.ci","hkex.hsi") # 数据构造
ex <- cbind(x$twse.twii,x$sgx.sti,x$jpx.n225)
colnames(ex) <- c(twse.twii,sgx.sti,jpx.n225) # 外围市场指数
zvar <- zvar <- VAR(z,p=5,exogen=ex);summary(zvar) # 多因素 VAR,外生变量
```

表3.14　　单因素EMH假设检验：沪深港市场指数

	滞后	Estimate	Std. Error	t value	p-value
上证综指	ar1	0.023 459	0.019 379	1.211	0.226 07
	ar2	−0.011 968	0.019 363	−0.618	0.536 51
	ar3	0.011 426	0.019 360	0.590	0.555 06
	ar4	0.055 125	0.019 360	2.847	0.004 41
	ar5	0.005 374	0.019 354	0.278	0.781 27
	intercept	−0.007 621	0.029 960	−0.254	0.799 20

① 随着金融市场发展和信息技术进步，市场有效EMH假设受到挑战和质疑。证券市场存在着诸如股权溢价、账面市值比效应、封闭式基金及小公司效应等收益异常现象，称为证券市场异象。

续表

	滞后	Estimate	Std. Error	t value	p-value
深证成指	ar1	0.046 255	0.019 370	2.388	0.016 9
	ar2	−0.015 868	0.019 386	−0.819	0.413 1
	ar3	0.026 712	0.019 381	1.378	0.168 1
	ar4	0.036 400	0.019 386	1.878	0.060 4
	ar5	−0.009 652	0.0193 26	−0.499	0.617 5
	intercept	−0.009 972	0.034 419	−0.290	0.772 0
港联恒指	滞后	Estimate	Std. Error	t value	p-value
	ar1	−0.014 953	0.019 407	−0.770	0.441 02
	ar2	0.031 062	0.019 383	1.603	0.109 04
	ar3	−0.033 098	0.019 382	−1.708	0.087 69
	ar4	−0.055 322	0.019 367	−2.857	0.004 28
	ar5	0.007 198	0.019 393	0.371	0.710 49
	intercept	0.004 227	0.028 308	0.149	0.881 31

表 3.15　　多因素 EMH 假设检验：上证综指 SSE.CI

Endogenous variables sse.ci，szse.ci，hkex.hsi Deterministic variables const，Sample size 2 649 logL −10 620.011 Call：VAR(y = z，p = 5，exogen = ex)				
	Estimate	Std. Error	t value	p-value
sse.ci.l1	−0.007 703	0.051 430	−0.150	0.881 0
szse.ci.l1	0.049 232	0.043 654	1.128	0.259 5
hkex.hsi.l1	−0.038 138	0.022 537	−1.692	0.090 7
sse.ci.l2	−0.037 740	0.051 321	−0.735	0.462 2
szse.ci.l2	0.019 196	0.043 575	0.441	0.659 6
hkex.hsi.l2	−0.012 169	0.022 324	−0.545	0.585 7
sse.ci.l3	−0.098 334	0.051 295	−1.917	0.055 3
szse.ci.l3	0.090 361	0.043 550	2.075	0.038 1
hkex.hsi.l3	0.026 442	0.022 240	1.189	0.234 6
sse.ci.l4	0.035 362	0.051 315	0.689	0.490 8
szse.ci.l4	0.012 753	0.043 549	0.293	0.769 7
hkex.hsi.l4	0.030 068	0.022 312	1.348	0.177 9

续表

sse.ci.l5	0.107 932	0.051 415	2.099	0.035 9
szse.ci.l5	−0.103 034	0.043 534	−2.367	0.018 0
hkex.hsi.l5	0.024 968	0.022 149	1.127	0.259 7
const	−0.012 219	0.027 888	−0.438	0.661 3
twse.twii	0.241 654	0.032 453	7.446	1.30e-13
sgx.sti	0.271 427	0.034 170	7.943	2.89e-15
jpx.n225	0.089 398	0.022 567	3.961	7.65e-05
Residual s.e. 1.435 on 2 630 DF; R-Squared: 0.145 1, Adj.R-squared: 0.139 2 F-statistic 24.79 on 18 and 2 630 DF, p-value < 2.2e-16				

表 3.16　　多因素 EMH 假设检验:深证成指 SZSE.CI

Endogenous variables sse.ci, szse.ci, hkex.hsi Deterministic variables const,Sample size 2 649 logL −10 620.011 Call:VAR(y = z, p = 5, exogen = ex)				
	Estimate	Std. Error	t value	p-value
sse.ci.l1	−0.051 090	0.059 745	−0.855	0.392 555
szse.ci.l1	0.106 106	0.050 712	2.092	0.036 505
hkex.hsi.l1	−0.045 924	0.026 181	−1.754	0.079 531
sse.ci.l2	0.004 332	0.059 619	0.073	0.942 079
szse.ci.l2	−0.011 378	0.050 621	−0.225	0.822 179
hkex.hsi.l2	−0.036 585	0.025 933	−1.411	0.158 435
sse.ci.l3	−0.133 404	0.059 588	−2.239	0.025 254
szse.ci.l3	0.128 528	0.050 591	2.541	0.011 126
hkex.hsi.l3	0.016 661	0.025 836	0.645	0.519 073
sse.ci.l4	0.126 156	0.059 612	2.116	0.034 415
szse.ci.l4	−0.065 913	0.050 590	−1.303	0.192 726
hkex.hsi.l4	0.022 583	0.025 920	0.871	0.383 694
sse.ci.l5	0.195 599	0.059 728	3.275	0.001 071
szse.ci.l5	−0.173 924	0.050 573	−3.439	0.000 593
hkex.hsi.l5	0.019 703	0.025 730	0.766	0.443 890
const	−0.014 530	0.032 397	−0.449	0.653 827
twse.twii	0.258 448	0.037 701	6.855	8.84e-12

续表

sgx.sti	0.304 954	0.039 695	7.682	2.19e-14
jpx.n225	0.071 748	0.026 216	2.737	0.006 245
Residual s.e. 1.667 on 2 630 DF; R-Squared: 0.126 3, Adj.R-squared: 0.120 3 F-statistic 21.13 on 18 and 2 630 DF, p-value < 2.2e-16				

表 3.17　　多因素 EMH 假设检验:香港恒指 HKEX.HSI

Endogenous variables sse.ci, szse.ci, hkex.hsi Deterministic variables: const, Sample size 2 649c logL −10 620.011 Call: VAR(y [illegible] z, p = 5, exogen = ex)				
	Estimate	Std. Error	t value	p-value
sse.ci.l1	−0.071 821	0.033 267	−2.159	0.030 95
szse.ci.l1	0.041 947	0.028 237	1.486	0.137 52
hkex.hsi.l1	−0.062 998	0.014 578	−4.322	1.61e-05
sse.ci.l2	0.039 960	0.033 196	1.204	0.228 79
szse.ci.l2	−0.041 017	0.028 186	−1.455	0.145 73
hkex.hsi.l2	−0.014 227	0.014 440	−0.985	0.324 59
sse.ci.l3	0.013 845	0.033 179	0.417	0.676 52
szse.ci.l3	0.016 305	0.028 170	0.579	0.562 76
hkex.hsi.l3	−0.029 376	0.014 386	−2.042	0.041 25
sse.ci.l4	−0.083 757	0.033 193	−2.523	0.011 68
szse.ci.l4	0.077 246	0.028 169	2.742	0.006 14
hkex.hsi.l4	−0.016 829	0.014 432	−1.166	0.243 68
sse.ci.l5	0.025 491	0.033 257	0.766	0.443 45
szse.ci.l5	−0.021 805	0.028 160	−0.774	0.438 81
hkex.hsi.l5	0.007 166	0.014 327	0.500	0.616 97
const	−0.002 693	0.018 039	−0.149	0.881 32
twse.twii	0.326 027	0.020 992	15.531	< 2e-16
sgx.sti	0.654 868	0.022 103	29.628	< 2e-16
jpx.n225	0.187 938	0.014 597	12.875	< 2e-16
Residual s.e. 0.928 2 on 2 630 DF; R-Squared: 0.599 9, Adj.R-squared: 0.597 1 F-statistic 219 on 18 and 2 630 DF, p-value < 2.2e-16				

3.6.4　协整关系检验:CI

资产价格或收益率序列或宏观经济数据多为单位根非平稳过程,但其线性组合会降低单根非平稳程度,即经过有限次差分运算这些非平稳单整序列存在线性回归关系表明资产价格或收益率序列或宏观经济数据的长期均衡。

时间序列 y_t 称为 d 阶单整,仅当序列经过 d 阶差分成为平稳的:

$$\Delta^d y_t \sim \text{ARMA}(p,q), \exists d \geqslant 1 \tag{3.109}$$

简记为 $y_t \sim I(d)$。

时间序列 $y_{it}, x_{kt} \sim I(d)$ 存在 d-b 阶协整 CI 关系,仅当 d 阶单整序列的线性组合为平稳的:

$$\beta_0 y_t + \sum_{k=1}^{k} \beta_k x_{kt} \sim I(d\text{-}b), \forall \beta_i \neq 0, \exists b : 1 \geqslant b \leqslant d \tag{3.110}$$

简记为 $y_{kt} \sim CI(d,b)$。

若不失一般性设 $\beta_0 = 1$,那么 d-b 阶协整 CI 关系的时间序列有线性回归方程式:

$$\Delta^{(d-b)} y_t = \sum_{k=1}^{k} \beta_k \Delta^{(d-b)} x_{kt} + u_t, u_t \sim \text{WN} \tag{3.111}$$

3.6.5　向量误差修正检验:VECM

无论是宏观经济变量还是资产价格或收益,都受到诸多季节、市场或政策因素影响而动荡,但它们总会趋于稳定的均衡关系。例如,商品期货价格和现货价格的背离持续终将趋于均衡价格,上市公司在不同证券市场的股票交易价格差异,主权货币不同在岸或离岸外汇市场的交易汇率差异。

对于具有 1 阶单整的多变量的时间序列 $\mathbf{x}_t \in \mathbb{R}^d$ 向量误差修正 VECM 模型:

$$\Delta x_t = \Theta_0 + \gamma \mathbf{z}_{t-1} + \sum_{i=1}^{p} \Theta_i \Delta x_{t-i} + \epsilon_t \tag{3.112}$$

其中,误差项 $\mathbf{z}_t \in \mathbb{R}^d$ 表示向量序列 $\mathbf{x}_t$ 分量间长期均衡

$$\mathbf{z}_{t-1} \triangleq (\mathbf{z}_{t-1} - (\alpha + \beta \mathbf{x}_{t-1})) \tag{3.113}$$

偏离误差;位移系数 $\Theta_0 \in \mathbb{R}^d$ 为向量;误差修正系数 $\gamma \in \mathbb{R}^d$ 为向量;向量自回归系数 $\Theta_i \in \mathbb{R}^{d \times d}$ 为矩阵。

仅当零假设 $H_0 : \gamma = 0$ 不显著时,称多维时间序列存在误差修正关系。某种意义上,协整 CI 关系是 $H_0 : \gamma = 0$ 显著时 VECM 特殊形式。此外,可以认为向量误差修正 VECM 模型是向量自回归 VAR 模型引入外生的误差项 $\mathbf{z}_t$ 作为解释变

量,它源自观测序列偏离其长期趋势均衡值。

特别地,对于 1 阶单整时间序列 $x_t, y_t \in \mathbb{R}^1$,向量误差修正 VECM 模型简化为:

$$\begin{cases} \Delta x_t &= \theta_{10} + \gamma_x z_{t-1} + \sum_{i=1}^{p} \theta_{1i} \Delta x_{t-i} + \sum_{j=1}^{q} \theta_{1j} \Delta y_{t-j} + \epsilon_{1t} \\ \Delta y_t &= \theta_{20} + \gamma_y z_{t-1} + \sum_{i=1}^{p} \theta_{2i} \Delta x_{t-i} + \sum_{j=1}^{q} \theta_{2j} \Delta y_{t-j} + \epsilon_{2t} \end{cases} \tag{3.114}$$

其中,误差修正系数 γ_x 和 γ_y 序列偏离均衡的偏差调整;误差修正项 z_t

$$z_{t-1} \triangleq (y_{t-1} - \beta x_{t-1}) \tag{3.115}$$

表示二者间的均衡偏差,而回归系数 β 在 γ_x 或 γ_y 显著时,表示序列 y_t 和 x_t 间的长期均衡效应。

实例 3.6.2 协整 CI 检验及 VECM 模型实证:中芯国际 SMICS

中芯国际先后在香港交易所和上海证券交易所上市,是世界领先的集成电路晶圆代工企业之一,也是中国内地技术最先进、配套最完善、规模最大、跨国经营的集成电路制造企业集团,提供 0.35 微米到 14 纳米不同技术节点的晶圆代工与技术服务。探索市场指数及相应证券的协整 CI 关系及误差修正模型或许对设计跨市场套利投资策略尤为重要。通常条件下,同一家企业在不同证券交易市场发行的股票应该存在协整关系,其均衡系数应该趋于两市的货币汇率。实证样本观测时段为 2020 年 10 月 21 日至 2021 年 6 月 28 日,其间没有发生诸如分红派息或股权增发等重大事件;实证协整 CI 检验及 VECM 模型程序代码见表 3.18 所示。中芯国际在沪港两市证券的价格序列如图 3.11 所示;协整 CI 关系检验和向量误差修正 VECM 模型检验结果分别见表 3.19 和表 3.20 所示。实证结果表明,中芯国际上交所股票和港交所股票之间存在协整关系;而中芯国际上交所股票与香港港股存在误差修正关系,但中芯国际港交所股票与上交所股票之间不存在误差修正关系。此外,实证研究表明,协整 CI 及 VECM 模型在商品或股指期货市场有着重要的应用价值(才子佳,2016)。

表 3.18　　协整 CI 检验及 VECM 模型实证:中芯国际 SMICS

```
library(zoo) # 基础数据包
library(stats) # 基础统计包
library(urca) # 协整、VAR 及 VECM 包
load("FiEsen.Rdata") # 财经数据集
x <- window(smics.p, start = "2020-10-21", end = "2021-06-28")
```

续表

```
z <- cbind(x$sse.smics,x$hkex.smics)
colnames(z) <- c("sse.smics","hkex.smics")#获取数据
z.po <- ca.po(z, demean = c("none"),lag = c("long"), type = c("Pz"))
summary(z.po)#协整 CI 检验
z.vecm <- ca.jo(z, ecdet = "none", type="eigen", K=2, spec="transitory")# VECM 构造
z.vecm.ols <- cajools(z.vecm);summary(z.vecm.ols)# VECM 参数 OLS 估计
```

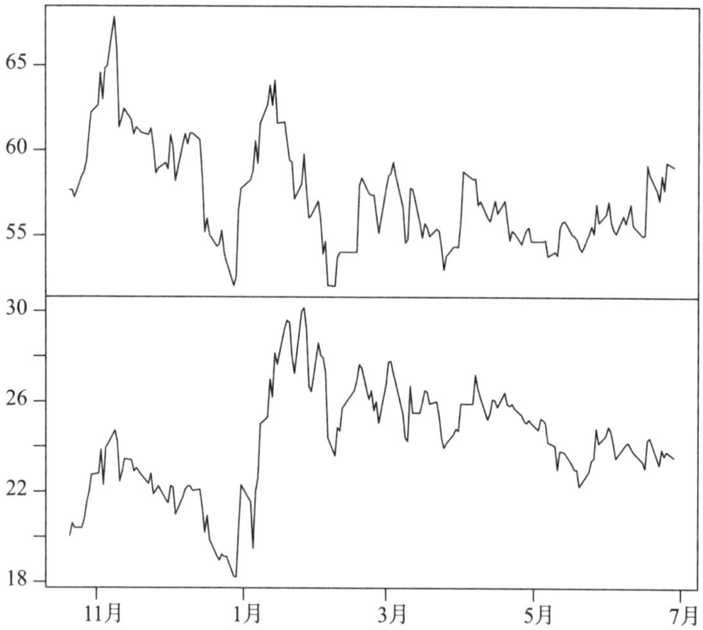

图 3.11 中芯国际证券价格,2020 年 10 月 21 日至 2021 年 6 月 28 日

表 3.19 **协整 CI 检验:中芯国际**

Phillips and Ouliaris Unit Root Test, Test of type Pz, detrending of series none				
Response sse.smics, Call: lm(formula = sse.smics zr − 1)				
	Estimate	Std. Error	t value	p-value
zrsse.smics	1.017 41	0.015 30	66.486	<2e-16
zrhkex.smics	−0.041 58	0.036 10	−1.152	0.251
Residual s.e. 1.281 on 171 DF; R-squared 0.999 5, Adj.R-squared 0.999 5				
F-statistic 1.742e+05 on 2 and 171 DF, p-value < 2.2e-16				
Response hkex.smics, Call: lm(formula = hkex.smics zr − 1)				
	Estimate	Std. Error	t value	p-value
zrsse.smics	0.022 37	0.010 38	2.155	0.032 6
zrhkex.smics	0.947 64	0.024 50	38.679	<2e-16
Residual s.e. 0.869 4 on 171 DF; R-squared 0.998 7, Adj.R-squared 0.998 7				

续表

F-statistic 6.797e+04 on 2 and 171 DF, p-value < 2.2e-16
Value of test-statistic is 9.973 8

表 3.20　　协整 CI 检验及 VECM 模型参数估计：中芯国际 SMICS

Johansen Procedure for VAR, OLS regression of VECM				
Response sse.smics.d				
Call: lm(formula = sse.smics.d constant + sse.smics.dl1 + hkex.smics.dl1 + sse.smics.l1 + hkex.smics.l1 − 1, data = data.mat)				
	Estimate	Std. Error	t value	p-value
constant	8.175 570	2.085 271	3.921	0.000 129
sse.smics.dl1	0.006 817	0.101 570	0.067	0.946 568
hkex.smics.dl1	0.121 185	0.151 096	0.802	0.423 671
sse.smics.l1	−0.094 421	0.032 301	−2.923	0.003 946
hkex.smics.l1	−0.113 264	0.039 839	−2.843	0.005 026
Residual s.e. 1.241 on 167 DF; R-squared 0.091 43, Adj.R-squared 0.064 23				
F-statistic 3.361 on 5 and 167 DF, p-value 0.006 415				
Response hkex.smics.d				
Call: lm(formula = hkex.smics.d constant + sse.smics.dl1 + hkex.smics.dl1 + sse.smics.l1 + hkex.smics.l1 − 1, data = data.mat)				
	Estimate	Std. Error	t value	p-value
constant	2.490 21	1.464 87	1.700	0.091 00
sse.smics.dl1	−0.022 21	0.071 35	−0.311	0.755 94
hkex.smics.dl1	0.042 17	0.106 14	0.397	0.691 62
sse.smics.l1	−0.011 89	0.022 69	−0.524	0.601 07
hkex.smics.l1	−0.073 80	0.027 99	−2.637	0.009 15
Residual s.e. 0.871 5 on 167 DF; R-squared 0.042 51, Adj.R-squared 0.013 84 F-statistic 1.483 on 5 and 167 DF, p-value 0.198				

3.6.6 格兰杰因果分析：GCA

格兰杰因果分析是经济计量和金融计量学实证研究中的常用方法，以探索宏观经济间或金融资产间的因缘关系。

时间序列 x_t 称为序列 y_t 的格兰杰因，当且仅当线性回归模型

$$y_t = c + \sum_{i=1}^{p} \alpha_i y_{t-i} + \sum_{j=1}^{q} \beta_j x_{t-j} + \epsilon_{1t} \tag{3.116}$$

仅当约束条件

$$H_0: \beta_1 = \beta_2 = \cdots = \beta_q = 0, q \geqslant 1 \tag{3.117}$$

不成立时。如，F 检验统计量：

$$F = \frac{(\mathrm{RSS}_r - \mathrm{RSS}_u)/k}{(\mathrm{RSS}_u)/(n-(p+q+1))} \tag{3.118}$$

注意，当回归方程中包括当期的 x_t 项时，称为即时格兰杰因；检验统计量为 χ^2 分布；格兰杰因果关系是建立在线性回归概念基础上，而非哲学或宗教的因果关系。此外，格兰杰因果关系并非是对称的。

实例 3.6.3　格兰杰因果关系实证：沪深市场与货币供给

货币政策不仅调控实体经济运行的投资，而且影响证券市场的走势；货币供给量中，只有 M2 成分的部分进入证券市场；货币供给量或许有季节年度的相应因素。实证检验沪深证券市场与货币供给之间是否存在格兰杰因果关系；实证样本数据期间为 2013 年 4 月 1 日至 2018 年 6 月 1 日，实证代码如表 3.21 所示。实证结果见表 3.22，表明在 5%的置信水平上货币供给量 M2 为上证综指的格兰杰因和即时格兰杰因，但非深证 A 指的格兰杰因。或许其中缘故是特定时期货币供给量对上证市场传导有效而对深证市场的传导无效。

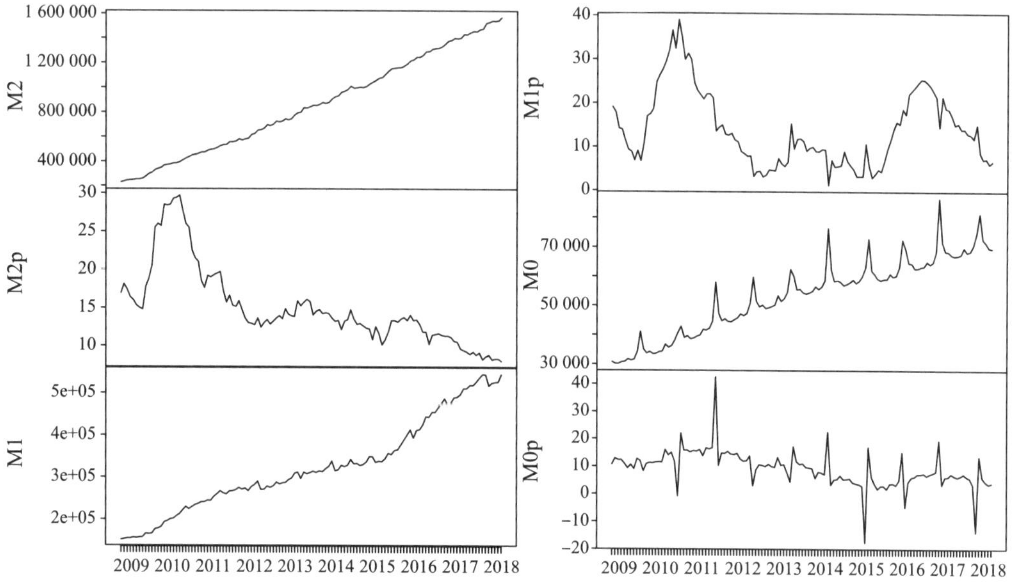

图 3.12　证券市场与货币供给，2013 年 4 月 1 日至 2018 年 6 月 1 日

表 3.21　　格兰杰因果关系实证:沪深市场与货币供给

```
library(zoo)#基础数据包
library(stats)#基础统计包
library(vars)#向量自回归包
load("FiEsen.Rdata")#财经数据集
x <- window(m.mx.r,start = "2013-04-01",end = "2018-06-01")
sse.ci <- window(m.sse.ci.r,start = "2013-04-01",end = "2018-06-01")
szse.ai <- window(m.szse.ai.r,start = "2013-04-01",end = "2018-06-01")
mxsse <- cbind(ts(mx$M2),ts(sse.ci))#仅上证综指代码,深证成指略
var.sse <- VAR(mxsse,p = 3,season = 12,type = "both")#向量自回归 VAR
causality(var.sse)#格兰杰因果检验
```

表 3.22　　格兰杰因果检验:沪深市场与货币供给

	Granger		Instantaneous	
	F	p-value	χ^2	p-value
上证综指	3.135 0	0.047 6	4.428 0	0.035 4
深证 A 指	2.170 2	0.119 2	2.134 5	0.144 0

3.6.7　结构突变检验:Chow

结构突变是给定观测期间因重大或意外事件导致产生观测序列的模型参数及模型结构发生突变。经济系统和金融体系,以至于经济个体都会受到外生因素的影响而发生本质结构性变化。这些因素包括但不限于:其一,经济因素,如宏观政策、产业政策、行业管制;其二,监管因素,如交易规则或货币政策;其三,微观因素,如企业战略失误、并购失败、产品研发失败。预期、预报或研判影响社会或企业的突变因素时刻对投资机构构造组合对冲风险尤为重要,而计量研究者则通过统计方法检验或预报这些结构突变因素和对未来预期做出预测。

简单地,结构突变是指经济或金融指标的偏效应在某个时刻或时段后发生显著差异,或解释变量对被解释变量的回归系数在给定时刻或时段前后变动,即整个观测时段的模型参数估计、给定时刻或时段前模型参数、给定时刻或时段后的模型参数的估计量有显著差异,分时段回归,这就是经典的 Chow 统计量检验。

具体地,依据模型结构突变的时刻或时段 t_0,称为断点,对整个观测样本集划分为三类子集并依次进行线性回归。分别记整个观测样本集、前段样本子集、后段样本子集的线性回归残差平方和为 RSS_N、RSS_N、RSS_N。那么,结构突变 Chow 统计量检验

$$F=\frac{(RSS-(RSS_1+RSS_2))/k}{(RSS_1+RSS_2)/(N-2k)}\sim F(k+1,N-2(k+1)) \qquad (3.119)$$

检验模型结构突变。依次类推,可有构造除检验多个断点的结构突变问题。此外,可使用虚拟变量的范畴分类对整个观测期间的时段进行分类标注,以检验结构是否突变。

实例 3.6.4 结构突变 Chow 统计量检验实证:中国石油 PETROCHINA

中国石油分别在纽约证券交易所、香港交易所和上海证券交易所上市。三地市场监管政策和投资理念不尽相同,尤其是涉及中美贸易摩擦和证券监管协调。样本数据观测时段为 2018 年 2 月 1 日至 2020 年 10 月 28 日;实证检验证券交易是否存在结构突变以探索证券市场结构变化、调整投资策略,进而调整投资组合;实证计量分别使用单变量线性回归 AR 模型和双变量自回归 VAR 模型进行结构变化 Chow 统计量检验。前者是证券收益率 3 阶自回归附加外生的市场指数收益率;后者为证券收益率和市场指数收益率的 3 阶向量自回归;实证代码见表 3.23,单变量线性回归模型检验结果见表 3.24,双变量检验线性回归模型检验结果如表 3.25 所示。实证结果表明,就单变量检验而言,中国石油在上海证券市场和香港证券市场都未发生结构变化,仅在纽约证券市场发生结构变化;而双变量检验而言,中国石油在香港证券市场和纽约证券市场都发生结构变化,仅在上海证券市场没有发生结构变化。

表 3.23　　结构突变 Chow 检验实证:中国石油 PETROCHINA

```
library(zoo) # 基础数据包
library(stats) # 基础统计包
library(strucchange) # 结构变化包
library(svars) # 结构化向量自回归包
load("FiEsen.Rdata") # 财经数据集
x <- window(petrochina.r, start = "2018-02-01", end = "2020-10-28")
dat <- x$sse.petrochina; n <- length(dat) # 仅上交所代码,其他略去
yl0 <- lag(dat,0)[1:(n-3)]; yl1 <- lag(dat,1)[1:(n-3)] # 构造数据
yl2 <- lag(dat,2)[1:(n-3)]; yl3 <- lag(dat,3)[1:(n-3)]
idx <- x$sse.ci; n <- length(idx)
xl0 <- lag(idx,0)[1:(n-3)]; xl1 <- lag(idx,1)[1:(n-3)]
xl2 <- lag(idx,2)[1:(n-3)]; xl3 <- lag(idx,3)[1:(n-3)]
sctest(yl0 yl1 + yl2 + yl3 + xl1 + xl2 + xl3,
        type = "Chow", asymptotic = TRUE) # 结构变化检验
v.sse <- VAR(cbind(x$sse.ci, x$sse.petrochina), lag.max = 5, ic = "AIC") # 向量自回归
s.sse <- stability(v.sse, type = "mv-chow-test"); plot(s.sse) # 稳定性检验
s.sse$break_point <- FALSE; s.1sse <- chow.test(s.sse); summary(s.1sse) # 断点 Chow 检验
```

表 3.24　　　　单变量的结构突变 Chow 检验：中国石油 PETROCHINA

	F	p-value
NYSE 美股	22.599	0.002
SSE A 股	10.497	0.162
HKEX H 股	6.750	0.455

表 3.25　　　　双变量的结构突变 Chow 检验：中国石油 PETROCHINA

NYSE 美股			
Test	Test statistic	95% critical value	p-value
Break-point	1 738.6	1 633.53	<2e-16
Sample-split	96.7	68.47	<2e-16
SSE A 股			
Test	Test statistic	95% critical value	p-value
Break-point	1 252.47	1 286.74	1
Sample-split	33.89	25.55	<2e-16
HKEX H 股			
Test	Test statistic	95% critical value	p-value
Break-point	1 308.16	1 282.1	<2e-16
Sample-split	14.08	0.7	<2e-16

第七节　实证练习

1. 分析证券市场同时期指数的自相关函数、偏自相关函数及互相关函数，如道指(dji)、标普 500 指数(sp500)、纳指(nasdaq.ci)、芝加哥波指(cboe.vix)、芝加哥罗指(cboe.rut2000)、上证综指(sse.ci)、深证成指(szse.ci)和香港恒指(hkex.hsi)。

2. 分析不同证券的自相关函数、偏自相关函数以及与其市场指数的互相关函数，如谷歌(nasdaq.google)、星巴克(nasdaq.starbucks)、新浪(nasdaq.sina)、工商银行(sse.icbc)、阿里巴巴(nyse.alibaba)、中信证券(sse.citic.sc)、中国人寿(sse.chinalife)、平安银行(szse.pingan)、万科地产(szse.vanke)、申万宏源证券(szse.swhy.sc)和格力电器(szse.gree)。

3. 分析不同证券市场同时期证券的自相关函数、偏自相关函数及 ARMA 模型,如在上交所、港交所或纽约证交所上市的建设银行的 A 股(sse.ccb)和港股(hkex.ccb),中国石化的 A 股(sse.sinopec)、H 股(hkexe.sinopec)和美股(nyse.sinopec)。

4. 分析同时期的日、周及月度证券的自相关函数、偏自相关函数及 ARMA 模型,如中信证券(sse.citic.sc)和中国人寿(sse.chinalife)。

5. 分析不同证券市场的同时期证券收益的自回归滑动平均 ARMA(1,2)M 模型的拟合度,如中国石油在上交所的 A 股(sse.petrochina)、港交所的 H 股(hkex.petrochina)及在纽约证交所的美股(nyse.petrochina)。

6. 分析宏观经济季度生产总值(q.gdp.x)不同产业的平稳性及其相关性。

7. 分析上海银行同业拆放利率(shibor.x)不同期限结构同时期的自相关函数 ACF 及互相关函数 CCF 以及它们的平稳性。

8. 分析不同证券交易所的相同上市公司同期的证券交易价格的协整关系,如中国石化在上交所的 A 股(sse.sinopec)和在纽约证交所的美股(nyse.sinopec),以及中国东航在上交所的 A 股 (sse.cesir)和在纽约证交所的美股(nyse.cesir)。

9. 分析证券的交易价格在给选定时期与人民币对美元利率(fx.x$USD)和原油期货指数(nymex.cl.x$p)是否存在着协整关系和误差修正关系,如中国东航在上交所的 A 股(sse.cesir)和在纽约证交所的美股(nyse.cesir)。

10. 分析证券的交易价格在选定时期是否存在着协整关系及误差修正关系,如康希诺在上交所科创板的 A 股(sse.cansino)及港交所的 H 股(hkex.cansino)、锦江集团在上交所发行的 A 股(sse.jinjiang)和 B 股(sse.jinjiang.b)及在港交所发行的 H 股(hkex.jinjiang)。

第四章　收益率方差的波动模型

资产收益率方差的变化是市场交易的动力、资产价值预期的修正、交易行为模式的变化或监管政策的调整。市场上表现为资产价格和收益率的变动、变化、震荡或动荡；计量上表达为资产收益率与其均值的离差平方和，即资产收益率的方差。因此，本章讨论资产收益率方差的波动模型。首先，介绍资产收益率的方差和波动概念；其次，分析资产收益率的条件异方差效应及其检验方法；之后，研究资产收益率的自回归条件异方差模型 GARCH；然后，讨论资产收益率波动的随机模型和实例模型；最后，介绍资产收益率的外生变量的波动模型。

第一节　资产波动

资产收益率的波动是金融资产的本质属性和交易基础，其测度之一就是收益率的条件方差，称为即波动。[①] 正如第三章“价格或收益率的线性模型”中指出的那样，无论是独立同分布的横截面数据、位序相关的时间序列，还是个体或时间效应的面板数据，它们的单变量计量模型或多变量的联立方程模型，随机扰动项的同方差假设未必成立。作为金融投资实践而言，价格或收益率的方差、动荡或波动[②]会受到产业政控、货币政策、市场景气、投资者情绪或突发事件等外生因素的干扰和影响，难以保持不变。因此，收益率的波动规律是金融计量学的重要问题。[③]

---

① 上下行文中下列表达内涵是等价的：收益率方差的波动、收益率的波动、收益的波动、价格的波动、资产波动、波动率、波动。

② 方差(variance)是统计描述术语；动荡(fluctuation)属于文学描述词汇；波动(volatility)为金融概念。

③ 条件异方差(heteroskedasticity)是经济计量学概念，重点在于消除异方差，无偏或一致的估计参数和稳健的检验假设，而波动(volatility)则是金融计量学概念，重点在于捕捉异方差的表达式，用于投资组合、统计套利和风险管理。

4.1.1 投资组合

投资者在保持亏损最小的条件下追求利润最大化的投资组合策略是Markowitz组合均值方差模型。

设定某时期投资标的的价格及数量分别为 S_i 和 $m_i>0, i=1,2,\cdots,p$。那么，投资组合的市场价值及其变化为：

$$\begin{cases} V_p &= \sum_{i=1}^{p} m_i S_i \\ \Delta V_p &= \sum_{i=1}^{p} m_i \Delta S_i \\ \dfrac{\Delta V_p}{V_p} &= \sum_{i=1}^{p} \dfrac{m_i S_i}{V_p} \dfrac{\Delta S_i}{S_i} \end{cases} \tag{4.1}$$

在市场正常条件下，投资组合的变化近似有：

$$\begin{cases} \dfrac{m_i S_i}{V_p} &= w_i \\ \dfrac{\Delta S_i}{V_p} &\approx r_i \\ \dfrac{\Delta V_p}{V_p} &\approx r_p \end{cases} \tag{4.2}$$

因此，投资组合的收益率和方差为：

$$\begin{cases} r_p &= \sum_{i=1}^{p} w_i r_i \\ E[r_p] &= \sum_{i=1}^{p} w_i E[r_i] \\ D[r_p] &= \sum_{i=1}^{p} w_i^2 D[r_i] + \sum_{i \neq j}\sum w_i w_j \rho_{ij} \sigma_i \sigma_j \end{cases} \tag{4.3}$$

给定投资效用函数 U 条件下，最优投资组合权重 $\{w_i\}$ 满足：

$$\begin{cases} \max\limits_{w_i, i=1,2,\cdots,p} E[U(r_p)] \\ \sum_{i=1}^{p} w_i = 1 \end{cases} \tag{4.4}$$

或

$$\begin{cases} \min\limits_{w_i, i=1,2,\cdots,p} D[v_p] \\ E[r_p] = \sum\limits_{i=1}^{p} w_i E[r_i] \\ \sum\limits_{i=1}^{p} w_i = 1 \end{cases} \tag{4.5}$$

由此,可以看到投资标的方差及其协方差影响投资组合收益的方差,进而影响投资组合的权重比例,Markowitz 组合理论分析为最重要的现代金融学基础(史树中,2004;张尧庭,1998)。

4.1.2　衍生品

投资者为规避不确定的或未知的未来亏损而构造以某商品或证券为标准的复合资产,即权利和义务的合同或契约,称为金融衍生品。

具体地,衍生品是金融机构或交易所开发投放的以基础商品或金融产品为标的的金融产品,如股指期货、股指期权、证券抵押、商品期货、商品期权、信用违约互换等。特别地,欧式期权定价中,无风险利率 r、当前市场价 S_t、到期日 T、敲定价格/执行价/行权价 K、期权费用确定函数 $f_T=(S_t-K)^+$,$C_T=C(f_T;P)$;期权行权规则是若到标的期标的价大于行权价 $S_T>K$,则期权购买者获得收益 $[(P_T-K)-C_T]$;若 $P_T<K$,那么,期权购买者放弃到期的执行权力,而仅损失所支付的期权费用。这就是著名的 Black-Scholes 期权定价公式:

$$\begin{cases} c_t &= S_t \Phi(x) - K r^T \Phi(x - \sigma_t \sqrt{T}) \\ x &= \dfrac{\ln(P_t / K r^{-T})}{\sigma_t \sqrt{T}} + \dfrac{1}{2}\sigma_t \sqrt{T} \end{cases} \tag{4.6}$$

其中,σ_t 为资产收益率的方差。

如同投资组合标的方差影响组合收益那样,基础资产的波动同样影响衍生品的价格。

4.1.3　波动指数

无论是 1997 年亚洲金融危机、2008 年华尔街次贷危机、2010 年欧洲主权债务危机,还是 2015 年沪深股市剧烈动荡和 2020 年新冠病毒肆虐,都重创区域或全球的经济环境和社会生活。因此,各国金融监管当局和交易所都日益重视市场波动及强化市场监管。

例如,芝加哥期权交易所 1993 年发布 CBOE Volatility Index 度量指示 S&P 500

股票指数期权价格波动，日益成为全球投资者和市场波动的标志，2004 年则引入 VIX 期货交易品种。[①] 由波动指数 VIX 图 4.1 可以看出 2000—2021 年期间世界经济的动荡在金融市场的表现，如 2008 年华尔街金融危机、2012 年欧洲主权信贷危机、2018 年中美贸易摩擦及 2020 年新冠疫情肆虐等。

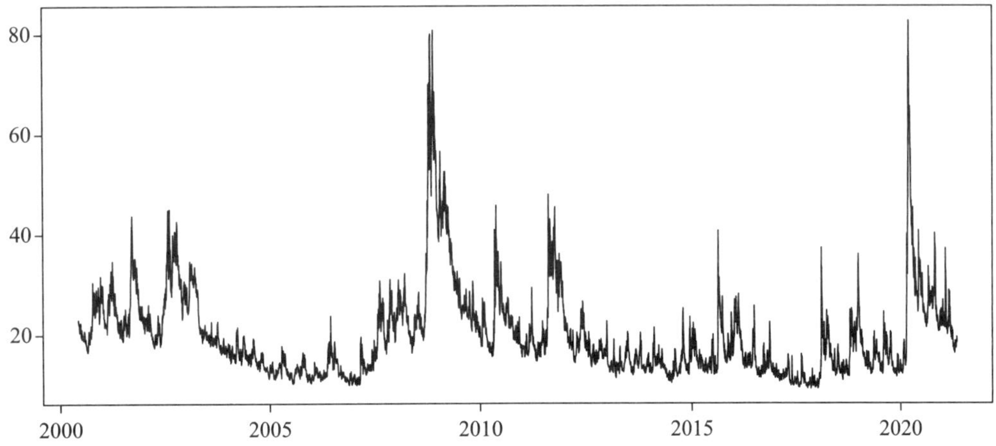

图 4.1　芝加哥期权交易所波动指数 VIX

由此可见，无论是监管者还是投资者，都面临着收益率方差随时间或随事件发生而引起市场剧烈动荡。

第二节　条件异方差及其检验

资产收益率序列并非符合线性回归模型的高斯马尔可夫假设 GMA，其中之一就是随机扰动项并非是条件同方差的。这是资产价格或收益率极其特殊的和有价值的本质所在。

4.2.1　条件同方差假设

设定观测样本序列 y_t 及单变量或观测样本序列 $x_{i,t}$，$i=1,2,\cdots,k$，标记时刻 t 之前的所有可观测信息集：

$$\mathbb{F}_t \triangleq \{y_\tau, x_{i,\tau} \mid \tau=1,2,\cdots,t; i=1,2,\cdots,k\} \tag{4.7}$$

无论是一维时间序列 ARMA 拟合、多变量的时间序列 VAR，还是单变量线

---

① VIX 指数构成及期货交易规则参见：http://www.cboe.com/micro/VIX/vixintro.aspx。

性回归、多变量线性回归或面板数据模型，单方程或联立方程，模型参数的 OLS 估计量的无偏或一致都要求条件同方差，条件参见表 3.12。常规的多变量的线性回归模型

$$y_t = \beta_0 + \sum_{i=1}^{k} \beta_i x_{it} + u_t \tag{4.8}$$

同期，外生的条件零期望和条件同方差

$$\begin{cases} E[u_t \mid \mathbb{F}_t] & = 0 \\ D[u_t \mid \mathbb{F}_t] & = \sigma^2 = \text{常数} \end{cases} \tag{4.9}$$

或等价于

$$\begin{cases} E[y_t \mid \mathbb{F}_t] & = \beta_0 + \sum_{i=1}^{k} \beta_i x_{it} \\ D[y_t \mid \mathbb{F}_t] & = D[u_t \mid \mathbb{F}_t] = \sigma^2 = \text{常数} \end{cases} \tag{4.10}$$

条件零均值、条件同方差和条件位序不相关假设保证模型参数估计量的无偏、有效或一致正态；否则，线性模型的参数估计量及相应的检验统计量就不可能正确地用于统计假设检验。

尽管经济计量学有许多诸如稳健的参数估计方法可以消除非同方差对估计量和检验量的正态或渐近分布的影响，但是金融计量学准确或精确地估计条件非同方差的估计方法，即异方差表达式

$$\sigma_t^2 = D[y_t \mid \mathbb{F}_t] = f(y_\tau ; x_{i\tau} ; u_\tau \mid \tau = 1,2,\cdots,t-1; i = 1,2,\cdots,k) \tag{4.11}$$

从而准确估计和预测未来随时间和外生变量变化的条件异方差，即谓波动，以便进行资产配置、期权定价或风险管理。

4.2.2 条件异方差效应及其检验

给定同期外生变量 x_t 条件下，时间序列 y_t 的条件同方差原假设

$$H_0: D[y_t \mid \mathbb{F}_t] = D[u_t \mid \mathbb{F}_t] = \sigma^2 = \text{常数} \tag{4.12}$$

不成立，那么就称时间序列 y_t 存在条件异方差效应。

由线性模型(4.8)可看到 ARCH 效应等价于线性模型拟合的残差平方的位序相关：

$$\begin{cases} \hat{y}_t & = \hat{\beta}_0 + \sum_{i=1}^{k} \hat{\beta}_i x_{it} \\ \hat{u}_t & = y_t - \hat{y}_t \\ D[y_t \mid x_t] & = D[u_t \mid x_t] = D[\hat{u}_t \mid x_t] = \sigma_t^2 \end{cases} \tag{4.13}$$

具体地，检验序列的线性拟合的残差平方序列的 m 阶自回归 AR 模型拟合：

$$\hat{u}_t^2 = c + \alpha_1 \hat{u}_{t-1}^2 + \alpha_1 \hat{u}_{t-2}^2 + \cdots + \alpha_m \hat{u}_{t-m}^2 + e_t \tag{4.14}$$

联合零假设

$$H_0: \alpha_1 = \alpha_2 = \cdots = \alpha_m = 0 \tag{4.15}$$

其中，随机扰动项 e_t 为白噪声；阶数 m 可由残差平方序列的 PAFC 函数确定。

常用检验方法为 Ljung-Box-Q 统计量：

$$Q(m) = T(T+2)\sum_{\ell=1}^{m} \frac{\hat{\rho}_{\hat{u}^2}^2(\ell)}{T-\ell} \sim \chi^2(m-(k+1)) \tag{4.16}$$

其中，总体样本数目为 T；渐近分布的自由度为残差平方和的自相关函数平方累计数目 m 减去其线性拟合所需估计的参数数目$(k+1)$。

实例 4.2.1　ARCH 效应检验实证：工商银行 ICBC

工商银行成立于 1984 年 1 月 1 日；2005 年 10 月 28 日整体改制为股份制；2006 年 10 月 27 日在上海证券交易所和香港交易所同日挂牌上市。鉴于上海市场和香港市场的投资机构和市场监管的制度差异，工商银行股票在两个市场表现不尽相同。实证样本期限为 2019 年 7 月 4 日至 2020 年 6 月 29 日，其间没有产生分红派息，累计 251 个交易日。ARCH 效应检验是通过 ARMA 模型或带外生变量的线性拟合的残差平方序列自回归 AR 拟合实现，ARCH 效应的检验结果如表 4.2 所示。实证结果表明：其一，工商银行上交所证券收益率的变动相对香港市场较为平缓且存在聚集现象；其二，无论是否考虑外生因素，如恒生指数和上证综指的影响，工商银行上交所 A 股收益率序列不存在异方差效应，而港交所的工商银行 H 股收益率却存在着异方差效应，这或许是由于工商银行在两市的交易和监管差异所致，如上交所工商银行 A 股为所谓的大盘股，其所占市场指数的比重过大。

表 4.1　　ARCH 效应 Ljung-Box-Q 检验实证：工商银行 ICBC

```
library(zoo)#基础数据包
library(stats)#基础统计包
library(tseries)#时间序列包
load("FiEsen.Rdata")#财经数据集
x<- window(icbc.r,start="2019-07-04",end="2020-06-29")
fit<- arima0(ts(x$sse.icbc),order=c(3,0,2))#ARMA 模型拟合
res2<- zoo(fit$resid^2);Box.test(res2,type="Ljung-Box-Q",lag=20,fitdf=5)
fit<- arima0(ts(x$hkex.icbc),order=c(3,0,2))#ARMA 模型拟合
res2<- zoo(fit$resid^2);index(res2)<- index(x)
```

续表

```
Box.test(res2,type="Ljung-Box-Q",lag=20,fitdf=5)
fit<- lm(x$sse.icbc[1:(length(x$sse.icbc)-1)]~ #线性拟合
        lag(x$sse.icbc)+lag(x$hkex.hsi)+lag(x$sse.ci)) #市场指数
res2<- zoo(fit$resid²);Box.test(res2,type="Ljung-Box-Q",lag=20)
fit<- lm(x$hkex.hsi[1:(length(x$hkex.hsi)-1)]~ #线性拟合
        lag(x$hkex.icbc)+lag(x$hkex.hsi)+lag(x$sse.ci)) #市场指数
res2<- zoo(fit$resid²);Box.test(res2,type="Ljung-Box-Q",lag=20)
```

表 4.2　　ARCH 效应 Ljung-Box-Q 检验:工商银行 ICBC

ARMA 拟合:Box-Ljung-Q 检验	
SSE A 股	$\chi^2=8.616\ 1$,df=15,p-value=0.896 7
HKEX H 股	$\chi^2=50.702$,df=15,p-value=9.242e-06
带外生变量的线性拟合:Box-Ljung-Q 检验	
SSE A 股	$\chi^2=6.895\ 4$,df=15,p-value=0.960 5
HKEX H 股	$\chi^2=110.85$,df=15,p-value<2.2e-16

第三节　自回归条件异方差波动模型

由于诸如观测样本的个体形态差异、时间演绎多变、内生变量存在、解释变量遗漏、变量测量误差或模型选择错误等主观或客观因素而导致高斯马尔可夫假设的条件同方差不成立,从而导致线性模型的参数估计或假设检验出现偏差或错误。经济计量多侧重于消除方差不同的影响,怀特检验或稳健估计或可行的广义最小二乘估计,而金融计量学则更多的是探索刻画条件方差变化的规律及其表达式。其中,自回归条件异方差 ARCH 模型最为重要和广泛的波动模型(Engle,1982),它是美国经济学家恩格尔教授经典研究成就。[①]

4.3.1　均值方差分解范式

序列 y_t 的均值方差分解范式:

① 关于自回归条件异方差及金融波动理论及应用研究,参见恩格尔教授主页:http://www.stern.nyu.edu/rengle。

$$y_t = g(\mathbb{F}_{t-1}) + \sqrt{h(\mathbb{F}_{t-1})}\epsilon_t \tag{4.17}$$

从而，序列的条件均值方程和条件方差方程：

$$\begin{cases} \mu_t &= E[y_t \mid \mathbb{F}_{t-1}] = g(\mathbb{F}_{t-1}) \\ \sigma_t^2 &= D[y_t \mid \mathbb{F}_{t-1}] = h(\mathbb{F}_{t-1}) > 0 \end{cases} \tag{4.18}$$

其中，均值函数 $g(\cdot)$和方差函数 $h(\cdot)$的形式是常数的、线性的或非线性的，称联合方程组为序列的波动模型。

事实上，就收益率而言，条件均值为资产收益率的平均变化，条件方差则刻画收益率的方差变化，二者由诸多外生或内生因素影响；若条件方差表达式为非常数时，则称此条件方差为资产的波动①，即收益率的置信区间随时间而变化。

4.3.2　自回归条件异方差模型：ARCH

经济计量侧重于消除条件异方差效应以确保估计无偏或一致和检验可靠，而金融计量学则重于刻画条件异方差的表达式及其相互关系。经典和直观的条件异方差的表达式为残差平方线性组合，即自回归条件异方差 ARCH 模型(Engle，1982)：

$$\begin{cases} y_t &= \mu_t + u_t \\ u_t &= \sigma_t \epsilon_t, \epsilon_t \sim \mathrm{WN}(0,1) \\ \sigma_t^2 &= \beta_0 + \beta_1 u_{t-1}^2 + \beta_2 u_{t-2}^2 + \cdots + \beta_q u_{t-q}^2, q \geqslant 1 \end{cases} \tag{4.19}$$

其中，各方程依次称为均值方程、恒等式和方差方程，以此联立刻画条件异方差的回归模型称为自回归条件异方差 ARCH 模型；恒等式中，白噪声 ϵ_t 设定等价于拟合残差或新息 u_t 序列为独立的，但因非同方差而致使非同分布。

在 ARCH 模型中，均值方程表达式均值 $\mu_t = \sum_{i=1}^{k} \pi_i x_{i,t}$，$x_{i,t}$ 为外生或内生变量序列；随机扰动项或称误差项 u_t，与解释变量 x_t 线性无关，且条件均值为零，其平方序列为平稳的(或平方可积的)；恒等式中，随机项 ϵ_t 为零均值单位方差的白噪声且独立于均值方程中的随机扰动项 u_t 的历史，二者关系由条件异方差的平方根数乘所关联，即二者分布同族的；方差方程表达条件异方差为随机扰动项滞后平方的累计和，其参数至少满足条件 $c>0$ 及 $\alpha_i \geqslant 0, i=1,\cdots,q$。

---

① 金融计量学称为波动或波动率，与价格、收益率并列成为金融资产的三大属性，而非经济计量学的条件异方差。

特别地，1 阶 ARCH 模型，残差平方 u_t^2 及波动 σ_t^2 表达为：

$$\begin{aligned} u_t^2 &= \epsilon_t^2 \sigma_t^2 \\ &= \epsilon_t^2(\beta_0 + \beta_1 u_{t-1}^2) \\ &= \epsilon_t^2(\beta_0 + \beta_1 \epsilon_{t-1}^2 \sigma_{t-1}^2) \\ &= \epsilon_t^2(\beta_0 + \beta_1 \epsilon_{t-1}^2 \epsilon_{t-1}^2 (\beta_0 + \beta_1 u_{t-2}^2)) \\ &\vdots \\ &= \beta_0 \sum_{\ell=0}^{n} \beta_1^{\ell} \prod_{\kappa=0}^{\ell} \epsilon_{t-\kappa}^2 + \beta_1^n \prod_{n}^{\ell=0} \epsilon_{t-\ell}^2 \\ &\approx \beta_0 \sum_{\ell=0}^{\infty} \beta_1^{\ell} \epsilon_t^2,\ |\ \alpha_1\ | < 1 \end{aligned}$$

由此可见，随机扰动的平方为白噪声平方的线性加权和；或简单地说，条件异方差为白噪声平方的线性组合。

需要说明的是，实证计量研究中均值方程的均值项 μ_t 依赖于资产的交易市场、企业财务或经济环境；方差方程的条件异方差处理随机扰动项 u_t^2 的条件异方差效应和条件异方差 σ_t^2 的自回归效应，以刻画资产收益率分布的尖峰厚尾和非对称性、价格波动的聚集效应及杠杆效应。

4.3.2.1　自回归条件异方差 ARCH 模型统计性质

ARCH 模型方差方程 Z 变换为：

$$Z[\sigma_t^2] = \sum_{j=1}^{q} \beta_j z^{-j} Z[u_t^2] \tag{4.20}$$

由此可见，条件异方差的分布形态、均值常数和位序相关依赖于 Z 多项式 $\sum_{j=1}^{q} \beta_j z^{-j}$ 的特征根分布。同时，ARCH 模型的恒等式方程的白噪声 ϵ_t 概率分布决定均值方程的序列 y_t 和条件异方差序列 σ_t^2 的概率分布。

具体地，1 阶 ARCH 模型统计性质分述如下：

其一，由于条件异方差与随机扰动项平方的滞后项成正比 $\alpha_i \geqslant 0$，所以刻画资产收益率的条件异方差的聚集效应。

其二，由于白噪声 ϵ_t 零均值假设，随机扰动项的均值也是零且序列 y_t 均值是无偏的：

$$\begin{cases} E[u_t \mid \mathbb{F}_{t-1}] & = E[\sigma_t \epsilon_t \mid \mathbb{F}_{t-1}] = \sigma_t E[\epsilon_t] = 0 \\ E[u_t] & = E[\sigma_t (E[\epsilon_t])] = E[\sigma_t 0] = 0 \\ E[y_t \mid \mathbb{F}_{t-1}] & = E[\mu_t \mid \mathbb{F}_{t-1}] + E[u_t \mid \mathbb{F}_{t-1}] = \mu_t \end{cases}$$

其三，由于白噪声 ϵ_t 零均值单位方差且独立假设，随机扰动项的方差为常数，

但需满足 $\beta_1<1$：

$$\begin{cases}D[u_t\mid\mathbb{F}_{t-1}] & =E[u_t^2\mid\mathbb{F}_{t-1}]-(E[u_t\mid\mathbb{F}_{t-1}])^2\\ & =E[u_t^2\mid\mathbb{F}_{t-1}]=E[\sigma_t^2\epsilon_t^2\mid\mathbb{F}_{t-1}]\\ & =E[\sigma_t^2\mid\mathbb{F}_{t-1}]E[\epsilon_t^2\mid\mathbb{F}_{t-1}]=\beta_0+\beta_1u_{t-1}^2\\ D[u_t] & =E[c+\alpha_1u_{t-1}^2]=\beta_0+\beta_1E[u_{t-1}^2]=\beta_0+\beta_1D[u_{t-1}]\\ D[y_t\mid\mathbb{F}_{t-1}] & =D[u_t]=\sigma_t^2=\beta_0+\beta_1\sigma_{t-1}^2\end{cases}$$

其四，由于白噪声 ϵ_t 零均值单位方差的正态分布，所以随机扰动项分布的偏度总是零，无法捕捉收益率分布非对称的偏度现象，除非使用有偏的白噪声：

$$\begin{cases}m_3 & =E[u_t^3]=E[E[u_t^3\mid\mathbb{F}_{t-1}]]=E[\sigma_t^3r\epsilon_t^3\mid\mathbb{F}_{t-1}]\\ & =E[\sigma_t^3\mid\mathbb{F}_{t-1}]E[\epsilon_t^3\mid\mathbb{F}_{t-1}]=0\\ S & =\dfrac{E[u_t^3]}{(\sqrt{D[u_t]})^3}=0\end{cases}$$

其五，由于白噪声 ϵ_t 零均值单位方差的正态分布假设，所以随机扰动项分布的峰度大于 3，可以刻画收益率分布聚集其均值主峰的程度：

$$\begin{cases}m_4 & =E[u_t^4]=E[E[u_t^4\mid\mathbb{F}_{t-1}]]=E[\sigma_t^4\epsilon_t^4\mid\mathbb{F}_{t-1}]\\ & =3E[u_t^2\mid\mathbb{F}_{t-1}]^2=3(c+\beta_1u_{t-1}^2)^2\\ & =3E[\beta_0^2+2\beta_0\beta_1u_{t-1}^2+\beta_1^2u_{t-1}^4]\\ K & =\dfrac{E[u_t^4]}{(\sqrt{D[u_t]})^4}=3\,\dfrac{1-\beta_1^2}{1-3\beta_1^2}>3\end{cases}$$

其六，由于白噪声 ϵ_t 零均值的独立假设，所以随机扰动项序列不存在位序相关：

$$\begin{cases}\mathrm{Cov}[u_t,u_{t-\ell}\mid\mathbb{F}_{t-1}] & =E[u_tu_{t-\ell}\mid\mathbb{F}_{t-1}]-E[u_t\mid\mathbb{F}_{t-1}]E[u_{t-\ell}\mid\mathbb{F}_{t-1}],\ell>0\\ & =E[u_tu_{t-\ell}\mid\mathbb{F}_{t-1}]=u_{t-\ell}E[u_t\mid\mathbb{F}_{t-1}]\\ & -u_{t-\ell}E[\sigma_tu_t\mid\mathbb{F}_{t-1}]=u_{t-\ell}\sigma_tu_t\\ \mathrm{Cov}[u_t,u_{t-\ell}] & =E[u_{t-\ell}E[\sigma_t\epsilon_t\mid\mathbb{F}_{t-1}]]=E[u_{t-\ell}\sigma_t\epsilon_t]=0\end{cases}$$

需要说明的是，随机扰动项序列 u_t 不存在相关性，仅当正态分布时是独立的，但非同分布的；随机扰动序列 u_t 在给定条件异方差 σ_t^2 条件下是条件独立的，但非独立的。

其七，由于白噪声 ϵ_t 零均值及独立假设，所以随机扰动项平方的协方差有简单的递推形式：

$$\begin{cases} E[u_t^2 u_{t-\ell}^2] & = E[E[u_{t-\ell}^2 \mid \mathbb{F}_{t-1}]], \ell > 0 \\ & = E[u_{t-\ell}^2 E[u_t^2 \mid \mathbb{F}_{t-1}]] \\ & = E[u_{t-\ell}^2 E[\sigma_t^2 \epsilon_t^2 \mid \mathbb{F}_{t-1}]] \\ & = E[u_{t-\ell}^2 (\beta_0 + \beta_1 u_{t-1}^2)] = \beta_0 E[u_{t-\ell}^2] + \alpha_1 E[u_{t-1}^2 u_{t-\ell}^2] \\ \rho(\ell) & = \dfrac{\mathrm{Cov}[u_t^2, u_{t-\ell}^2]}{\sqrt{D[u_t^2] D[u_{t-\ell}^2]}} = \dfrac{E[u_t^2 u_{t-\ell}^2] - E[u_t^2] E[u_{t-\ell}^2]}{\sqrt{D[u_t^2] D[u_{t-\ell}^2]}} \\ & = \cdots = \beta_1^\ell \end{cases}$$

其八，方差方程的递推使得条件异方差前向预测表达式：

$$\begin{cases} \sigma_h^2(\ell) & = \beta_0 + \beta_1 \sigma_h^2(\ell - 1), \ell > 0 \\ \sigma_h^2(\infty) & \sim \dfrac{\beta_0}{1 - \beta_1} \end{cases}$$

上述统计性质虽然表明自回归条件异方差模型可刻画资产收益率的尖峰现象，但是由于模型核心建立在恒等方程式的波动数乘因子及方差方程的随机扰动项平方累计和的基础之上，致使自回归条件异方差 ARCH 模型存在如下劣势：其一，无法刻画收益率分布的偏离其均值的程度；其二，方差方程仅有随机扰动项序列的平方项，无法刻画价格或收益率的冲击因素的非对称效应，即残差或新息序列的正负效应；其三，扰动项的方差、峰度以及其自相关函数对模型参数过于敏感，估计稍许偏差会导致模型不稳定。

4.3.2.2 ARCH 模型参数估计

实证研究首先要估计自回归条件异方差 ARCH 模型的阶数、均值方程系数和方差方程系数。

首先，通过均值方程线性回归拟合的残差平方和序列拟合值：

$$\begin{cases} \hat{u}_t^2 & \equiv (y_t - \hat{y}_t)^2 = (y_t - \sum_{i=1}^{k} \hat{\pi}_i x_{i,t})^2 \\ \hat{u}_t^2 & = \beta_0 + \sum_{i=1}^{q} \beta_i \hat{u}_t^2 + \eta_t \\ \eta_t & \triangleq (u_t^2 - \sigma_t^2) \end{cases}$$

偏自相关函数 PACF 确定自回归条件异方差的阶数。其次，估计均值方程和方差方程的未知参数 π_i 和 β_i，利用恒等式方程 $\hat{u}_t = \hat{\sigma}_t \epsilon_t$ 中白噪声序列 ϵ_t 概率分布假设和均值方程的线性拟合残差序列 $\hat{u}_t$ 生成其似然函数

$$L(\hat{u}_1, \hat{u}_2, \cdots, \hat{u}_N) = f_u(\hat{u}_1, \hat{u}_2, \cdots, \hat{u}_N \mid \pi_i, \beta_j) = \prod_{t=q+1}^{N} f_u(\hat{u}_t \mid \pi_i, \beta_j) \quad (4.21)$$

并使用极大似然 MLE 估计。最后，ARCH 模型参数估计之后就可以通过拟合残差构造检验统计量进行假设检验、模型检验及前向预测。

实例 4.3.1 ACRH 效应检验实证：万科地产 VANKE

万科地产三十多年的发展历程可谓波澜惊涛[①]，折射出改革开放四十年的风雨历程。实证样本时段为 2019 年 8 月 16 日至 2020 年 8 月 13 日，其间发生重大事件：2019 年 8 月 15 日除权派息、2020 年 3 月 31 日重要股东增持和 2020 年 8 月 14 日除权派息。实证检验代码见表 4.3；实证检验结果见表 4.4。实证结果显示，无论是模型拟合系数还是模型拟合残差或残差平方的偏度和峰度，都表明港交所万科地产较深交所存在的尖峰厚尾现象和异方差效应，显示证券价格跌幅动荡。

表 4.3 ARCH 效应 Ljung-Box-Q 检验实证：万科地产 VANKE

```
library(zoo)#基础数据包
library(stats)#基础统计包
library(tseries)#时间序列包
load("FiEsen.Rdata")#财经数据集
y<- window(vanke.p,start="2019-08-16",end="2020-08-13")
x<- window(vanke.r,start="2019-08-16",end="2020-08-13")
fit<- garch(ts(x$szse.vanke),order=c(0,3))
res2<- zoo(fit$resid^2);index(res2)<- index(x$szse.vanke)
plot.zoo(res2,xlab="",ylab="");summary(fit)
fit<- garch(ts(x$hkex.vanke),order=c(0,3))
res2<- zoo(fit$resid^2);index(res2)<- index(x$hkex.vanke)
plot.zoo(res2,xlab="",ylab="");summary(fit)
```

表 4.4 ARCH 效应 Ljung-Box-Q 检验检验：万科地产 VANKE

SZSE A 股				
	Estimate	Std. Error	t value	p-value
a0	2.889 41	0.189 22	15.270	<2e-16
a1	0.017 37	0.040 66	0.427	0.669 1

① 见新浪财经报道：http://finance.sina.com.cn/focus/wankeyubaoneng。

续表

a2	0.098 88	0.050 65	1.952	0.050 9
a3	0.108 82	0.045 62	2.385	0.017 1
Residuals Skewness=0.093,Kurtosis=3.413 Jarque Bera Test,p-value<2.2e-16				
Residuals^2 Skewness=5.962,Kurtosis=47.921 Box-Ljung-Q test,p-value=0.911				
HKEX H股				
	Coef	Std.Err	t value	p-value
a0	2.745 06	0.245 98	11.160	<2e-16
a1	0.017 62	0.065 90	0.267	0.789
a2	0.265 54	0.056 38	4.709	2.48e-06
a3	0.062 22	0.064 35	0.967	0.334
Residuals Skewness=0.034,Kurtosis=1.581 Jarque Bera Test,p-value=1.169e-06				
Residuals^2 Skewness=1.581,Kurtosis=37.137 Box-Ljung-Q test,p-value=0.900 6				

4.3.3 广义条件自回归异方差模型:GARCH

自回归条件异方差 ARCH 模型仅用到残差或新息平方的异方差效应,无法刻画波动 σ_t^2 的聚集现象、相关结构或杠杆效应。因此,需要变换方差方程表达式使其包含方差 σ_t^2 的历史信息,即波动自身具有相关结构,构造广义自回归条件异方差 GARCH 模型:

$$\begin{cases} y_t & =\mu_t + u_t \\ u_t & =\sigma_t \epsilon_t, \epsilon_t \sim \mathrm{WN}(0,1) \\ \sigma_t^2 & =c + \sum_{i=1}^{p} \alpha_i u_{t-i}^2 + \sum_{j=1}^{q} \beta_j \sigma_{t-j}^2 \end{cases} \tag{4.22}$$

其中,条件自回归模型的联立方程由均值方程、恒等式和方差方程组成。在均值方程中,μ_t 为均值项,x_t 为外生或内生解释变量,而 u_t 为线性模型的随机扰动项(或误差项),与解释变量 x_t 无关,其条件均值为零,其平方为平稳的;在恒等式中,随机项 ϵ_t 为零均值单位方差的白噪声且独立于均值方程中的随机扰动项$\{u_{t-\ell} \mid \forall \ell > 0\}$的历史,与条件异方差的平方根为数乘关系,即二者分布同族的;在方差方程中,条件异方差滞后的累计及随机扰动项平方滞后的累计和,其系数至少满足约束 $c>0$、$\alpha_i \geqslant 0$ 以及 $\beta_j \geqslant 0$ 满足平稳 $\sum_{\ell=1}^{\max\{p,q\}}(\alpha_\ell + \beta_\ell) < 1$;方差方程系数分别为条件异方差效应和条件异方差偏自相关:

$$\begin{cases}\alpha_i & =\dfrac{\partial\sigma_t^2}{\partial u_{t-i}^2}\\ \beta_j & =\dfrac{\partial\sigma_t^2}{\partial\sigma_{t-i}^2}\end{cases}\tag{4.23}$$

简单地认为 GARCH 模型可以看作自回归滑动平均 ARMA 模型的扩展：

$$\begin{cases}y_t & =\mu_t+u_t\\ u_t & =\sigma_t\epsilon_t\\ \eta_t & =u_t^2-\sigma_t^2\\ u_t^2 & =c+\sum\limits_{i=1}^{\max\{p,q\}}(\alpha_i+\beta_i)u_{t-i}^2+\eta_t-\sum\limits_{j=1}^{p}\beta_j\eta_{t-j}\end{cases}\tag{4.24}$$

其中，随机扰动项平方与条件异方差的差异序列 η_t 具有零均值和条件位序不相关性质。因此，广义自回归条件异方差 GARCH 模型的统计性质近似于随机扰动项平方的线性自回归滑动平均 ARMA 模型(Bollerslev，1986)。

4.3.3.1　广义自回归条件异方差 GARCH 模型统计性质

广义自回归条件异方差 GARCH 模型的方差方程 Z 变换：

$$Z[\sigma_t^2]=\sum_{i=1}^{p}\beta_j z^{-j}Z[u_t^2]+\sum_{i=1}^{q}\beta_i z^{-i}Z[\sigma_t^2]\tag{4.25}$$

或等价于

$$Z[\sigma_t^2]=\frac{1}{1-\sum\limits_{i=1}^{p}\beta_i z^{-1}}+\frac{\sum\limits_{i=1}^{q}\alpha_i z^{-1}}{1-\sum\limits_{i=1}^{p}\beta_i z^{-1}}=\frac{1}{1-\sum\limits_{i=1}^{p}\beta_i z^{-1}}+\sum_{j=1}^{\infty}\gamma_j z^{-1}Z[u_t^2]\tag{4.26}$$

其中，$\gamma(z)$为有理函数$\dfrac{\alpha(z)}{1-\beta(z)}$的 Z 多项式展开，其系数 γ_j 为 Z 多项式系数。

上述 Z 变换表达式表明：其一，条件异方差为随机扰动平方的有限或无限项之累计和；其二，条件异方差的分布形态、均值常数和位序相关依赖于 Z 多项式的零极点分布；其三，相对 ARCH 模型而言，广义条件异方差具有较长的记忆效应；其四，GARCH 模型的恒等式方程的白噪声 ϵ_t 概率分布决定均值方程的序列 y_t 和条件异方差序列 σ_t^2 的概率分布。

具体地，GARCH(1，1)模型统计性质如下：

其一，由于条件异方差不仅与随机扰动项平方的滞后项成正比，而且与其滞后项成正比 $\alpha_i\geqslant 0$ 和 $\beta_j\geqslant 0$，所以刻画收益率序列的条件异方差的聚集效应。

其二，由于白噪声 ϵ_t 零均值假设，所以随机扰动项的均值也是零且序列 y_t 均值是无偏的：

$$\begin{cases} E[u_t \mid \mathbb{F}_{t-1}] & = E[\sigma_t \mathbb{F}_t \mid \mathbb{F}_{t-1}] = \sigma_t E[\epsilon_t] = 0 \\ E[u_t] & = E[\sigma_t (E[\epsilon_t])] = E[\sigma_t 0] = 0 \\ E[y_t \mid \mathbb{F}_{t-1}] & = E[\mu_t \mid \mathbb{F}_{t-1}] + E[u_t \mid \mathbb{F}_{t-1}] = \mu_t \end{cases}$$

其三，由于白噪声 ϵ_t 零均值单位方差，所以随机扰动项的无条件方差为常数时仅当模型参数满足稳定条件 $\alpha_1 + \beta_1 < 1$：

$$\begin{cases} D[u_t \mid \mathbb{F}_{t-1}] & = E[u_t^2 \mid \mathbb{F}_{t-1}] - (E[u_t \mid \mathbb{F}_{t-1}])^2 \\ & = E[u_t^2 \mid \mathbb{F}_{t-1}] = E[\sigma_t^2 \epsilon_t^2 \mid \mathbb{F}_{t-1}] \\ & = E[\sigma_t^2 \mid \mathbb{F}_{t-1}] E[\epsilon_t^2 \mid \mathbb{F}_{t-1}] = c + \alpha_1 u_{t-1}^2 + \beta_1 \sigma_{t-1}^2 \\ D[u_t] & = E[c + \alpha_1 u_{t-1}^2 + \beta_1 \sigma_{t-1}^2] \\ & = c + \alpha_1 E[u_{t-1}^2] + \beta_1 E[\sigma_{t-1}^2] = c + \alpha_1 E[u_{t-1}^2] + \beta_1 D[u_{t-1}] \\ D[y_t \mid \mathbb{F}_{t-1}] & = \sigma_t^2 = c + \alpha_1 u_{t-1}^2 + \beta_1 \sigma_{t-1}^2 \end{cases}$$

其四，由于白噪声 ϵ_t 零均值单位方差的正态分布，所以随机扰动项分布的偏度总是零，依然无法捕捉资产收益率分布的均值非对称的偏离程度，除非使用有偏的白噪声：

$$\begin{cases} m_3 & = E[u_t^3] = E[E[u_t^3 \mid \mathbb{F}_{t-1}]] = E[\sigma_t^3 \epsilon_t^3 \mid \mathbb{F}_{t-1}] \\ & = E[\sigma_t^3 \mid \mathbb{F}_{t-1}] E[\epsilon_t^3 \mid \mathbb{F}_{t-1}] = 0 \\ S & = \dfrac{E[u_t^3]}{(\sqrt{D[u_t]})^3} = 0 \end{cases}$$

其五，由于白噪声 ϵ_t 零均值单位方差的正态分布假设，所以当 $\alpha_1 > 0$ 时，随机扰动项分布的峰度大于 3，可以捕捉收益率分布聚集其均值主峰的程度：

$$\begin{cases} m_4 & = E[u_t^4] = E[E[u_t^4 \mid \mathbb{F}_{t-1}]] = E[\sigma_t^4 \epsilon_t^4 \mid \mathbb{F}_{t-1}] \\ & = 3E[u_t^2 \mid \mathbb{F}_{t-1}]^2 = 3E[(c + \alpha_1 u_{t-1}^2 + \beta_1 \sigma_{t-1}^2)^2 \mid \mathbb{F}_{t-1}] \\ & = 3E[c^2 + \alpha_1^2 u_{t-1}^4 + 2\alpha_1 u_{t-1}^2 + 2\beta_1 \sigma_{t-1}^2 + 2\alpha_1 \beta_1 u_{t-1}^2 \sigma_{t-1}^2 + \beta_1^2 \sigma_{t-1}^4] \\ K & = \dfrac{E[u_t^4]}{(\sqrt{D[u_t]})^4} = 3\, \dfrac{1 - (\alpha_1 + \beta_1)^2}{1 - (\alpha_1 + \beta_1)^2 - 2\beta_1^2} > 3 \end{cases}$$

其六，由于白噪声 ϵ_t 零均值假设，所以随机扰动项序列不存在位序相关，即时间序列无位序相关：

$$\begin{cases} \mathrm{Cov}[u_t, u_{t-\ell} \mid \mathbb{F}_{t-1}] & = E[u_t u_{t-\ell} \mid \mathbb{F}_{t-1}] - E[u_t \mid \mathbb{F}_{t-1}] E[u_{t-\ell} \mid \mathbb{F}_{t-1}] \\ & = E[u_t u_{t-\ell} \mid \mathbb{F}_{t-1}] = u_{t-\ell} E[u_t \mid \mathbb{F}_{t-1}] \\ & = u_{t-\ell} E[\sigma_t u_t \mid \mathbb{F}_{t-1}] = u_{t-\ell} \sigma_t u_t \\ \mathrm{Cov}[u_t, u_{t-\ell}] & = E[u_{t-\ell} E[\sigma_t \epsilon_t \mid \mathbb{F}_{t-1}]] = E[u_{t-\ell} \sigma_t \epsilon_t] = 0 \end{cases}$$

需要说明的是，随机扰动项序列 u_t 不存在相关性，仅当正态白噪声时为独立的，但非同分布的，方差并非常数的；随机扰动序列 u_t 在给定条件异方差 σ_t^2 条件下是条件独立的，但非独立的。

其七，由于白噪声 ϵ_t 零均值及独立假设，所以随机扰动项平方的协方差有简单的递推形式：

$$\begin{cases} E[u_t^2 u_{t-\ell}^2] & = E[E[u_{t-\ell}^2 \mid \mathbb{F}_{t-1}]], \ell > 0 \\ & = E[u_{t-\ell}^2 E[u_t^2 \mid \mathbb{F}_{t-1}]] \\ & = E[u_{t-\ell}^2 E[\sigma_t^2 \epsilon_t^2 \mid \mathbb{F}_{t-1}]] \\ & = E[u_{t-\ell}^2 (c + \alpha_1 u_{t-1}^2 + \beta_1 \sigma_{t-1}^2)] \\ & = cE[u_{t-\ell}^2] + \alpha_1 E[u_{t-\ell}^2 u_{t-1}^2] + \beta_1 E[u_{t-\ell}^2 \sigma_{t-1}^2] \\ \rho(\ell) & = \dfrac{\mathrm{Cov}[u_t^2, u_{t-\ell}^2]}{\sqrt{D[u_t^2] D[u_{t-\ell}^2]}} \\ & = \dfrac{E[u_t^2 u_{t-\ell}^2] - E[u_t^2] E[u_{t-\ell}^2]}{\sqrt{D[u_t^2] D[u_{t-\ell}^2]}} = \cdots \\ & = (\alpha_1 + \beta_1)^\ell \to 0, \text{若} \mid \alpha_1 + \beta_1 \mid < 1 \end{cases}$$

其八，条件异方差前向预测表达式及其渐进性：

$$\begin{cases} \sigma_h^2(\ell) & = c \dfrac{1 - (\alpha_1 + \beta_1)^{\ell-1}}{1 - (\alpha_1 + \beta_1)} + (\alpha_1 + \beta_1)^{\ell-1} \sigma_h^2(1), \ell > 0 \\ \sigma_h^2(\infty) & \sim \dfrac{c}{1 - (\alpha_1 + \beta_1)} \end{cases}$$

4.3.3.2　GARCH 模型参数估计

由广义自回归条件异方差 GARCH 模型的联立方程(4.22)注意到三个事实：其一，观测事件序列 y_t 条件分布与随机扰动项 u_t 分布条件为同样且条件方差相等；其二，恒等式方程中随机扰动项 ϵ_t 独立于均值方程的随机扰动项 u_t 的历史且为白噪声序列，候选的白噪声分布有：标准正态分布、均值方差正态分布、偏度正态分布、标准学生分布、偏度学生分布、逆正态分布、广义误差分布、偏度广义误差分布等(Bollerslev & Wooldridge, 1992)；其三，方差中不仅包括随机扰动项，而且包括条件异方差。

因此，无法应用经典的普通最小二乘 OLS 估计模型参数，估计广义自回归条件异方差 GARCH 模型要应用到极大似然 MLE 估计方法和马尔可夫链蒙特卡罗模拟 MCMC 方法。具体地，GARCH 模型参数估计过程如下。首先，均值方程的线性模型在条件零均值假设估计拟合残差 $\hat{u}_t$；其次，把观测到的残差平方作为波动 σ_t^2 的表达式；最后，利用极大似然 MLE 估计未知参数的数值抽样。①

① R 应用包 tseries 使用条件正态分布的极大似然 MLE 估计，而 fGARCH 应用包则提供多样本条件分布的选择。具体应用参见 R 应用包联机文档。

实例 4.3.2　GARCH 模型波动实证:IT 产业公司股票

信息产业是最重要的国民经济支柱产业。实证检验 IT 产业公司股票 GARCH 波动效应;取样期间自 2014 年 9 月 19 日至 2021 年 5 月 5 日;信息产业公司股票的价格见图 4.2;GARCH 模型波动分析实证代码见表 4.5;公司证券收益率统计描述见表 4.6。由收益率统计结果看,收益最好的股票为:纳斯达克的亚马逊(nasdaq.amazon)201.03%和谷歌(nasdaq.google)143.16%、香港的腾讯(hkex.tencent)135.27%和纽市的阿里巴巴(nyse.alibaba)100.18%;而收益最差的是香港的联想(hkex.legend)－115.95%和纳市的新浪(nasdaq.sina)－8.08%。依标准差,偏差较大的股票为:纳市的百度(nasdaq.baidu)2.54%、新浪(nasdaq.sina)2.53%和谷歌(nasdaq.google)1.70%。依峰度,偏离均值较远的股票为:纽市的IBM(nyse.ibm)10.57,纳市的谷歌(nasdaq.google)9.21 和新浪(nasdaq.sina)7.67;而偏离最小为香港的腾讯(hkex.tencent)2.12。由此可见,纳市的谷歌(nasdaq.google)和亚马逊(nasdaq.amazon),香港的腾讯(hkex.tencent)和阿里巴巴(nyse.alibaba)股票收益表现最好;无论是蓝色巨人 IBM(nyse.ibm),还是信息产业新贵谷歌(nasdaq.google)、香港的联想(hkex.legend)和纳市的新浪(nasdaq.sina),它们的股票收益率都远远偏离其日均收益。由收益率 GARCH 模型参数估计见表 4.7 所示,可以看到谷歌、百度和阿里巴巴的股票日收益率的异方差效应显著地存在;波动方程常数项的估计值,置信度 95%表明谷歌波动的常系数存在,而百度和阿里巴巴的波动则没有。

表 4.5　　GARCH 模型波动实证:IT 产业公司股票

```
library(zoo)#基础数据包
library(stats)#基础统计包
library(fBasics)#基础金融包
library(fGarch)#基础 GARCH 包
load("FiEsen.Rdata")#财经数据集
y<- window(ITs.p,start="2014-09-19",end="2021-05-05")
x<- window(ITs.r,start="2014-09-19",end="2021-05-05")
basicStats(x)#统计描述
#GARCH 拟合选项条件分布选取有偏学生分布
fit<- garchFit(nyse.alibaba arma(1,0)+garch(1,1),data=x,cond.dist=c("sstd"))
plot.zoo(zoo(fit@h.t,index<- index(x)),main="",xlab="")
summary(fit)#其他企业股票波动分析与 nyse.alibaba 相同,代码从略
```

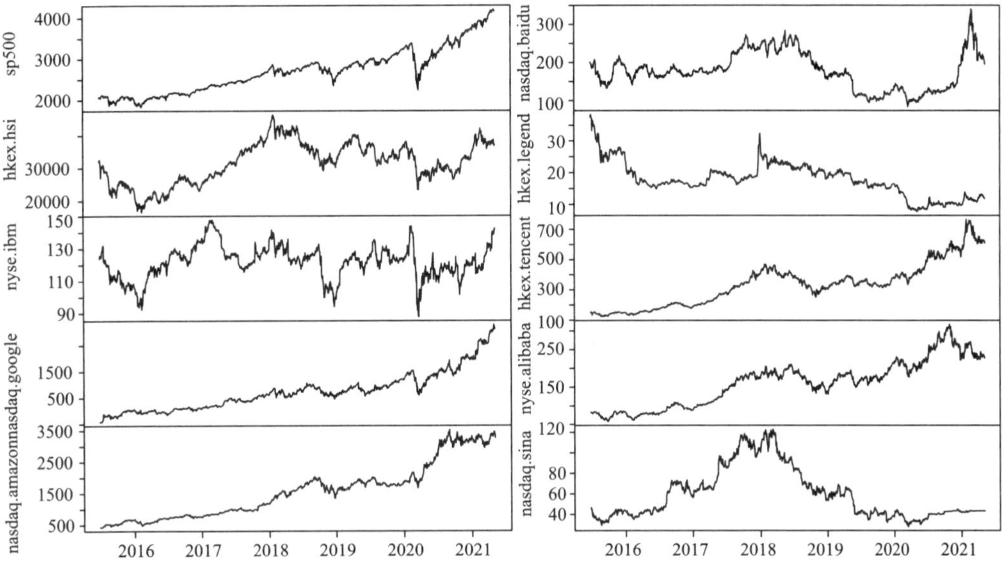

图 4.2 IT 产业公司股票价格

表 4.6 股票收益率统计描述:IT 产业公司股票

	sp500	hsi	ibm	google	amazon	baidu	hkex.legend	hkex.tencent	nyse.alibaba	sina
Minimum	−12.765	−6.018	−13.754	−12.368	−8.253	−18.055	−20.145	−7.683	−14.320	−20.758
Maximum	8.968	4.925	10.707	15.065	12.413	14.467	15.822	10.370	12.490	16.423
1.Quartile	−0.302	−0.571	−0.616	−0.578	−0.701	−1.188	−1.162	−0.924	−1.073	−1.101
3.Quartile	0.525	0.622	0.704	0.900	1.049	1.172	0.927	1.144	1.250	1.092
Mean	0.045	0.005	0.008	0.095	0.133	−0.003	−0.077	0.090	0.066	−0.005
Median	0.054	0.015	0.034	0.098	0.130	0.000	0.000	0.000	0.023	0.000
Sum	68.469	6.746	11.805	143.160	201.026	−3.875	−115.947	135.271	100.177	−8.077
SE Mean	0.031	0.030	0.042	0.044	0.049	0.065	0.059	0.050	0.055	0.065
LCL Mean	−0.014	−0.055	−0.074	0.009	0.038	−0.131	−0.192	−0.008	−0.041	−0.133
UCL Mean	0.105	0.064	0.089	0.181	0.228	0.126	0.0383	0.188	0.174	0.122
Variance	1.340	1.381	2.594	2.906	3.547	6.459	5.197	3.748	4.524	6.388
Stdev	1.183	1.175	1.611	1.705	1.883	2.541	2.290	1.936	2.127	2.527
Skewness	−1.063	−0.426	−0.754	0.161	0.165	−0.143	0.052	0.033	−0.116	−0.208
Kurtosis	20.789	2.535	10.565	9.209	4.515	7.468	8.312	2.122	3.210	7.666

表 4.7　　GARCH 模型波动检验：谷歌、百度、阿里巴巴

NASDAQ.GOOGLE				
	Estimate	Std.Error	t value	p-value)
mu	0.112 75	0.034 22	3.295	0.000 983
ar1	−0.007 21	0.023 99	−0.301	0.763 743
omega	0.059 40	0.027 98	2.123	0.033 778
alpha1	0.092 68	0.024 29	3.816	0.000 136
beta1	0.902 41	0.023 22	38.869	<2e-16
skew	0.959 90	0.031 16	30.802	<2e-16
shape	3.346 82	0.333 20	10.045	<2e-16
logL−2 647.095 AIC 3.520 019				

NASDAQ.BAIDU				
	Estimate	Std. Error	t value	p-value
mu	0.025 698	0.054 663	0.470	0.638 269
ar1	0.003 898	0.023 874	0.163	0.870 291
omega	0.022 013	0.020 923	1.052	0.292 760
alpha1	0.032 354	0.009 060	3.571	0.000 355
beta1	0.968 473	0.009 073	106.740	<2e-16
skew	1.045 830	0.034 891	29.975	<2e-16
shape	3.415 855	0.323 719	10.552	<2e-16
logL−3 293.96 AIC 4.377 931				

NYSE.ALIBABA				
	Estimate	Std. Error	t value	p-value
mu	0.118 798	0.050 619	2.347	0.018 93
ar1	−0.005 767	0.026 064	−0.221	0.824 89
omega	0.160 688	0.098 135	1.637	0.101 54
alpha1	0.069 960	0.022 366	3.128	0.001 76
beta1	0.899 266	0.038 228	23.524	<2e-16
skew	1.009 716	0.033 702	29.960	<2e-16
shape	5.001 624	0.667 063	7.498	6.48e-14
logL −3 178.97 AIC 4.225 424				

尽管广义自回归条件异方差 GARCH 模型可以刻画资产收益率的聚集性、非

对称和尖峰厚尾，但是 GARCH 模型依然有其局限性，如无法刻画波动的非对称或波动的杠杆效应等。

4.3.4 求和广义自回归条件异方差模型：IGARCH

无论是理论依据还是实证分析，都要求条件异方差序列

$$\sigma_t^2 = D[y_t \mid \mathbb{F}_t] = D[u_t \mid \mathbb{F}_t] = E[u_t^2 \mid \mathbb{F}_t] \tag{4.27}$$

满足平稳性条件：ARCH 模型 $\left(\sum_{i=1}^{q}\alpha_i\right) < 1$ 或 GARCH 模型 $\left(\sum_{i=1}^{p}\alpha_i + \sum_{j=1}^{q}\beta_j\right) < 1$，但实证结果并非总是如此，存在着波动趋势无界的情形。此外，GARCH 模型可以看作随机扰动项平方 u_t^2 的自回归滑动平均 ARMA 模型的特殊形式(4.24)；当条件 $\sum_{i=1}^{\max\{p,q\}}(\alpha_i + \beta_i) = 1$ 时，导致扰动项平方序列 u_t^2 为单根非平稳的。

因此，求和广义自回归条件异方差 IGARCH 模型：

$$\begin{cases} y_t &= \mu_t + u_t \\ u_t &= \sigma_t \epsilon_t, \epsilon_t \sim \mathrm{WN}(0,1) \\ \sigma_t^2 &= c + \sum_{i=1}^{q} \alpha_i u_{t-i}^2 + \sum_{j=1}^{p} \beta_j \sigma_{t-j}^2 \end{cases} \tag{4.28}$$

满足单根非平稳约束条件：

$$H_0: \sum_{i=1}^{\max\{p,q\}} (\alpha_i + \beta_i) = 1 \tag{4.29}$$

4.3.5 均值广义自回归条件异方差模型：GARCH-M

由于条件异方差效应 u_t^2 影响条件异方差 σ_t^2，进而波动 σ_t^2 影响到均值方程的平均收益 μ_t。等价地说，条件异方差 σ_t^2 不仅存在线性自回归的聚集现象，而且还会传导到均值方程，形成风险溢价效应。

因此，在均值方程引入条件异方差项：

$$\begin{cases} y_t &= \mu_t + g(\sigma_{t-\ell}^2, \sigma_{t-\ell}^2 \mid \ell = 0,1,\cdots;c) + u_t \\ u_t &= \sigma_t \epsilon_t, \epsilon_t \sim \mathrm{WN}(0,1) \\ \sigma_t^2 &= c + \sum_{i=1}^{q} \alpha_i u_{t-i}^2 + \sum_{j=1}^{p} \beta_j \sigma_{t-j}^2 \end{cases} \tag{4.30}$$

称为均值广义自回归条件异方差 GARCH-M 模型。其中，风险溢价函数 $g(\cdot)$形式为当期或前期的条件异方差的线性或对数的形式。例如，前期的条件异方差的风险溢价 $c\sigma_{t-1}^2$ 或 $c\ln(\sigma_{t-1}^2)$，其系数 c 称为风险溢价因子。

注意，当期的风险溢价 $c\sigma_t^2$ 或导致模型的均值方程产生位序相关和内生性问题，增加参数估计的计算复杂程度，即便使用了极大似然函数 MLE 估计或马尔可夫链蒙特卡罗模拟 MCMC。此外，风险偏好的投资机构可能利用风险溢价效应进行套利策略。

4.3.6　指数广义自回归条件异方差模型：EGARCH

波动序列 σ_t^2 最简单的形态就是线性的或单根非平稳的。有实证结果表明，y_t 的条件异方差 $\sigma_t^2=E[y_t|\mathbb{F}_t]$ 对随机扰动项变化方向 $u_t\leqslant 0$ 极其敏感，即收益率 y_t 的条件异方差 σ_t^2 对随机扰动项 u_t 的响应形态(效应)不尽相同，或线性的，或非线性的。例如，受投资者或投资机构看空做多、追涨杀跌、持股或空仓观望等，资产价格及收益率的变化会表现出不同的非线性的指数形态，谓之价格变化的杠杆效应或收益率分布的非对称性。简单地说，条件异方差效应 u_t^2 对条件异方差 σ_t^2 序列的响应幅度 α_i 取决于随机扰动项 u_t 的正负符号。

因此，对数形式的方差方程中用 ϵ_t 和 $|\epsilon_t|$ 的线性组合，构成指数广义自回归条件异方差 EGARCH 模型：

$$\begin{cases} y_t & =\mu_t+u_t \\ u_t & =\sigma_t\epsilon_t,\epsilon_t\sim \mathrm{WN}(0,1) \\ \ln(\sigma_t^2) & =c+\sum_{i=1}^{q}(\alpha_i\epsilon_{t-i}+\gamma_i(|\epsilon_{t-i}|-E[|\epsilon_{t-i}|]))+\sum_{j=1}^{p}\beta_j\ln(\sigma_{t-j}^2) \end{cases} \tag{4.31}$$

其中，白噪声 ϵ_t 符号影响到方差方程的条件异方差效应系数幅度 α_i；用白噪声序列与其绝对值序列的线性组合表达冲击响应的差异；正态分布的白噪声绝对值期望 $\sqrt{\dfrac{2}{\pi}}$，学生 t 分布的白噪声绝对值期望为 $\dfrac{2\sqrt{\nu-2}\,\Gamma(\nu+1)/2}{(\nu-1)\Gamma(\nu/2)\sqrt{\pi}}$；均值方程的随机扰动项符号与恒等式白噪声的相同。

显然，EGARCH 模型的方差方程不仅是指数型非线性的，而且还存在着不连续跳跃现象，即所谓的的杠杆效应和非对称

$$\ln(\sigma_t^2)=c+\sum_{i=1}^{q}(\alpha_i\epsilon_{t-i}+\gamma_i\,\mathrm{sign}(\epsilon_{t-i}))+\sum_{j=1}^{p}\beta_j\ln(\sigma_{t-j}^2) \tag{4.32}$$

其中，符号函数 sign(·)

$$\mathrm{sign}(x)=\begin{cases} +1,若\ x>0 \\ 0,若\ x=0 \\ -1,若\ x<0 \end{cases} \tag{4.33}$$

此外，方差方程常见的非线性形式有：

$$\ln(\sigma_t^2)=\begin{cases} c+\sum_{i=1}^{q}(\alpha_i \mid \frac{u_{t-i}}{\sigma_{t-i}} \mid +\gamma_i \frac{u_{t-i}}{\sigma_{t-i}})+\sum_{j=1}^{p}\beta_j \ln(\sigma_{t-j}^2) \\ c+\sum_{i=1}^{q}(\alpha_i \mid \frac{u_{t-i}}{\sigma_{t-i}} \mid -\sqrt{\frac{\pi}{2}}+\gamma_i \frac{u_{t-i}}{\sigma_{t-i}})+\sum_{j=1}^{p}\beta_j \ln(\sigma_{t-j}^2) \\ c+\sum_{i=1}^{q}(\alpha_i+\gamma_i \sum_{s=1}^{q}\mathrm{sign}(\epsilon_{t-i-s}))\epsilon_{t-i}+\sum_{j=1}^{p}\beta_j \ln(\sigma_{t-j}^2) \end{cases} \quad (4.34)$$

实证应用时阅读计量工具的文档说明，清楚波动模型的均值方程和方差方程的规范表达，以选择或构造适当的方差方程表达式(Ghalanos，2020)。

实例 4.3.3 EGARCH-M 模型风险溢出效检验实证：中国石化 SINOPEC

中国石化前身是成立于 1983 年 7 月的中国石油化工总公司；1998 年 7 月，公司实施石油石化行业战略性重组部署，成立中国石油化工集团公司；2018 年 8 月，公司改制为中国石油化工集团有限公司，成为特大型石油石化企业集团；2000 年 10 月 18 日和 19 日公司分别在香港、纽约、伦敦三地交易所上市，2001 年 8 月 8 日在上海证券交易所上市；2020 年《财富》杂志世界 500 强企业中排名第 2 位，主要证券市场发行股票统计见表 4.8，其中海外证券是以存托凭证方式进行交易的。中国石化在纽约证交所、港交所和上交所的股票的风险溢出效应检验实证程序代码见表 4.9；实证观测期间为 2016 年 9 月 19 日至 2021 年 6 月 16 日，持续近五期限的宏观经济周期；风险溢出检验模型 EGARCH-M 数估计见表 4.10。实证结果表明，中国石化股票在 NYSE 市场的风险溢价效应显著性为(1－0.001899)%，其他市场的证券的风险溢出效益亦显著。

表 4.8　　中国石化主要证券市场发行股票统计

中国石化 600028.SH			
股票代码	600028.SH	股票简称	中国石化
上市日期	2001/08/08	交易所	上海证券交易所
证券类型	A 股	上市板	主板
每股面值	1 人民币元	最新交易单位(股)	100
首发价格	4.22 人民币元	首发数量(股)	2 800 000 000.00
当前发行数量(股)	95 557 771 046	当前流通市值	4 386.10 亿人民币元

续表

中国石油化工股份 0386.HK			
股票代码	0386.HK	股票简称	中国石油化工股份
上市日期	2000/10/19	交易所	香港交易所
证券类型	普通股	上市板	主板
每股面值	1 人民币元	最新交易单位(股)	2 000
首发价格	1.59 港币	首发数量(股)	16 780 488 000.00
当前发行数量(股)	25 513 438 600	当前流通市值	1 017.99 亿港币
中石化 SNP.N			
DR 代码	SNP.N	DR 简称	中石化
上市日期	2000/10/18	交易所	纽约证券交易所
证券类型	存托凭证	上市板	主板
每份面值	1 人民币元	最新交易单位(份)	
基础证券代码	0386.HK	1 份 DR 相当于基础证券(股)	100
DR 数量(份)	255 134 386	DR 市值	132.80 亿美元
中国石油化工股份 SNP.L			
DR 代码	SNP.L	DR 简称	中国石油化工股份
上市日期	2000/10/18	交易所	伦敦证券交易所
证券类型	存托凭证	上市板	主板
每份面值	1 人民币元	最新交易单位(份)	1
基础证券代码	0386.HK	1 份 DR 相当于基础证券(股)	100
DR 数量(份)	255 134 386	DR 市值	142.88 亿美元

表 4.9　　EGARCH-M 模型风险溢价效应检验实证:中国石化 SINOPEC

```
library(zoo)#基础数据包
library(stats)#基础统计包
library(rugarch)#单变量 GARCH 包
load("FiEsen.Rdata")#财经数据集
y<- window(sinopec.p,start="2016-09-19",end="2021-05-05")
x<- window(sinopec.r,start="2016-09-19",end="2021-05-05")
spec<- ugarchspec(#模型规范说明
  variance.model=list(model="eGARCH",garchOrder=c(1,1)),
  mean.model=list(armaOrder=c(1,0),archm=TRUE),#风险溢价效应
```

续表

```
  distribution.model="sstd")
fit<- ugarchfit(data=x$nyse,spec=spec)#纽约证交所
res2<- zoo(residuals(fit^2));plot.zoo(res2,xlab="",ylab="");Print(fit)
fit<- ugarchfit(data=x$hkex,spec=spec)#港交所
res2<- zoo(residuals(fit^2));plot.zoo(res2,xlab="",ylab="");Print(fit)
fit<- ugarchfit(data=x$sse,spec=spec)#上交所
res2<- zoo(residuals(fit^2));plot.zoo(res2,xlab="",ylab="");Print(fit)
```

表 4.10　　EGARCH-M 模型参数估计：中国石化 SINOPEC

NSYE 美股				
	Estimate	Std. Error	t value	p-value
mu	−0.236 264	0.073 960	−3.194 505	0.001 401
ar1	−0.001 899	0.030 946	−0.061 364	0.951 069
archm	0.144 830	0.046 635	3.105 614	0.001 899
omega	0.015 053	0.003 877	3.882 332	0.000 103
alpha1	−0.019 229	0.017 643	−1.089 869	0.275 771
beta1	0.984 229	0.001 962	501.631 444	0.000 000
gamma1	0.140 910	0.030 217	4.663 302	0.000 003
skew	0.961 885	0.038 623	24.904 402	0.000 000
shape	6.425 287	1.171 635	5.484 037	0.000 000
logL−2 226.556 AIC 3.723 BIC 3.761 SIC 3.723 Hannan-Quinn 3.737				

4.3.7　门限广义条件自回归异方差模型：TGARCH

方差方程中的条件异方差 σ_t^2 趋向与随机扰动项的变化方向有关，如外生的或内生的因素冲击方向，而选择不同的线性表达式。例如，企业分红派息或财务公告等影响投资者或投资机构的持股或空仓观望，价格变化和收益率变化会呈现不同的分叉线性形态，也可谓之价格变化的杆效应或收益率分布的非对称性。

具体地，随机扰动项 u_t 的正负符号影响条件异方差 σ_t^2 的幅度相。因此，在方差方程中使用 ϵ_t 和 $|\epsilon_t|$ 线性组合表达这种杠杆效应或非对称性，构成门限广义自回归条件异方差 TGARCH 模型：

$$\begin{cases} y_t &= \mu_t + u_t \\ u_t &= \sigma_t \epsilon_t, \epsilon_t \sim \text{WN}(0,1) \\ \sigma_t^2 &= c + \sum_{i=1}^{q} (\alpha_i \mid u_{t-i} \mid - \gamma_i (u_{t-i})) + \sum_{i=1}^{p} \beta_i \sigma_{t-i}^2 \end{cases} \tag{4.35}$$

其中,参数 γ_i 表达条件异方差效应的杠杆效应幅度 $\alpha_i \pm \gamma_i$;均值方程的随机扰动项 u_t 符号与白噪声 ϵ_t 相同,条件异方差效应幅度 α_i 与白噪声的正负符合有关;正态分布的白噪声绝对值期望为$\sqrt{\frac{2}{\pi}}$,学生 t 分布的白噪声绝对值期望为$\frac{2\sqrt{\nu-2}\,\Gamma(\nu+1)/2}{(\nu-1)\Gamma(\nu/2)\sqrt{\pi}}$。

此外,条件异方差的杠杆效应会影响到均值方程,随机扰动项 u_t 的杠杆效应可以由其符号数乘表达。二者因素综合为:

$$\begin{cases} r_t &= \mu_t + c\ln(\sigma_t^2) + u_t \\ u_t &= \sigma_t \epsilon_t \\ \sigma_t^2 &= c + \sum_{i=1}^{s} (\alpha_i + \gamma_i N_{t-i}) u_{t-i}^2 + \sum_{j=1}^{m} \beta_j \sigma_{t-j}^2 \end{cases} \tag{4.36}$$

其中,符号 N_{t-i} 指示扰动项 u_{t-i} 是否为负向,即当且仅当 $u_{t-i}<0$ 时为+1;符号数乘 $N_{t-i}u_{t-i}^2$ 可看作方差方程的外生变量。

注意,门限广义条件自回归异方差 TGARCH 模型使用分叉的线性形式表达条件异方差的杠杆效应,而 EGARCH 使用非线性的指数形式表示。二者方差方程的非线性形式不尽相同。

4.3.8 非对称幂自回归条件异方差模型:APARCH

无论条件异方差效应 u_t^2 对条件异方差的非线性影响是指数还是门限型,自然可以推广到条件异方差 σ_t^2 存在着长时记忆效应。因此,方差方程的幂指数形式构成非对称幂广义条件异方差 APARCH 模型:

$$\begin{cases} y_t &= \mu_t + u_t \\ u_t &= \sigma_t \epsilon_t, \epsilon_t \sim \text{WN}(0,1) \\ \sigma^\delta &= c + \sum_{i=1}^{q} \alpha_i (\mid u_t \mid - \gamma_j u_{t-i})^\delta + \sum_{j=1}^{p} \beta_j \sigma_{t-j}^\delta \end{cases} \tag{4.37}$$

其中,幂指数 $\delta>0$ 表达条件异方差的长时记忆效应;方差方程的系数 $c>0$,$\alpha_i \geqslant 0$ 表示条件异方差的长时记忆效应,而系数 $\beta_j \geqslant 0$ 表示条件异方差的自回归效应;系数 $|\gamma_i|<1$ 表示随机扰动项非对称性效应。

特别地,APARCH 模型包含其他的 GARCH 模型扩展形式为其特例。例如，当 $\delta=2$ 及 $\gamma_j=0$ 时，为标准的 ARCH 或 GARCH 模型；当 $\delta=1$ 时，为门限 TGARCH 模型；当 $\delta=2$ 及 $\gamma_j=0$ 时，为绝对值 AVGARCH 模型；当 $\delta=2$ 时，为 GJRGARCH 模型；当 $\delta\to 0$ 时，为对数的 logGARCH 模型（Ding，Ding & Engle，1993）。

4.3.9 族谱广义自回归条件异方差模型：fGARCH

条件异方差效应项 u_t^2 不仅影响条件异方差 σ_t^2 的非线性指数的或门限的形式，而且还对条件异方差 σ_t^2 产生非对称的或数乘的效应。

因此，方差方程中引入随机扰动项的非对称表达式，构成族谱广义条件异方差 fGARCH 模型：

$$\begin{cases} y_t &= \mu_t + u_t \\ u_t &= \sigma_t \epsilon_t, \epsilon_t \sim \mathrm{WN}(0,1) \\ \sigma_t^\lambda &= c + \sum_{i=1}^{q} \alpha_i (|\epsilon_{t-i} - \eta_{2i}| - \eta_{1i}(\epsilon_{t-i} - \eta_{2i}))^\lambda + \sum_{j=1}^{p} \beta_j \sigma_{t-j}^\lambda \end{cases} \tag{4.38}$$

其中，随机扰动项的非对称程度 η_{1i} 和 η_{2i} 与条件异方差序列的数乘效应；方差方程的幂指数 λ 和 δ 异方差效应与长时或短时记忆效应。

事实上，族谱 fGARCH 模型与指数型 EGARCH 和门限型 TGARCH 一样，都是通过随机扰动项或白噪声的符号取向刻画条件异方差效应的非对称性和波动的杠杆效应，具有相似的统计性质。灵活选取幂指数 λ 和 δ、非对称程度 η_{1i} 和 η_{2i} 就会派生出系列族谱 GARCH 模型。例如，$\lambda=\delta=2$ 和 $\eta_{1i}=\eta_{2i}=0$ 时，对应标准 GARCH；$\lambda=\delta=1$ 和 $|\eta_{1i}|b\leqslant 1$ 及 $\eta_{2i}=0$ 时，对应门限 TGARCH；当 $\lambda=\delta$ 和 $|\eta_{1i}|\leqslant 1$ 及 $\eta_{2i}=0$ 时，对应非对称幂 APARCH 模型。

4.3.10 成分广义自回归条件异方差模型：csGARCH

上述模型通过变换或扩展条件异方差项的表达形式以刻画条件异方差效应的杠杆效应和非对称性。因此，通过分解条件异方差效应序列 u_t^2 长时的和短时的序列成分，构成成分广义自回归条件异方差 csGARCH 模型：

$$\begin{cases} y_t &= \mu_t + u_t \\ u_t &= \sigma_t \epsilon_t, \epsilon_t \sim \mathrm{WN}(0,1) \\ \sigma_t^2 &= q_t + \sum_{i=1}^{q} \alpha_i (u_{t-i}^2 - q_{t-i}) + \sum_{p}^{j=1} \beta_j \sigma_{t-j}^2 \\ q_t &= \omega + \rho q_{t-1} + \phi(u_{t-1}^2 - \sigma_{t-1}^2) \end{cases} \tag{4.39}$$

其中，成分序列 q_t 表示随机扰动项序列 u_t，即条件异方差效应，与条件异方差序列 σ_t^2 的均衡偏差；偏差$(u_{t-1}^2-\sigma_{t-1}^2)$表示条件异方差的短时效应 ϕ；成分序列符合时变截距的自回归关系，其长时效应为 ρ。

事实上，方差方程等价于

$$\sigma_t^2=c+\sum_{i=1}^{q}\alpha_i u_{t-i}^2+\sum_{p}^{j=1}\beta_j\sigma_{t-j}^2+q_t-\sum_{i=1}^{\max(p,q)}(\alpha_i+\beta_i)q_{t-i} \tag{4.40}$$

且仅当成分 q_t 序列为白噪声时，该模型就转化为标准的广义条件异方差 GARCH 模型，即随机扰动项平方与条件异方差的偏离$(u_{t-1}^2-\sigma_{t-1}^2)$渐近于白噪声(Ghalanos，2020)。[①]

第四节　随机波动模型

金融资产的价格、收益率或波动随交易市场或企业状况变化而处于不确定状态，即条件均值方程的系数、条件方差方程的系数、波动与扰动间数乘关系不再是确定的，而是随机的。

4.4.1　随机系数模型：RCA

无论是线性自回归滑动平均 ARMA 模型，还是广义自回归条件异方差 GARCH 模型及其扩展，未知参数是未知的确定的，但非随机的。

尽管收益率的波动规律可以通过扩展均值方程和方差方程，如风险溢价效应的条件异方差 σ_t^2、非线性方差方程的对数平方 $\ln\sigma_t^2$ 或幂方 $\ln\sigma_t^\delta$，或指数型的、杠杆效应，或非对称性的因子$(u_t-\gamma|u_t|)$，但是最简朴的扩展就是允许未知系数为随机变量，构成随机系数自回归模型 RCA：

$$\begin{cases} y_t &= \phi_0+\sum_{i=1}^{p}(\phi_i+\delta_{it})y_{t-i}+u_t \\ \delta_{it} &\sim f(\delta;\theta_i) \end{cases} \tag{4.41}$$

其中，自回归阶数 $p>0$；自回归系数 $\delta_t=(\delta_{1t},\delta_{2t},\cdots,\delta_{pt})^{\mathrm{T}}$ 为随机变量列（非时变的）或随机过程（时变的），且与随机扰动项（或误差项）u_t 独立。

随机系数自回归模型 RCA 的均值和方差：

---

① Ghalanos 单变量 GARCH 应用包文档网址：http://www.unstarched.net/r-examples/rugarch。

$$\begin{cases} E[y_t \mid \mathbb{F}_{t-1}] & =\phi_0+\sum_{i=1}^{p}\phi_i y_{t-i} \\ D[y_t \mid \mathbb{F}_{t-1}] & =\sigma\ 2_t=D[y_t \mid \mathbb{F}_{t-1}]=\sigma_a^2+y_{t-1}^{\top}\mathrm{Cov}[\delta_t]y_{t-1} \end{cases} \tag{4.42}$$

显然，上述模型可扩展为随机系数自回归滑动平均模型 CHARMA：

$$r_t=\phi_0+\sum_{i=1}^{p}(\phi_i+\delta_{it})y_{t-i}-\sum_{j=0}^{q}(\theta_j+\delta_{jt})u_{t-j} \tag{4.43}$$

CHARMA 模型的条件均值与 AR 模型相同，但其条件方差与 ARCH 模型相比，条件异方差不仅包括有异方差效应而且包括随机扰动项的互乘积 $u_{t-1}u_{t-2}$，兼备非对称效应和杠杆效应。

4.4.2　随机波动模型：SVM

扩展广义自回归条件异方差 GARCH 模型总是围绕着均值方程和波动方程的表达式进行，以刻画表达条件异方差效应。从计量方法角度看，条件异方差 σ_t^2 远非就是简单的异方差效应 u_t^2 累积及其自回归 $\sigma_{t-\ell}^2$，$\ell=1,\cdots$累积；从金融角度看，条件异方差的波动除“溢出效应、杠杆效应或非对称”外，还有自身的不确定性，即不仅条件异方差 σ_t^2 与异方差效应 u_t^2 非线性关系，而且异方差 σ_t^2 本身有自己固有的随机特征。

因此，随机波动 SVM 模型：

$$\begin{cases} y_t & =\mu_t+u_t \\ u_t & =\sigma_t\epsilon_t, \epsilon_t \sim \mathrm{WN}(0,1) \\ \ln(\sigma_t^2) & =c+\sum_{i=1}^{m}\alpha_i\ln(u_{t-i}^2)+\sum_{j=1}^{s}\beta_j\ln(\sigma_{t-j}^2)+c\,\nu_t \doteq h_t \end{cases} \tag{4.44}$$

其中，新息项（或残差）ν_t 独立于 ϵ_t 和 u_t，为白噪声过程；称引入的条件异方差的波动为隐含波动（Shephard，2005）。

虽然新息项可以灵活地刻画波动 σ_t，但增加了参数估计过程的复杂度。从某种意义上讲，SVM 模型均值方程和方差方程都存在随机扰动，参数估计过程需要准似然函数、卡尔曼滤波或马尔可夫链蒙特卡洛模拟 MCMC 数值计算等统计计算方法（Kastner & Fruhwirth-Schnatter，2014；Chiba，Nardarib & Shephardc，2002）。

SVM 模型的实质在于波动为指数型的随机过程，即：

$$\begin{cases} \sigma_t & =\exp\{\frac{1}{2}\Delta_t\} \\ \Delta_t & =c+\sum_{i=1}^{p}\alpha_i\Delta_{t-i}+\nu_t \end{cases} \tag{4.45}$$

进而条件异方差的波动对数表达式：

$$\ln(\sigma_t^2)=c+\sum_{i=1}^{p}\alpha_i\Delta_{t-i}+\nu_t=c+\sum_{i=1}^{p}\alpha_i\ln(\sigma_{t-i}^2)+\nu_t \tag{4.46}$$

特别地，当 1 阶滞后随机波动的条件异方差为平方可积及新息项 ν_t 为正态时，其对数为正态分布：

$$\ln(\sigma_t^2)=c+\alpha_1\ln(a_{t-1}^2)+\nu_t\sim N\left(\frac{c}{1-\alpha_1},\frac{\sigma_\nu^2}{1-\alpha_1^2}\right)\equiv N(\mu_h,\sigma_h^2)$$

与 1 阶 ARCH 模型相比，二者均值表达式相同，但 SVM 模型表达的条件异方差本身为正态分布的。

随机波动 SVM 模型统计性质如下：其一，均值方程，$E[u_t^2]=\exp\left\{\mu_h+\frac{\sigma_h^2}{2}\right\}$；其二，方差方程，$E[u_t^4]=3\exp\{2\mu_h^2+2\sigma_h^2\}$；其三，相关函数，$\mathrm{Corr}[u_t^2,u_{t-i}^2]=\frac{\exp\{\sigma_h^2\alpha_1^i-1\}}{3\exp\{\sigma_h^2\}-1}-1$。

总之，在方差方程的半对数非线性表达式中引入白噪声 ν_t，可灵活地刻画条件异方差波动性质，但模型参数估计使用马尔可夫链蒙特卡洛模拟 MCMC 方法，其数值计算过程极其复杂耗时。此外，模型方差方程系数缺少直观解释。

此外，具有杠杆效应的随机波动 SVLM 模型：

$$\begin{cases}y_t &=\mu_t+u_t\\ u_t &=\exp\left\{\frac{h_t}{2}\right\}\epsilon_t,\epsilon_t\sim \mathrm{WN}(0,1)\\ h_{t+1} &=\mu+\phi(h_t-\mu)+\sigma\eta_t\\ \mathrm{Corr}[\epsilon_t,\eta_t] &=\rho\end{cases} \tag{4.47}$$

其中，杠杆效应参数为 ρ，通过均值方程的随机扰动项与方差方程的随机新息项相关性；方差方程可扩展为 $h_t=\frac{1}{1-B^d}\eta_t$，$0<d<0.5$，以获得长记忆效应；SVLM 模型参数估计过程需要马尔可夫链蒙特卡洛 MCMC 模拟技术（Hosszejni & Kastner，2019）。

实例 4.4.1　SVLM 模型波动杠杆效应检验实证：阿里巴巴 ALIBABA

阿里巴巴集团于 1999 年在杭州创立，其创始初衷是为了支持小企业发展，促使小企业通过创新与科技拓展业务。公司参与中国及国际市场竞争，旗下拥有淘宝、天猫、阿里云、阿里健康、支付宝等产业，2014 年 9 月 19 日和 2019 年 11 月 26 日分别在纽约证券交易所和香港交易所上市。实证检验阿里巴巴在纽约证交所和港交所发行证券的随机波动杠杆效应；观测期间为2019年11月26日至2021年5月5日；实证计量模型为学生t分布的杠杆效应随机波动SVLM模型，程序代码如表4.11所示，模型参数估计过程涉及MCMC模拟方法和群集并行计算。阿里巴巴集团在纽约证交所和港交所股票的杠杆效应的随机波动模型SLVM参数估计抽样见表4.12所示。实证结果表明，阿里巴巴的美股和港股的波动杠杆效应参数ρ为负，且美股波动杠杆力度小于港股。

表4.11　　SVLM模型波动杠杆效应检验实证：阿里巴巴 ALIBABA

```
library(zoo)#基础数据包
library(stats)#基础统计包
library(parallel)#并行计算包
library(stochvol)#随机波动包
load("FiEsen.Rdata")#财经数据集
y<- window(alibaba.p,start="2019-11-26",end="2021-05-05")
x<- window(alibaba.r,start="2019-11-26",end="2021-05-05")
cl<- parallel::makeCluster(4,"PSOCK",outfile=NULL)#启动并行群集
sv1<- svtlsample(y=x$nyse.alibaba,parallel="snow",n_chains=3,
        cl=cl,designmatrix="ar1")#纽证阿里SVLM模型参数抽样
sv2<- svtlsample(y=x$hkex.alibaba,parallel="snow",n_chains=3,
        cl=cl,designmatrix="ar1")#港联阿里SVLM模型参数抽样
parallel::stopCluster(cl)#停止并行群集
plot(sv1);summary(sv1)#参数抽样绘图和摘要
plot(sv2);summary(sv2)#参数抽样绘图和摘要
```

表4.12　　SVLM模型参数估计MCMC抽样：阿里巴巴 ALIBABA

Prior distributions

μ～Normal(mean=0,sd=100)(ϕ+1)/2～Beta(a=5,b=1.5)σ^2～Gamma(shape=0.5,rate=0.5)

ν−2～Exponential(rate=0.1)ρ～Beta(a=4,b=4)β～MultivariateNormal()

Posterior draws of SV parameters(thinning=1)

	NYSE						HKEX					
	mean	sd	5%	50%	95%	ESS	mean	sd	5%	50%	95%	ESS
μ	1.61	0.17	1.334	1.61	1.87	1 945	1.57	0.157	1.321	1.57	1.819	4 345

续表

phi	0.75	0.18	0.398	0.79	0.94	273	0.82	0.095	0.641	0.84	0.930	557
sigma	0.39	0.17	0.146	0.37	0.70	415	0.38	0.100	0.233	0.37	0.558	740
nu	9.95	7.38	4.357	7.46	23.74	237	20.11	10.729	8.038	17.50	40.850	483
rho	−0.11	0.14	−0.329	−0.11	0.12	1 200	−0.20	0.152	−0.443	−0.20	0.053	1 040
exp(mu/2)	2.24	0.19	1.948	2.24	2.55	1 945	2.20	0.172	1.936	2.20	2.482	4 345
sigma∧2	0.18	0.15	0.021	0.14	0.49	415	0.15	0.084	0.054	0.14	0.311	740
Posterior draws of regression coefficients (thinning=1)												
	NYSE						HKEX					
	mean	sd	5%	50%	95%	ESS	mean	sd	5%	50%	95%	ESS
beta_0	0.075	0.11	−0.11	0.075	0.253	22 080	0.088	0.113	−0.098	0.088	0.274	15 591
beta_1	−0.086	0.05	−0.17	−0.086	−0.003	20 144	−0.052	0.055	−0.142	−0.052	0.038	16 427

第五节　实例波动模型

日内或日间实时交易的成交价格、成交量、成交属性或日间盘后价格摘要，都是交易价格的变动表现，通过交易的实例化数据可估计资产的收益和波动。

4.5.1　日内实例波动：RV

日内交易数据或超高频交易数据 UHF 是实时盯盘和盘后量价分析的主要信息。从金融实践角度看，这些已实现的交易数据展现给定期限内资产变动的统计特征和趋势；从计量分析角度看，这些实例波动近似于条件异方差的代理变量。

给定日内交易数据，如成交价格和收益率。那么，时刻 t 前时段内的实现交易的收益率平方和

$$RV_t = \sum_{i=1}^{n} r_{t,i}^2 \tag{4.48}$$

称为日内实例波动 RV。其中，$r_{t,i}$ 为交易期间 $(t-1,t]$ 第 i 个观测时刻的资产收益率；正整数 n 为在此期间观测到的交易次数；日内交易数据表现日内证券的市场信息。[①]

① 第六章“价格形成的微观机制”将专门讨论证券交易通过市场微观结构形成价格的微观机制。

4.5.2 日间交易量价实例波动:RV

日间交易数据 OHLC 包括当日成交价格和成交量摘要,如开盘价(Open)、最高价(High)、最低价(Low)、收盘价(Close)。据此日间交易数据,构造日间实例波动:

$$\begin{cases}\hat{\sigma}_{0,t}^2 &= (C_t - C_{t-1})^2 \\ \hat{\sigma}_{1,t}^2 &= (O_t - C_{t-1})^2 + (C_t - O_t)^2 \\ \hat{\sigma}_{2,t}^2 &= \dfrac{(H_t - L_{t-1})^2}{4\ln(2)} \simeq 0.360\,7(H_t - L_t)^2 \\ \hat{\sigma}_{3,t}^2 &= 0.17\,\dfrac{(O_t - C_{t-1})^2}{f} + 0.83\,\dfrac{(H_t - L_t)^2}{(1-f)4\ln(2)}, f \in (0.0, 1.0) \\ \hat{\sigma}_{5,t}^2 &= 0.50(H_t - L_t)^2 - (2\ln(2) - 1)(C_t - O_t)^2 \\ &\simeq 0.50(H_t - L_t)^2 - 0.386(C_t - O_t)^2 \\ \hat{\sigma}_{6,t}^2 &= 0.12\,\dfrac{(C_t - C_{t-1})^2}{f} + 0.88\,\dfrac{\sigma_{5,t}^2}{(1-f)}, f \in (0.0, 1.0)\end{cases} \tag{4.49}$$

并依次标记为:sigma20、sigma21、sigma22、sigma25 和 sigma26,称它们为实例方差。日间交易数据包括有交易过程的量价摘要,某种程度可以揭示资产价格或收益率的波动特征,但日间大多只考虑交易价格,隐含着交易价格已经含有成交量的有效信息(Tsay,2005)。

4.5.3 指数加权滑动平均波动:EWMA

J.P.Morgan 联合 Reuters 于 1996 年发布风险计量标准体系 RiskMetric™。其中,关于波动的计算指数加权滑动平均方法:

$$\begin{cases}y_t &= \ln(S_t) - \ln(S_{t-1}) = \mu_t + u_t \\ u_t &= \sigma_t \epsilon_t \\ \sigma_t^2 &= \dfrac{1}{M}\sum_{i=1}^{M}(y_{t-i} - E[y_{t-1} \mid \mathbb{F}_{t-2}])^2 \\ \sigma_t^2 &= (1-\lambda)\sum_{i=1}^{M}\lambda^{i-1}(y_{t-i} - E[y_{t-1} \mid \mathbb{F}_{t-2}])^2 \\ \sigma_t^2 &= \lambda\sigma_{t-1}^2 + (1-\lambda)y_{t-1}^2, \lambda \in (0,1), M \in \{5, 10, 15, \cdots\}\end{cases} \tag{4.50}$$

EWMA 方法核心是平均收益率用其过去观测值估计,条件异方差则用收益率样本方差或条件异方差的历史值,即条件异方差用收益率的平均样本离差平方和,或加权平均收益率偏差平方和,或用近邻条件异方差加权和近邻收益率平方；波动估计时刻为1日或10日；滑动平均期间 M 依经验设定，而加权系数 λ 则需要估计。这是投行和银行业界风险管理广泛采用的日间资产波动计量方法（Morgan & Reuters，1996），本质上EWMA方法依然是IGARCH的近似。①

4.5.4 实例广义条件异方差模型：realGARCH

由于实例波动RV(4.48)包括收益率日内波动信息，所以在GARCH模型的方差方程中引入日内或当期前时段内的实例化波动 RV_t，而非直接使用异方差效应 u_t^2，构造交易实例广义自回归条件异方差realGARCH模型：

$$\begin{cases} y_t & = \mu_t + u_t \\ u_t & = \sigma_t \epsilon_t, \epsilon_t \sim \mathrm{WN}(0,1) \\ \ln(\sigma_t^2) & = c + \sum_{i=1}^{q} \alpha_i \ln(RV_{t-i}) + \sum_{j=1}^{p} \beta_j \ln(\sigma_{t-j}^2) \\ \ln(RV_t) & = \xi + \sum_{i=0}^{m} \delta_i \sigma_{t-i}^2 + \nu_t, \nu_t \sim N(0,\gamma) \end{cases} \tag{4.51}$$

其中，方差方程组成要素是实例波动 RV_t 替代条件异方差效应 u_t^2；实例波动则由当期或过去条件异方差、白噪声 ϵ_t 组成；白噪声 ϵ_t 二阶Hermit多项式函数 $\tau(\epsilon_t)=\eta_1\epsilon_t+\eta_2(\eta_t^2-1)$ 表示残差或新息 u_t 的非对称效应（Ghalanos，2020）。②

无论是日内实例波动RV、日间价格价波动OHLC、EWMA，还是实例广义自回归条件异方差realGARCH模型，本质它们都是收益率离差平方和，但忽视收益率的位序相关结构。

实例4.5.1 realGARCH模型实例波动实证：中国平安PINGANINS

中国平安保险（集团）股份有限公司简称平安保险，前身为成立于1988年3月21日首家股份制的深圳地方性的平安保险公司；经过近20年发展，保险业务快速扩展到全国；2007年3月1日首次公开发行A股股票在上海证券交易所挂牌上市，创下有史以来全球最大保险公司IPO和当时中国A股市场第二大IPO的纪录；2020年公司致力于领先科技型个人金融生活服务、聚焦“大金融资产”与“大医疗健康”，持续推动智能化和数据化经营转型，运用科技助力金融业务提升服务效率和获客能力与风控水平。实证观测区间为2019年9月23日至2021年9月23

---

① Ghalanos文档网址：http://www.unstarched.net/r-examples/rugarch/the-ewma-model。

② Ghalanos文档网址：http://www.unstarched.net/2014/01/02/the-realized-garch-model。

日，其间遭遇新冠疫情暴发及平安保险投资华夏幸福地产债券违约致使平安投资对赌失败[①]；实证检验程序代码见表4.13。图4.3分别给出中国平安实例波动：价格、成交量及RV波动；表4.14给出中国平安实例波动 realGARCH 模型参数估计；图4.4分别给出中国平安实例波动：EWMA波动及realGARCH波动。综合这些实证数据，可以看到中国平安上交所股票市场波动极其异常。

特别说明的是，realGARCH 模型波动估计时实例波动参数 realizedVol 使用日间价格波动 OHLC(4.49)的$\hat{\sigma}_{1,t}^2$作为代理变量，而非日内间实例RV波动RV(4.48)。后者无法保证模型参数估计数值计算过程收敛，或许实例波动RV存在相关性致使估计过程的逆矩阵不存在。

表 4.13　　realGARCH 模型实例波动实证：中国平安 PINGANINS

```
library(zoo)#基础数据包
library(stats)#基础统计包
library(xts)#扩展时间序列包
library(rmgarch)#多变量 GARCH 包
load("FiEsen.Rdata")#财经数据集
x<- window(sse.pinganins.x,start="2019-09-23",end="2021-09-23")
spec<- ugarchspec(#模型规范说明
   variance.model=list(model="realGARCH",garchOrder=c(1,1)),
   mean.model=list(armaOrder=c(1,0),include.mean=TRUE),
   distribution.model="sstd")#
fit<- ugarchfit(data=x$r,spec=spec,realizedVol=as.xts(x$sigma21))#提供 realizedVol
sigma2<- zoo(sigma(fit))plot.zoo(sigma2,xlab="",ylab="")
```

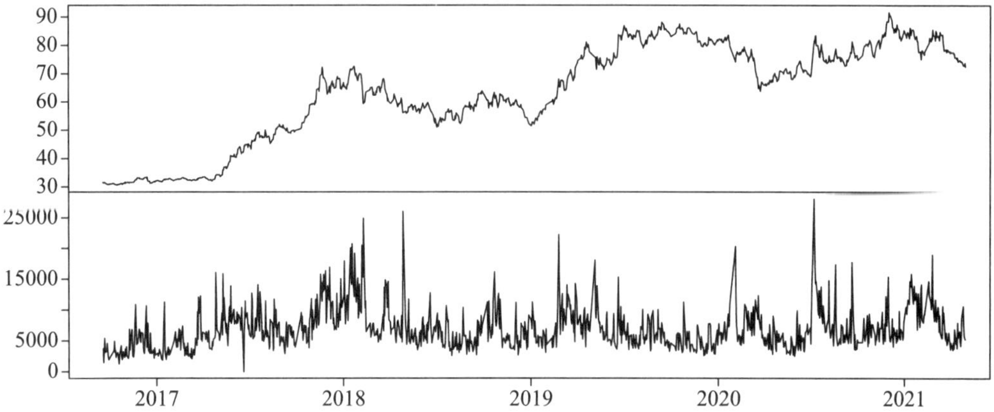

(a) 价格及成交量

① 据财新网报道，平安保险回应华夏幸福债务危机，风险敞口合计540亿元：https://finance.caixin.com/2021-02-04/101660299.html。

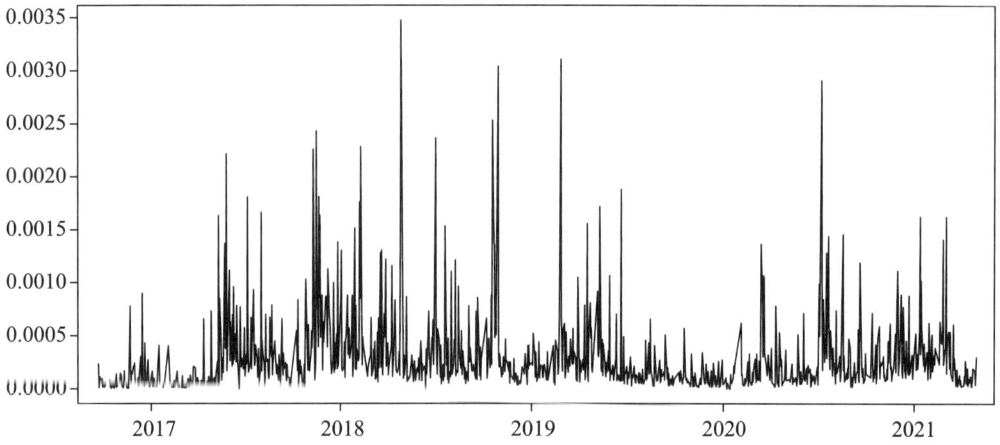

(b) RV

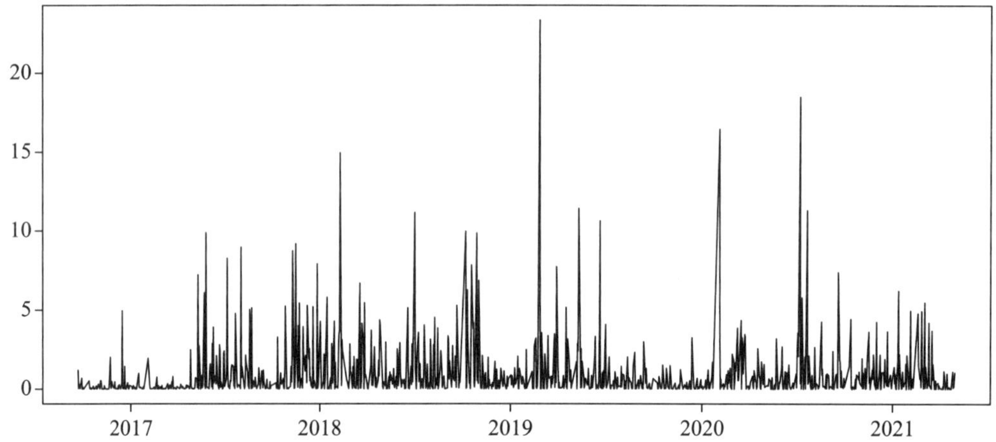

(c) EWMA

图 4.3　VIX 及 RV 实例波动:中国平安 PINGANINS

表 4.14　　　realGARCH 模型波动参数估计:中国平安 PINGANINS

reafGARCH 模型规范				
GARCH Model realGARCH(1,1)		Mean Model ARFIMA(1,0,1)		
Distribution sstd		realizedVol as.xts(x$sigma21)		
realGARCH 模型参数最优估计				
	Estimate	Std. Error	t value	p-value
mu	−0.155 31	0.068 827	−2.256 5	0.024 041
ar1	0.603 25	0.369 813	1.631 2	0.102 845
ma1	−0.570 78	0.378 841	−1.506 6	0.131 902
omega	0.233 58	0.055 137	4.236 4	0.000 023
alpha1	0.106 40	0.022 489	4.731 5	0.000 002

续表

beta1	0.737 77	0.061 762	11.945 4	0.000 000
eta11	−0.151 66	0.0777 65	−1.950 2	0.051 147
eta21	0.500 00	0.047 282	10.574 9	0.000 000
delta	1.079 03	0.206 694	5.220 4	0.000 000
lambda	1.492 02	0.048 478	30.777 0	0.000 000
skew	1.134 42	0.065 014	17.449 0	0.000 000
shape	8.320 19	2.288 547	3.635 6	0.000 277
xi	−1.183 72	0.182 971	−6.469 5	0.000 000
logL−1 796.886 AIC 7.433 BIC 7.545 SIC 7.431 Hannan-Quinn 7.477				

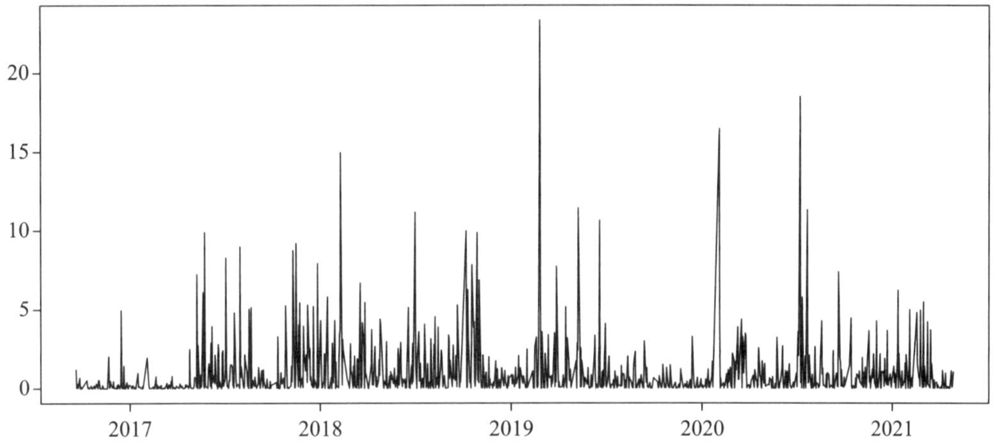

(a) EWMA

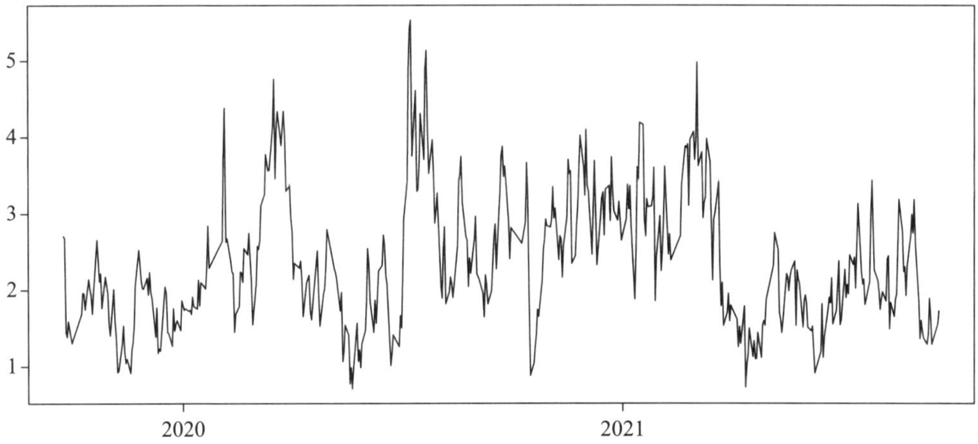

(b) realGARCH:$\hat{\sigma}^2$

图 4.4　realGARCH 模型及 EWMA 实例波动：中国平安 PINGANINS

第六节　多变量波动模型

多变量波动模型有两方面：其一，在单变量波动模型的均值方程和波动方程引入外生因素的外生变量 x_t 和 z_t，以涵盖影响资产收益率的波动诸多外生或内生的影响因素；其二，多变量波动模型，在向量自回归方程引入波动方程。

在波动模型的方差方程中引入解释变量，扩展 GARCH 为带外生变量的 exoGARCH 模型：

$$\begin{cases} y_t &= \pi x_t + u_t \\ u_t &= \sigma_t \epsilon_t, \epsilon_t \sim \mathrm{WN}(0,1) \\ \sigma_t^2 &= \gamma z_t + c + \sum_{i=1}^{q} \alpha_i u_{t-i}^2 + \sum_{j=1}^{p} \beta_j \sigma_{t-j}^2 \end{cases} \tag{4.52}$$

或外生变量 SVM 模型：

$$\begin{cases} y_t &= \pi x_t + u_t \\ u_t &= \sigma_t \epsilon_t \\ \sigma_t &= \exp\{\frac{1}{2}\Delta_t\} \\ \Delta u_t &= \gamma z_t + c + \sum_{i=1}^{p} \alpha_i \Delta_{t-i} + \nu_t \end{cases} \tag{4.53}$$

除波动方程引入外生变量外，还可以考虑多资产的波动方程联立。例如，多变量 GARCH 模型：

$$\begin{cases} y_{kt} &= m_{kt} + u_{kt} \\ u_{kt} &= \sigma_{it} \epsilon_{it} \\ \sigma_{kt}^2 &= \alpha_{k0} + \sum_{i=1}^{q} \alpha_{ki} u_{it}^2 + \sum_{q}^{j=1} \beta_{kj} \sigma_{k,t-j}^2 \end{cases} \quad k = 1, 2, \cdots, K \tag{4.54}$$

或

$$\begin{cases} \mathrm{Y}_t &= \mathrm{M}_t + \mathrm{U}_t \\ \mathrm{U}_t &= \Sigma_t \mathrm{E}_t \\ \Sigma_t &= \mathrm{A}_0 + \sum_{i=1}^{q} \mathrm{A}_i \mathrm{U}_t^2 + \sum_{q}^{j=1} \mathrm{B}_j \ \Sigma_{t-j}^2 \end{cases} \tag{4.55}$$

扩展外生变量的波动模型参数估计相对简单，而扩展多变量的波动方程联立模型不仅统计性质的表达推演烦琐复杂，而且参数估计的数值运算更加耗时，难以确保计算过程快速收敛（Ghalanos，2019）。[①]

实验 4.6.1　exoGARCH 模型融资融券波动效应检验实证：格力电器 GREE

伴随改革开放，中国证监会 2010 年 3 月 31 日正式启动 A 股融资融券业务试点，首批融资融券标的股票共 90 只，均来自上证 50 指数和深圳成指，象征资本市场交易结构愈发趋于完整，投资者应用融资融券交易进行杠杆交易，通过做多或做空方式获得证券收益。经过融资融券多次扩容，截至 2021 年 3 月 24 日，上交所融资融券标的 1 125 只，融资融券余额达 882 855 451 283 元人民币；深交所融资融券标的 929 只，融资融券余额达 769 654 755 816 元人民币，以期融券融券机制促进证券的价格发现功能。格力电器成立于 1991 年，并于 1996 年 11 月在深交所挂牌上市，现在已发展成为多元化、科技型的全球工业制造集团，产业覆盖家用消费品和工业装备两大领域，产品远销 160 多个国家和地区。实证观测区间为 2017 年 6 月 13 日至 2021 年 9 月 28 日；观测期间格力电器融资融券如图 4.5 所示，依次为：融资余额、融资买入额、融资偿还额、融资净买入、融券余量、融券卖出量、融券偿还量、融券净卖，而格力电器的价格、收益率、EWMA 波动及融资融券余额如图 4.6 所示；实证程序代码见表 4.15；实证模型参数估计见表 4.16。实证结果表明，格力电器股票的融资融券余额增量、融资买入及融券卖出会增加条件异方差波动，进而促进市场证券的价格发现。

表 4.15　　exoGARCH 模型融资融券波动效应检验实证：格力电器 GREE

```
library(zoo)#基础数据包
library(stats)#基础统计包
library(rugarch)#单变量 GARCH 包
load("FiEsen.Rdata")#财经数据集
m<- window(szse.gree.margin,start="2017-06-13",end="2021-09-28")
x<- window(szse.gree.x,start="2017-06-13",end="2021-09-28")
plot(m[,1:8],main="",xlab="")#融资融券统计
plot(cbind(x$p,x$r,x$ewma,m$Tbalance),main="",xlab="")#融资融券余额
exo<- zoo(c(0,(lag(m$Tbalance,lag=1)-m$Tbalance)),index<- index(m$Tbalance))
exo<- cbind(exo,mpurchases,mselling)#构造外生变量
spec<- ugarchspec(#模型规范说明
```

① Ghalanos 多变量 GARCH 应用包文档网址：http://www.unstarched.net/r-examples/rmgarch。

续表

```
  variance.model=list(model="sGARCH",garchOrder=c(2,2)),
  external.regressors=as.matrix(exo)),#外生变量回归
  mean.model=list(armaOrder=c(1,0),include.mean=TRUE),
  distribution.model="sstd")
fit<- ugarchfit(data=x$r,spec=spec)#模型参数估计
sigma2<- zoo(sigma(fit^2));plot.zoo(sigma2,xlab="",ylab="")
```

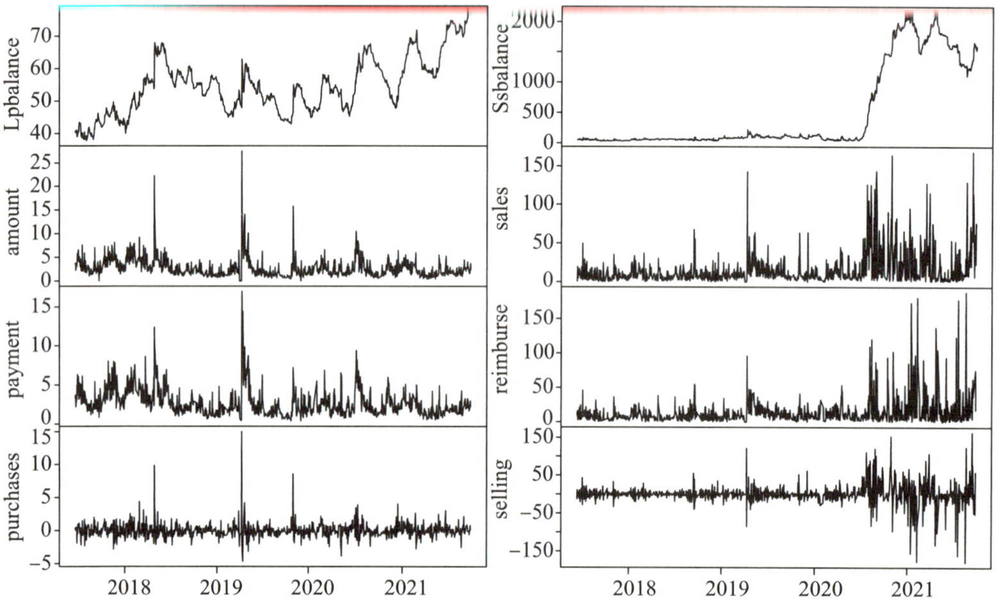

图 4.5　融资融券数据:格力电器 GREE

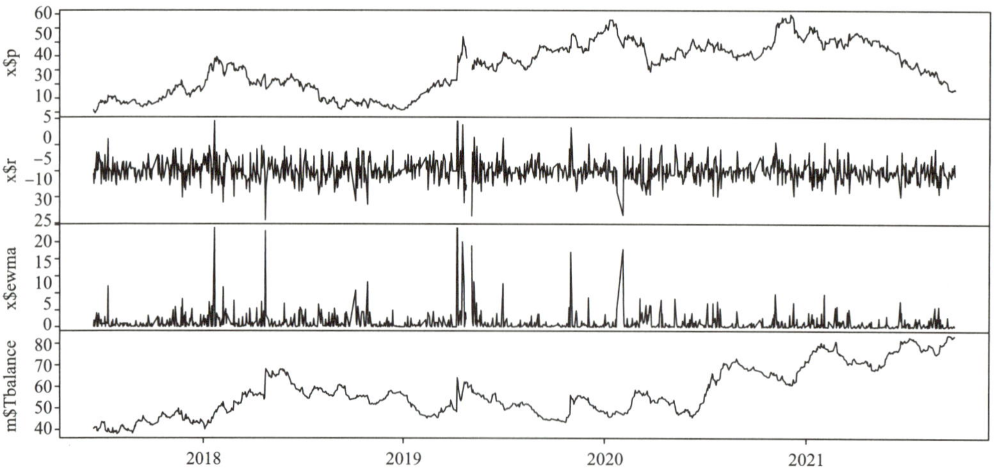

图 4.6　价格、收益率、EWMA 及融资融券余额:格力电器 GREE

表 4.16 exoGARCH 模型融资融券波动效应检验:格力电器 GREE

exoGARCH 模型规范				
eGARCH(1,1)ARFIMA(1,0,0)sstd external.regressorsc(0,(lag(m $ Tbalance,lag=1)-m $ Tbalance)) m $ purchases,m $ selling eGARCH 模型参数稳健估计				
	Estimate	Std. Error	t value	p-value
mu	0.059 798	0.058 945	1.014 48	0.310 353
ar1	−0.008 496	0.039 708	−0.213 96	0.830 575
omega	0.570 289	0.788 658	0.723 11	0.469 610
alpha1	−0.112 468	0.100 327	−1.121 01	0.262 282
beta1	0.596 731	0.557 285	1.070 78	0.284 267
gamma1	0.225 846	0.059 205	3.814 66	0.00 0136
vxreg1	1.136 688	0.548 608	2.071 95	0.038 270
vxreg2	−0.985 779	0.512 880	−1.922 05	0.054 600
vxreg3	−0.007 196	0.003 495	−2.059 27	0.039 468
skew	1.157 777	0.050 166	23.078 89	0.000 000
shape	5.674 825	1.034 168	5.487 33	0.000 000
logL−2 179.229 AIC 4.184 BIC 4.236 SIC 4.184 Hannan-Quinn 4.204				

第七节 实证练习

1. 使用 GARCH 模型实证分析市场指数的波动聚集现象,如道指(dji)、标普 500 指数(sp500)、纳指(nasdaq.ci)、芝加哥波指(cboe.vix)、芝加哥罗指(cboe.rut2000)、上证综指(sse.ci)、深证成指(szse.ci)和香港恒指(hkex.hsi)。

2. 使用 GARCH 模型实证分析证券的波动聚集现象,如谷歌(nasdaq.google)、亚马逊(nasdaq.amazon)、星巴克(nasdaq.starbucks)、新浪(nasdaq.sina)、中国石油(nyse.petrochina)、阿里巴巴(nyse.alibaba)、工商银行(sse.icbc)、中信证券(sse.citic.sc)、中国人寿(sse.chinalife)、平安银行(szse.pingan)和申万宏源证券(szse.swhy.sc)。

3. 使用 GARCH-M 模型实证分析证券的风险溢价效应,如谷歌(nasdaq.

google)、亚马逊(nasdaq.amazon)、星巴克(nasdaq.starbucks)、新浪(nasdaq.sina)、中国石油(nyse.petrochina)、阿里巴巴(nyse.alibaba)、工商银行(sse.icbc)、中信证券(sse.citic.sc)、中国人寿(sse.chinalife)、平安银行(szse.pingan)和申万宏源证券(szse.swhy.sc)。

4. 使用 EGARCH 模型实证分析证券的杠杆效应或非对称效应，如谷歌(nasdaq.google)、亚马逊(nasdaq.amazon)、星巴克(nasdaq.starbucks)、新浪(nasdaq.sina)、中国石油(nyse.petro-china)、阿里巴巴(nyse.alibaba)、工商银行(sse.icbc)、中信证券(sse.citic.sc)、中国人寿(sse.chinalife)、平安银行(szse.pingan)和申万宏源证券(szse.swhy.sc)。

5. 使用 TGARCH 模型实证分析证券的非对称效应或杠杆效应，如谷歌(nasdaq.google)、亚马逊(nasdaq.amazon)、星巴克(nasdaq.starbucks)和新浪(nasdaq.sina)、中国石油(nyse.petro-china)、阿里巴巴(nyse.alibaba)、工商银行(sse.icbc)、中信证券(sse.citic.sc)、中国人寿(sse.chinalife)、平安银行(szse.pingan)和申万宏源证券(szse.swhy.sc)。

6. 使用 SVLM 模型实证分析证券的杠杆效应，如谷歌(nasdaq.google)、亚马逊(nasdaq.amazon)、星巴克(nasdaq.starbucks)、新浪(nasdaq.sina)、中国石油(nyse.petrochina)、阿里巴巴(nyse.alibaba)、工商银行(sse.icbc)、中信证券(sse.citic.sc)、中国人寿(sse.chinalife)、平安银行(szse.pingan)、万科地产(szse.vanke)和申万宏源证券(szse.swhy.sc)。

7. 使用实例波动的日间 OHLC 方法和 EWMA 方法实证分析证券在不同交易市场或交易板块的波动现象，如万科(szse.vanke，hkex.vanke)、中国东航(sse.ceair，nyse.ceair)、中芯国际(sse.smics，hkex.smics)、康希诺(sse.cansino，hkex.cansino)、锦江集团(sse.jinjiang，sse.jinjiang.b，hkex.jinjiang)、阿里巴巴(hkex.alibaba，nyse.alibaba)、工商银行(sse.icbc，hkex.icbc)、中国平安(szse.pingan，sse.pinganins)和张裕(sse.changyu，sse.changyu.b)。

第五章　价格、收益率或波动的非线性模型

价格、收益率或波动率不仅依赖于企业或行业的边际效用，而且关联企业预期盈利能力、投资者市场情绪和宏观经济景气，交易价格、投资收益率或波动率并非总是线性的，因此本章讨论价格、收益率或波动率的非线性模型。首先，介绍资产非线性；其次，讨论序列的非线性检验过程；之后，重点讨论非线性回归模型和核密度回归模型；最后，介绍状态空间模型和限值因变量模型。

第一节　资产非线性特征

价格、收益率或波动率的经济计量模型并非总是线性的，尤其是经济全球化、市场信息非对称及投资行为非理性。因此，资产非线性直接体现在价格过程，间接表现为收益率过程及波动率过程，以至于投资组合管理的动态调整。

5.1.1　序列非线性

无论是自回归滑动平均 ARMA 模型，还是广义条件异方差 GARCH 模型、均值条件异方差 GARCH-M 模型，影响价格、收益率或条件异方差的外生或内生因素都是线性的，符合线性定价法则，即序列 y_t 为线性的当且仅当存在自然数 p 和 q 使得：

$$y_t = \phi_0 + \sum_{i=0}^{p} \phi_i y_{t-i} - \sum_{j=0}^{q} \theta_j \epsilon_{t-j} \tag{5.1}$$

或等价于

$$y_t = \beta_0 + \sum_{i=0}^{k} \beta_i x_{i,t} + \epsilon_t \tag{5.2}$$

其中，解释变量 $x_{i,t}$ 为滞后项或外生的；随机扰动项 u_t 为白噪声的。从计量方法角度看，无论扰动项 u_t 是否为异方差或位序相关，都可以通过应用适当的估计方法，正确地（无偏、有效、一致）估计模型未知参数。

显然,价格或收益率线性的本质在于资产滞后因素或外生因素的偏效应为常数的、非时变的。具体地,价格、收益率或波动函数偏效应或偏弹性为非常数:

$$\begin{cases} \dfrac{\partial E[y_t \mid \mathbb{F}_{t-1}]}{\partial y_{t-\ell}, x_{t-\ell}} & \neq \text{常数} \\ \dfrac{\partial D[y_t \mid \mathbb{F}_{t-1}]}{\partial y_{t-\ell}, x_{t-\ell}} & \neq \text{常数}\ \forall \ell = 1, 2, \cdots \\ \dfrac{\partial \mathrm{Cov}[y_t, y_{t-\ell} \mid \mathbb{F}_{t-1}]}{\partial y_{t-\ell}, x_{t-\ell}} & \neq \text{常数} \end{cases} \tag{5.3}$$

实例 5.1.1 日价格列的非线性实证:中国人寿 CHINALIFE

金融资产,如企业的证券或债券、商品的现货或期货,市场交易价格受经济周期轮转、企业创新能力强弱等因素影响而发生变化,价格并非总是线性的。图 5.1 给出 2007 年 1 月 9 日至 2021 年 3 月 15 日期间中国人寿在纽约证券交易所、香港交易所及上海证券交易所成交日收盘价及相应市场指数。明显地,证券价格或市场指数并非总是线性的,日收盘价格线趋势存在着转向交叉现象;给定时段证券价格或市场指数显著表现出非线性特征。因此,证券价格或市场指数的剧烈动荡必然导致证券价格、收益率或条件异方差的非线性。

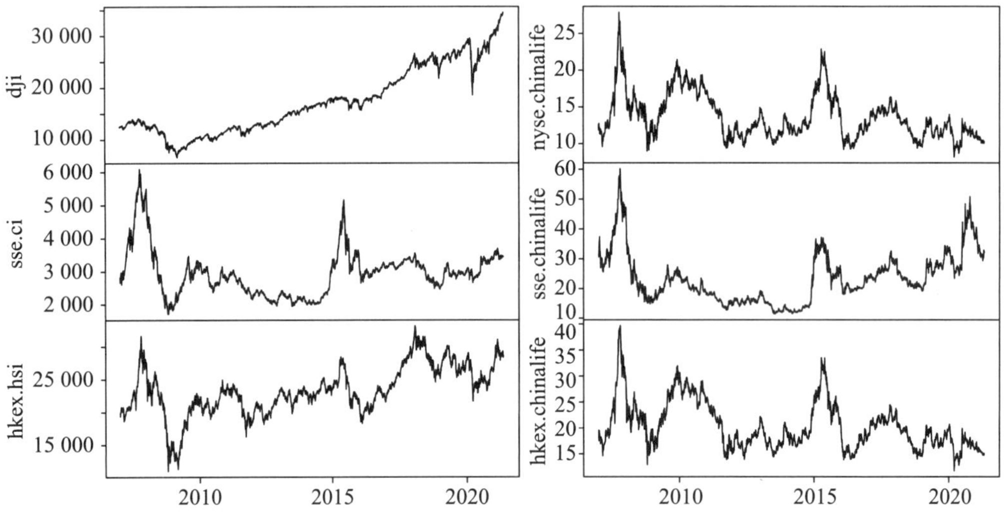

图 5.1 日价格序列:中国人寿

5.1.2 资产非线性特征

事实上,任何行业的企业成长过程都是有生命周期的,其投入生产要素的产出边际效应是递减的。因此,以企业证券(股票、债券)为标的的金融资产的价格或收益率都难以保持稳定或持续的增长势态，最终会回落到其增长过程的某个价格水平或收益率位置。因此，资产的非线性特征主要体现在：价格或收益率或波动过程的单根非平稳、外生变量偏效应非常数、条件异方差非常数、条件异方差过程的单根非平稳、非线性或风险溢价效应、价格或收益率的门限阈值或区间或状态选择。

例如，受外围市场因素、企业丑闻或政策利空利好影响，开盘竞价时刻 t_0 或交易期间时刻 t_0，成交价格会跳高或坠落①，股票或债券的价格过程剧烈动荡②：

$$S_t=\begin{cases}S_{t-1}+\epsilon_{1t} & t<t_0\\ \beta S_{t-1}+\epsilon_{2t} & t\geqslant t_0,\beta\leqslant 1\end{cases}\tag{5.4}$$

其中，系数 β 表示价格跳高或坠落效应；随机扰动项 ϵ_{1t} 和 ϵ_{2t} 为相互独立的白噪声。

尽管正常市场条件下，资产的价格、收益率或条件异方差的正则线性表达式：

$$\begin{cases}S_t & =p(x_t\mid \mathbb{F}_{t-1})=S_{t-1}+\epsilon_t\\ r_t & =r(x_t\mid \mathbb{F}_{t-1})=\beta x_t+u_t\\ E[r_t\mid \mathbb{F}_{t-1}]=\mu_t & =g(r\mid \mathbb{F}_{t-1})=\beta x_t\\ D[r_t\mid \mathbb{F}_{t-1}]=\sigma_t^2 & =h(t\mid \mathbb{F}_{t-1})=E[u_t^2\mid \mathbb{F}_{t-1}]=u_t^2\end{cases}\tag{5.5}$$

其中，给定条件下 $\mathbb{F}_{t-1}$，定价函数 $p(\cdot)$、收益率函数 $r(\cdot)$、收益率条件期望函数 $g(\cdot)$ 和条件异方差函数 $h(\cdot)$ 都是外生变量 x_t 的线性函数。

但是，资产收益率的条件均值或条件方差并非是常数（或有界）的，以及条件协方差并非时移无关的：

$$\begin{cases}E[r_t\mid \mathbb{F}_{t-1}]\neq \text{const}\\ D[r_t\mid \mathbb{F}_{t-1}]\neq \text{const}\\ \text{Cov}[r_t,r_s\mid \mathbb{F}_{t-1}]=\gamma(t,s)\end{cases}\tag{5.6}$$

或者，等价于定价函数、收益率函数、收益率期望函数或条件异方差函数的二阶微分非零：

$$\frac{\partial^2 p}{\partial^2 x_t}\neq 0,\frac{\partial^2 r}{\partial^2 x_t}\neq 0,\frac{\partial^2 g}{\partial^2 x_t}\neq 0,\frac{\partial^2 h}{\partial^2 x_t}\neq 0\tag{5.7}$$

若时间序列是平稳的，那么其线性模型的拟合残差

---

① 沪深证券市场 A 股于 1995 年 1 月 1 日起均改为施行 T+1 交易制度，B 股市场也自 2001 年 12 月 1 日起改为 T+1，不同证券板块设置不同的涨跌幅限制，±10%、±20%或±30%。

② 因连续亏损三年暂停上市 15 个月的盐湖股份在 2021 年 8 月 10 日恢复上市，在开盘时跳涨 343%，总市值冲破 2 130 亿元。同样地，受美国生物医药巨头默沙东宣布新冠肺炎的口服药物在实验中将住院和死亡风险降低了 50%，并将在未来几周内寻求 FDA 紧急使用授权的消息影响，香港市场的疫苗概念股跌势尤为惨烈，康希诺暴跌逾 26%、复星医药暴跌逾 21%，但隔日疫苗板块证券价格反转。

$$\begin{cases} y_t &= \beta_0 + \beta_1 x_{1t} + \beta_2 x_{2t} + \cdots + \beta_k x_{kt} + u_t \\ y_t &= \alpha_0 + \sum_{i=1}^{p} \alpha_i y_{t-i} + \beta_2 x_{2t} + \cdots + \beta_k x_{kt} + u_t \\ \hat{u}_t &= (y_t - \hat{y}_t) = (y_t - \hat{\beta} x_t) \end{cases} \tag{5.8}$$

也应该是近似于白噪声序列；否则，拟合残差序列$\hat{u}_t$ 必然存在着条件均值非零、条件异方差或条件位序相关。由此拟合残差可以构造出系列改进模型参数的估计统计量及假设的经验统计量（Wooldridge，2008）。

第二节　非线性检验

时间序列的线性拟合残差以及其时间路径的几何属性是检验其是否为非线性的有效途径。

5.2.1　基于线性拟合残差 Q 检验

若时间序列为线性的，那么其线性模型拟合的残差序列就应该是白噪声或渐进分布于白噪声。因此，以线性模型拟合的残差或残差平方的自相关函数为基础构造 Q 检验统计量（Ljung-Box-Q、Box-Pierce-Q）

$$Q(m) = T(T+2)\sum_{i=1}^{m} \frac{1}{T-i} \hat{\rho}_i^2(\hat{u}_t^2) \sim \chi^2(m-(p+q)) \tag{5.9}$$

或

$$Q(m) = T\sum_{i=1}^{m} \frac{1}{T-i} \hat{\rho}_i^2(\hat{u}_t^2) \sim \chi^2(m-(p+q)) \tag{5.10}$$

其中，残差$\hat{u}_t$ 为线性模型的拟合误差，包含由大量除 x_t 外的崭新信息；残差平方 $\hat{u}_t^2$ 的自相关函数平方$\hat{\rho}_i(\hat{u}_t^2)$；阶数 m 为其残差平方的自相关函数平方的累计数。

若 y_t 真是平稳的线性的，那么其自回归滑动平均 ARMA 拟合、向量自回归 VAR 拟合或多变量的线性回归拟合的残差应该几乎是白噪声，残差平方的自相关函数平方的 Q 统计量渐近于 χ^2 分布，其自由度为自相关函数平方累计数减去其线性拟合所需估计参数的数目。显然，这与检验条件异方差效应的 Ljung-Box-Q 统计量是一致的。

5.2.2　基于线性拟合残差 RESET 检验

序列是线性的，意味着序列单整处理后的 AR、MA 或 ARMA 模型，或协整 CI

关系处理后的多变量线性回归 LRM 模型的拟合残差渐近于白噪声；否则，模型拟合残差至少含有单整序列或协整序列的原有成分、平方成分或立方成分；RESET 为基于线性拟合是正确的检验方法。

设定序列 y_t 的 p 阶扩展向量序列 $Y_{t-1}^{p}=(1,y_{t-1},y_{t-2},\cdots,y_{t-p})^{\mathrm{T}}$，那么，时间序列的非线性 RESET 检验步骤如下。首先，以时间序列 y_t 进行自回归拟合，或对其他协整 CI 关系的时间序列的线性拟合：

$$\begin{cases} y_t &= Y_{t-1}^{\mathrm{T}}\phi + u_t \\ \hat{y}_t &= Y_{t-1}^{\mathrm{T}}\hat{\phi} \\ \hat{u}_t &= y_t - \hat{y}_t \\ SSR_0 &= \sum\limits_{t=p+1}^{N}\hat{u}_t^2 \end{cases} \tag{5.11}$$

其次，以残差序列$\hat{u}_t$ 对原时间序列 y_t 及其线性拟合序列$\hat{y}_t$d 的高次方序列进行第二次拟合：

$$\begin{cases} \hat{u}_t &= Y_{t-1}^{\mathrm{T}}\alpha_1 + M_{t-1}^{\mathrm{T}}\alpha_2 + v_t \\ \hat{v}_t &= \hat{u}_t - (X_{t-1}^{\mathrm{T}}\hat{\alpha}_1 + M_{t-1}^{\mathrm{T}}\hat{\alpha}_2) \\ SSR_1 &= \sum\limits_{t=p+s+1}^{N}\hat{v}_t^2 \end{cases} \tag{5.12}$$

其中，序列拟合值的高次方向量 $M_{t-1}=(\hat{y}_t^2,\hat{y}_t^3,\cdots,\hat{y}_t^{s+1})^{\mathrm{T}}$。最后，线性假设意味着第二次线性拟合的系数联合零假设成立，即两次线性拟合的误差平方和之比构成 F 统计量

$$F=\frac{(SSR_0-SSR_1)/g}{SSR_1/(T-p-g)}\sim Fg,t-p-g \tag{5.13}$$

显然，RESET 检验统计量是基于二次回归残差的 F 统计量，本质上属于检验拟合表达式是否正确，而 Ljung-Box-Q 检验统计量基于一次回归残差平方的自相关函数的平方和的 χ^2 渐近分布。

5.2.3　基于频域 Bispectral 检验

时间序列 y_t 与其傅立叶 F 变换 $Y(f)$是一一对应的，如式(3.22)和式(3.23)，序列时域的相关分析与其频域的谱分析是一一对应的且时域频域能量相等：

$$\frac{1}{2\pi}\int_{t=0}^{2\pi}|\,Y(\omega)\,|^2\mathrm{d}\omega=\sum_{t=1}^{\infty}y_t^2 \tag{5.14}$$

及频谱密度函数：

$$p(\omega)=\frac{\sigma_{\epsilon}^{2}}{2\pi}\mid Y(\omega)\mid^{2} \tag{5.15}$$

即自相关函数的傅立叶 F 变换。

同样地，序列 y_t 时域的三阶矩协方差函数

$$\mathrm{Cov}[y_t, t_{t+u}, y_{t+u+v}]=E[(y_t-E[y_t])(y_{t+u}-E[y_{t+u}])(y_{t+u+v}-E[y_{t+u+v}])] \tag{5.16}$$

对应频域的傅立叶 F 变换的谱密度函数：

$$b_3(\omega_1,\omega_2)=\frac{g}{4\pi^2}Y[\quad(\omega_1+\omega_2)]Y(\omega_1)F(\omega_2) \tag{5.17}$$

其中，$g=E[\epsilon_t^3]$为随机扰动项的偏度。

因此，在线性假设条件下，三阶矩协方差的归一化功率谱函数渐渐收敛于常数，即基于频域 Bispectral 检验：

$$b(\omega_1,\omega_2)=\frac{\mid b_3(\omega_1,\omega_2)\mid^2}{p(\omega_1+\omega_2)p(\omega_1)p(\omega_2)}\sim \text{常数} \tag{5.18}$$

虽然频谱分析过于烦琐且不直观，但它依然是时间序列分析的重要方法，有更多的谱分析及非线性检验方法（程乾生，2003；Brockett，Hinich & Pattersonl，1988）。

5.2.4 基于混沌 BDS 检验

时间序列为非线性的最直观几何表达，就是其时间演绎路径会出现回跳交叉现象，即谓序列时空的分形和混沌现象。无论是自然现象，还是金融资产的价格序列、收益率序列或条件异方差，如此演绎的分形和混沌现象存在是常见的形态。

因此，依动力系统[①]嵌入定理（Takens，1981）指出，任意序列 y_t 可以表达为高维 $k>1$ 嵌入序列：

$$Y_t^k \triangleq (y_t, y_{t+1}, \cdots, y_{t+k-1})^{\top} \tag{5.19}$$

仅当序列 y_t 为独立同分布时，嵌入序列 Y_t^k 在高维空间呈现无序状态且空间相关秩数和 $C_k(\delta)$渐近于$[C_1(\delta)]^k$：

$$C_{\ell}(\delta,T)=\lim_{T_k\to\infty}\frac{2}{T_k(T_k-1)}\sum_{i<j}I_{\delta}(X_i^*,X_j^*),\ell=1,k \tag{5.20}$$

其中，$T-\ell=T-\ell-1$ 及$Y_i^*=x_i$，当且 $\ell=1$，$Y_i^*=X_i^k$，假设 $\ell=k$。

---

① 动力系统利用差分方程、微分方差和随机微分方程，研究自然、工程、经济域或社会的观测系统的变化过程和趋势。

在原假设独立同分布时，对于任意固定的嵌入维数 k 和 δ，相关秩数渐近收敛：

$$p\lim_{T\to\infty} C_{\ell}(\delta, T) = [C_1(\delta)]^k \tag{5.21}$$

相应有 BDS 统计量渐近分布：

$$D_k(\delta, T) = \sqrt{T}\,\frac{C_k(\delta, T) - [C_1(\delta, T)]^k}{\sigma_k(\delta, T)} \to \mathrm{N}(0,1) \tag{5.22}$$

需要指出的是：其一，BDS 统计量检验空间相关，本质上是独立同分布；其二，BDS 统计量依赖于邻域参数 δ 和嵌入维度 k。此外，动力系统其他分形混沌统计量，如 Lyapunov 指数、Kolmogorov 熵和 R/S 统计量及其在资本市场应用(Edgar，1996)。

5.2.5 基于自激励门限回归模型 Tsay 检验

基于模型拟合的非线性检验基础是，线性回归拟合与其他非线性拟合的似然函数比率对数的渐近分布。

基于门限回归模型的 Tsay 检验过程如下。首先，对时间序列 y_t 进行自回归拟合：

$$y_t = \phi_0 + \sum_{i=1}^{p} \phi_i y_{t-i} + u_t \tag{5.23}$$

计算拟合残差序列的似然函数 $L_0 = L_0(\hat{\phi}, \bar{\sigma}_a^2)$。其次，对时间序列 y_t 进行自激励门限自回归 TAR 拟合(5.29)，计算自激励门限自回归拟合残差的似然函数 $L_1 = L_1(y_1; \hat{\phi}_1, \hat{\sigma}_1^2; \hat{\phi}_2, \hat{\sigma}_2^2)$。最后，计算两次拟合的似然函数比率对数：

$$\ell(y_1) = \ln(\ell_1(y_1; \hat{\phi}_1, \hat{\sigma}_1^2; \hat{\phi}_2, \hat{\sigma}_2^2)) - \ln(\ell_0(\hat{\phi}, \hat{\sigma}_a^2)) \tag{5.24}$$

需要指出的是：其一，此似然函数比率对数的非线性检验困难在于如何确定值激励回归模型参数，如阶、阈值及取值分布区间，从而在原假设与备择假设之间的选择应使其最大：

$$\ell_{\max} = \sup_{v<r_1<u} \{\ell r_1\} \tag{5.25}$$

解决途径有：其一，重新排列时间序列(Tsay，2005)；其二，此模型拟合似然函数比率对数检验方法可以看作非线性约束条件的线性模型的沃尔德检验统计量。

实例 5.2.1 非线性检验实证：上证 50 指数 SSE50

上海证券交易所于 2004 年 1 月 2 日发布上证 50 指数，50 只股票样本最具有市场“规模”和“流动”的代表性，以综合反映最具市场影响力的一批龙头企业的整体状况，目标是建立一个成交活跃、规模较大、主要作为衍生金融工具基础的投资指数。上海证券交易所并于次年2月23日上市发行交易型开放式指数基金——上证50ETF基金，它属于契约型、偏股型和被动指数型的开放式基金。实证样本观测区间为2019年9月30日至2021年9月30日，Ljung-Box-Q和RESET检验拟合模型或回归方程或表达式依次为：线性自回归AR和带有外生变量的多变量的线性回归，而BDS检验序列依次为：价格、收益率和实例方差；实证程序代码及实证结果分别见表5.1和表5.2。无论是自回归AR还是线性回归LRM拟合，Ljung-Box-Q检验模型拟合都是不显著的，而RESET检验AR模型拟合是不显著的，但多变量的线性回归LRM模型拟合是显著的；BDS检验价格和收益率序列都是独立同分布假设不显著，意味着序列是非线性的，而实例方差的独立同分布假设并非都不显著——这一点与第四章“收益率方差的波动模型”内容中多处假设条件异方差序列是平稳的是一致的。实证结果表明，上证50指数可以通过上证综指的线性回归拟合派生的；上证50ETF基金上市交易影响其标的成分股的微观结构，即ETF基金上市前后标的成分股的波动和流动存在显著差异(张明恒、于晨，2011)。此外，需要探讨的是，哪些因素变化致使ETF基金呈现出非线性、政策不确定性或投资者关注度及其市场情绪。

表5.1　　非线性检验实证：上证50指数

```
library(zoo) # 基础数据包
library(stats) # 基础统计包
library(fBasics) # 基础金融包
library(tseries) # 时间序列包
library(lmtest) # 线性模型检验包
load("FiEsen.Rdata") # 财经数据集
x<- window(sse50.x,start="2019-09-30",end="2021-09-30")
sse.ci<- window(sse.ci.x$r,start="2019-09-30",end="2021-09-30")
arma.fit<- arima0(ts(x$r),order=c(3,0,2)) # 仅 ARMA 拟合
Box.test(arma.fit$resid,type="Ljung-Box-QQ",lag=7,fitdf=6)
z<- cbind(x$r,c(0,lag(x$r,1)),sse.ci,c(0,lag(sse.ci,1))) # 生成临时数据
colnames(z)<- c("r","sse.ci","rlag1","sse.ci.lag1")
lm.fit<- lm(z$r~z$rlag1+z$sse.ci+z$sse.ci.lag1) # 包括指数 LRM 拟合
Box.test(lm.fit$resid^2,type="Ljung-Box-Q",lag=5,fitdf=4)
resettest(r~rlag1,power=2,type="fitted",data=z) # 包括指数 LM 拟合
```

续表

```
resettest(r~rlag1+sse.ci+sse.ci.lag1,power=2,type="fitted",data=z)#包括指数 LRM 拟合
(bds.test(x$p,m=5))$p.value#BDS 检验:价格
(bds.test(x$r,m=5))$p.value#BDS 检验:收益率
(bds.test(x$RV,m=5))$p.value#BDS 检验:实例波动
bds.test(x$sigma21,m=5))#BDS 检验:实例方差
```

表 5.2　　非线性检验:上证 50 指数

Box-Ljung-Q test 残差平方					
自回归 AR 拟合	X-squared=11.694,df=1,p-value=0.000 626 9				
多变量 LRM 拟合	X-squared=155.11,df=1,p-value<2.2e-16				
RESET test					
自回归 AR 拟合	RESET=35.8,df1=1,df2=484,p-value=4.257e-09				
多变量 LRM 拟合	RESET=0.552 59,df1=1,df2=482,p-value=0.457 6				
BDS test 原始序列嵌入维数 3					
价格序列	2	0	1.476 7e-156	6.845 6e-104	4.265 4e-74
	3	0	6.850 7e-185	3.067 3e-113	3.237 5e-78
收益率序列	2	7.026 4e-06	7.490 4e-08	2.457 6e-08	8.855 0e-08
	3	4.789 2e-04	7.799 7e-08	3.571 9e-08	1.462 4e-07
实例方差序列	2	0.142 0	0.118 9	0.577 5	0.446 5
	3	0.012 9	0.012 9	0.940 6	0.719 2

第三节　非线性自回归模型

时间序列的非线性表现在多个方面,如价格过程的单根非平稳、条件异方差的风险溢价效应、杠杆效应或非对称。时间序列的非线性表达方式途径之一就是扩展线性自回归 AR 或多变量的线性 MLRM 模型。

5.3.1　双线性自回归模型:BL-AR

扩展线性模型(1)、(2)表达式为 x_{t-1} 或 u_{t-1} 二项式展式的部分就有双线性 BL-AR 模型:

$$y_t = c + \sum_{i=1}^{p}\phi_i y_{t-i} - \sum_{j=0}^{q}\theta_j u_{t-j} + \sum_{i=1}^{m}\sum_{j=1}^{s}\beta_{ij} y_{t-i} u_{t-j} \tag{5.26}$$

其中，阶数 p-q 和 m-s 为非负整数；扰动项 u_t 为白噪声。

双线性模型特例：

$$y_t = \mu + \sum_{i=1}^{s}\theta_i u_{t-i} u_t + u_t = \mu + (1 + \sum_{i=1}^{s}\theta_i u_{t-i}) u_t \tag{5.27}$$

模型相应的期望与方差为：

$$\begin{cases} E[y_t \mid \mathbb{F}_{t-1}] & = \mu \\ D[y_t \mid \mathbb{F}_{t-1}] & = (1 + \sum_{i=1}^{s}\beta_i u_{t-i})^2 \sigma_u^2 \end{cases} \tag{5.28}$$

此模型仅刻画序列的条件异方差。

尽管双线性模型的表达能力优于传统的自回归滑动平均 ARMA 模型，即对其过去项及其叉积相项的拟合，但其拟合系数 β_{ij} 缺少直观的经济学含义，或许可以用于时间序列的预测而非统计检验。

5.3.2 自激励门限自回归模型：SETAR

尽管价格、收益率或条件异方差并非全期间线性的，但是可以认为其在任一时点依然遵循线性回归机制，即不同数值分布或状态选择不同的线性回归表达式。

设时间序列 y_t 数值区间划分为 k 个相邻子区间 $[\gamma_{\kappa-1}, \gamma_\kappa]$，$\kappa = 1, 2, \cdots, k$ 且存在着正整数 d 使得历史观测数据 y_{t-d} 数值决定当期取值遵循哪类自回归线性拟合机制。那么，自激励门限回归 SETAR 模型：

$$x_t = \begin{cases} \phi_0^{(1)} + \phi_1^{(1)} x_{t-1} + \cdots + \phi_{p_1}^{(1)} x_{t-p_1} + u_t^{(1)} & \gamma_0 \leqslant x_{t-d} < \gamma_1 \\ \phi_0^{(2)} + \phi_1^{(2)} x_{t-1} + \cdots + \phi_{p_2}^{(2)} x_{t-p_2} + u_t^{(2)} & \gamma_1 \leqslant x_{t-d} < \gamma_2 \\ \vdots & \\ \phi_0^{(k)} + \phi_1^{(k)} x_{t-1} + \cdots + \phi_{p_k}^{(k)} x_{t-p_k} + u_t^{(k)} & \gamma_{k-1} \leqslant x_{t-d} < \gamma_k \end{cases} \tag{5.29}$$

其中，随机扰动项 $u_t^{(j)}$ 都是白噪声且相互独立的；滞后时点 d 和取值区间划分 $\gamma_{\kappa-1}$ 为门限自回归的关键所在。

自激励门限自回归模型的条件均方程

$$E[y_t \mid \mathbb{F}_{t-1}] = \begin{cases} \mu_{1t} & \gamma_0 \leqslant y_{t-d} < \gamma_1 \\ \mu_{2t} & \gamma_1 \leqslant y_{t-d} < \gamma_2 \\ \vdots & \\ \mu_{kt} & \gamma_{k-1} \leqslant y_{t-d} < \gamma_k \end{cases} \tag{5.30}$$

其中，$\mu_{jt}=\phi_0^{(j)}+\phi_1^{(j)}x_{t-1}+\cdots+\phi_{p_1}^{(j)}x_{t-p_1}$，$j=1,2,\cdots,k$；条件方差方程

$$D[y_t\mid \mathbb{F}_{t-1}]=\begin{cases}\sigma_{1t} & \gamma_0\leqslant y_{t-d}<\gamma_1\\ \sigma_{2t} & \gamma_1\leqslant y_{t-d}<\gamma_2\\ \vdots & \\ \sigma_{kt} & \gamma_{k-1}\leqslant y_{t-d}<\gamma_k\end{cases} \tag{5.31}$$

其中，$\mu_{jt}=\phi_0^{(j)}+\phi_1^{(j)}x_{t-1}+\cdots+\phi_{p_1}^{(j)}x_{t-p_1}$，$j=1,2,\cdots,k$。

一般而言，自激励门限自回归 SETAR 模型表达为：

$$y_t=\sum_{j=1}^{k}(\phi_0^{(j)}+\phi_1^{(j)}y_{t-1}+\cdots+\phi_{p^{(j)}}^{(j)}y_{t-p}+u_t^{(j)})I\quad(y_{t-d}\in A_j) \tag{5.32}$$

其中，标示函数 $I(\cdot)$指示滞后项是否位于给定区间；区间 A_j 为时间序列 y_t 取值范围的划分：$\bigcup_{j=1}^{k}A_j=(-\infty,+\infty)$和 $A_i\cap A_j=\phi$。

显然，自激励门限自回归 SETAR(p,k)模型为平稳的，当且下列条件满足：其一，所有门限回归的扰动项的方差皆为常数，即：$D[a_t^{(j)}]=\sigma^2$，$j=1,2,\cdots,k$；其二，所有门限回归的系数 $\max\limits_{j=1,\cdots,k}\{\sum\limits_{i=1}^{p^{(j)}}|\phi_{i=1}^{p^{(j)}}\}\leqslant 1$；其三，所有门限回归的系数 $\sum\limits_{i=1}^{p}\{\max\limits_{j=1,\cdots,k}|\phi_{i=1}^{p_j}|\}\leqslant 1$，$p=\max\{p^{(1)},p^{(2)},\cdots,p^{(k)}\}$。

自激励门限回归模型参数估计步骤如下。首先，确定门限滞后数 d、取值区间划分$\{A_j\}$和自回归阶数阶数 $p^{(j)}$，$d\leqslant\max\{p^{(1)},\cdots,p^{(k)}\}$；其次，对时间序列 y_t 按其取值符合位于区间划分进行聚类分组；最后，分组依次自回归系数进行 OLS 或 MLS 估计。当然，可以依据极大似然 MLE 估计准则，确定最佳的自激励门限滞后数 d 和取值区间划分$\{A_j\}$。

5.3.3 平滑转移自回归模型：STAR

上述门限自回归 TAR 中取值区域划分致使模型条件均值和条件方差存在断点。自然地，可采取指数或逻辑型平滑转换函数加权处理以消均值和方差方程的不连续点（Terasvirta，1994）。

设定观测数据的滞后项 d 和分布函数的平滑权重 $F_\ell(\cdot)$，r 区域、d 阶滞后和 p 阶自回归的平滑转移自激励回归 STAR 模型：

$$y_t=(c_0+\sum_{i=1}^{p}\phi_{0,i}y_{t-i})+\sum_{\ell=1}^{r}F_\ell\left(\frac{y_{t-d}-\delta_\ell}{s_\ell}\right)(c_\ell+\sum_{i=1}^{p}\phi_{\ell,i}y_{t-i})+u_t \tag{5.33}$$

其中，未知参数 δ、s 为平滑转换函数的中心位置及扩散幅度，平滑转换函数为指数型或逻辑的；p 为自回归阶数，可最优自动选择；d 为滞后数，指定但须小于 p；r 为区域数，依极大似然准则逐步自动扩展，以拉格朗日数乘 LM 统计量检验。

特别地，仅当观测数据散布区域划分为两部分时，STAR模型简化为：

$$y_t = c_0 + \sum_{i=1}^{p} \phi_{0,i} y_{t-i} + \mathbb{F}\left(\frac{y_{t-d} - \delta}{s}\right)(c_1 + \sum_{i=1}^{p} \phi_{1,i} y_{t-i}) + u_t \qquad (5.34)$$

实例 5.3.1 STAR模型实证：腾讯控股 TENCENT

腾讯控股于1998年11月在深圳创立，公司秉承科技向善的宗旨，涉足互联网通信、社交服务、便捷出行、支付和娱乐生活。此外，公司提供云计算、广告、金融科技等。公司于2001年6月和2004年6月分别在美国纳斯达克证券交易所和香港交易所先后上市。腾讯控股在2010年1月5日至2021年10月7日期间，在纳斯达克证券市场及香港证券市场的股票的日价格如图5.2所示，二者市场价格自2016年5月始明显地开启上涨过程，与纳指上涨势态相同，仅在2021年5月份受政策监管影响而缓慢下行；二者日收益率统计描述如表5.4所示，二者期间累计收益率(267.421,260.674)明显高于相应市场指数的累计收益率(184.815,6.736)；无论是日收益率的方差、偏度还是峰度，二者偏离标准正态分布并非严重，或许与腾讯控股科技创新顶峰时期的市场回报有关。由于受到新冠疫情及政策监管的影响，腾讯控股证券在两地市场交易，观测样本期间选取2019年10月4日至2021年10月4日；实证结果纳斯达克美股和香港H股的STAR拟合自回归阶数和滑动加权滞后项分别为：(2,1)和(3,2)，而分区的最佳数为3和2。以此实证结果为据，简单地推断腾讯控股在香港交易所股票的非线性远低于纳斯达克市场美股股票，或者腾讯控股的港交所股票价格发现的有效性高于美股，或者港股票交易市场信息的完备性优于美股。这些或许缘于腾讯控股运营地理位置近于香港证券市场。

表5.3 STAR模型实证：腾讯控股 TENCENT

```
library(zoo)#基础数据包
library(stats)#基础统计包
library(tsDyn)#动态非线性时间序列包
load("FiEsen.Rdata")#财经数据集
y<-window(tencent.p,start="2019-10-04",end="2021-10-04")#期间数据
x<-window(tencent.r,start="2019-10-04",end="2021-10-04")#期间数据
star.nasdaq<-star(ts(x$nasdaq.tencent),m=2,thDelay=1)#纳斯达克
star.hkex<-star(ts(x$hkex.tencent),m=3,thDelay=2)#港交所
```

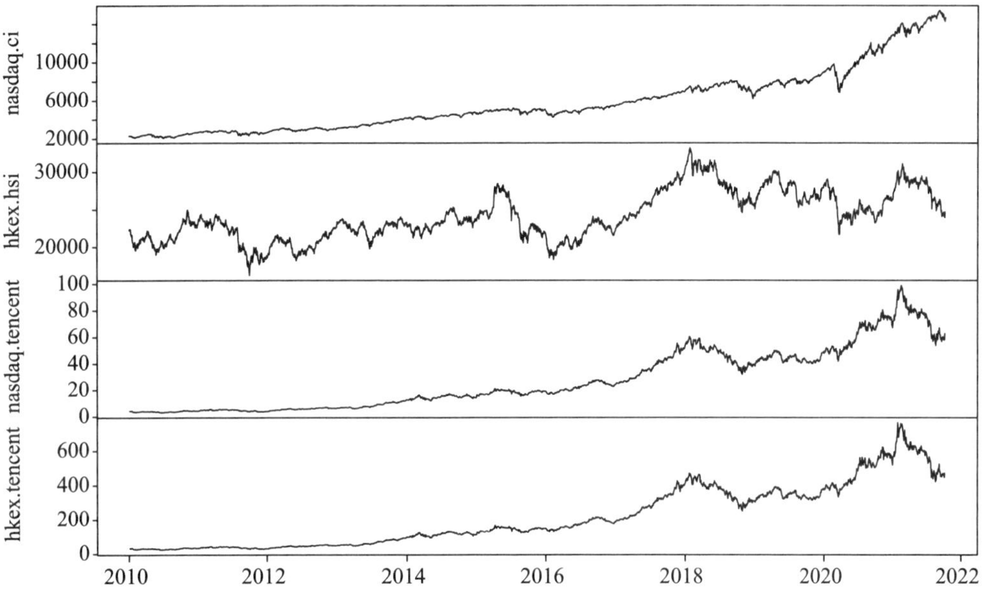

图 5.2　价格序列:腾讯控股 TENCENT

表 5.4　　收益率序列统计描述:腾讯控股 TENCENT

	nasdaq.ci	hsi	nasdaq.tencent	hkex.tencent
Minimum	−13.149 155	−6.018 288	−13.650 628	−11.524 942
Maximum	8.934 696	5.518 692	12.213 492	11.288 707
1.Quartile	−0.398 177	−0.567 501	−1.082 366	−0.949 055
3.Quartile	0.671 202	0.620 806	1.317 107	1.186 673
Mean	0.060 915	0.002 220	0.088 141	0.085 918
Median	0.088 359	0.000 000	0.052 422	0.000 000
Sum	184.815 113	6.736 307	267.420 836	260.673 833
SE Mean	0.021 965	0.020 941	0.039 428	0.036 791
LCL Mean	0.017 848	−0.038 840	0.010 834	0.013 779
UCL Mean	0.103 982	0.043 280	0.165 449	0.158 056
Variance	1.463 729	1.330 482	4.716 482	4.106 837
Stdev	1.209 847	1.153 465	2.171 746	2.026 533
Skewness	−0.772 178	−0.359 975	−0.175 824	−0.076 382
Kurtosis	10.754 976	2.530 843	2.506 964	2.502 334

表 5.5　　STAR 模型参数估计:腾讯控股 TENCENT 美股

STAR 拟合过程:m=2,thDelay=1		
Testing linearity:p-Value=0.001 818 066,nonlinear		
Incremental building procedure:		
Building a 2 regime STAR Performing grid search for starting values... Starting values fixed:gamma=3.538 462,th=−2.425 058;SSE=3 194.658 Optimized values fixed for regime 2:gamma=2.760 2,th=−2.560 6,SSE=0 101.10		
Testing for addition of regime 3 Estimating gradient matrix... Done. Computing the test statistic... Done. Regime 3 is needed(p-Value=0.045 104 71). Adding regime 3 . Fixing good starting values for regime 3... Reordering regimes... Estimating parameters of regime 3... Optimized values fixed for regime 3:gamma=42.793 1,th=3.850 502		
−56.088 26 56.136 24 4.101 85	−0.525 50 0.409 78 −0.039 03	−5.653 86 5.595 33 −0.632 28
Testing for addition of regime 4 Estimating gradient matrix... Computing the test statistic... Regime 4 is NOT accepted (p-Value=0.378 897 2)		
Finished building a MRSTAR with 3 regimes Residuals variance=6.046 AIC=953 MAPE=120.8		

表 5.6　　STAR 模型参数估计:腾讯控股 TENCENT H 股

STAR 拟合过程:m=3,thDelay=2		
Testing linearity: p-Value=0.006 001 199,nonlinear Incremental building procedure		
Building a 2 regime STAR Performing grid search for starting values Starting values fixed: gamma=100,th=1.142 772; SSE=2 818.389 Grid search selected lower/upper bound gamma (was: 1 100]) Might try to widen bound with arg:		

续表

starting.control=list(gammaInt=c(1 200)) Optimized values fixed for regime 2:gamma=100.008 1,th=1.151 7; SSE=2 817.64
Testing for addition of regime 3 Estimating gradient matrix... Done. Computing the test statistic... Done. Regime 3 is NOT accepted (p-Value=0.054 057 26)
Finished building a MRSTAR with 2 regimes Residuals variance=5.471 AIC=895 MAPE=120.8

5.3.4　函数系数自回归模型:FAR

无论是门限自回归 TAR,还是平滑转移自回归门限 SETAR,其非线性仅表现在线性表达的动态条件选择,其表达式依然是线性的。因而,简单而质朴的扩展线性模型的方法是把自回归模型的未知系数设定随机变量或包含历史观测数据的随机函数。

设定多变量函数 $f_l(\cdot)$,那么,函数系数自回归 FAR 模型表示为:

$$y_t = f_0(t) + f_1(Y_{t-1})y_{t-1} + \cdots + f_p(Y_{t-p})y_{t-p} + u_t \tag{5.35}$$

其中,随机向量 Y_{t-1} 由历史观测数据$(y_{t-1}, y_{t-2}, \cdots, y_{t-p})$函数值组成;

特别地,当函数简化为滞后项的线性加权 $\phi_i x_{t-i}$时,非线性可加自回归模型:

$$y_t = f_0(t) + \sum_{i=1}^{p} f_i(y_{t-i}) + u_t \tag{5.36}$$

虽然 NAAR 远比 AR 或 TAR 灵活和可扩展,但模型参数的经济含义并非那么直观;某种程度上可以认为是时间序列 y_t 动态加权变换的自回归(Chen & Tsay,1993)。

5.3.5　马尔可夫状态转换自回归模型:MSAR

无论是基于观测数据、白噪声及其乘数效应的双线性门限 BL-AR,还是基于观测数据的门限自回归 TAR、平滑自回归 STAR 或函数系数 FAR,它们大多依然是以过去观测数据作为当期变化的取值规则。事实上,任何观测对象都具有二重性:观测数值的大小及观测形态的属性。前者有量纲,如价格的货币属性和收益率的财务盈亏或损失,而后者仅表示观测对象的类别范畴。这就是在常规计量模型的回归方程中引入观测对象状态属性的状态方程。

给定时间序列 Y_t 及其离散状态序列 $s_t \in \{1, 2, \cdots, m\}$且限定状态序列为一阶马尔可夫链的状态转换概率：

$$\Pr\{s_t = i \mid s_{t-1}, s_{t-1}, s_{t-2}, \cdots, s_1 = j\} = \Pr\{s_t = i \mid s_{t-1} = j\} = w_{ij} \quad (5.37)$$

那么，时间序列 y_t 的马尔可夫状态转换自回归 MSAR 模型：

$$y_t = \beta x + \begin{cases} \phi_0^{(1)} + \phi_1^{(1)} x_{t-1} + \cdots + \phi_{p_1}^{(1)} x_{t-p_1} + a_t^{(1)} & 若\ s_t = 1 \\ \phi_0^{(2)} + \phi_1^{(2)} x_{t-1} + \cdots + \phi_{p_2}^{(2)} x_{t-p_2} + a_t^{(2)} & 若\ s_t = 2 \\ \vdots & \\ \phi_0^{(m)} + \phi_1^{(m)} x_{t-1} + \cdots + \phi_{p_m}^{(m)} x_{t-p_m} + a_t^{(m)} & 若\ s_t = m \end{cases} \quad (5.38)$$

其中，p_m 为自回归的阶数；$\phi_j^{(k)}$ 为自回归的系数；扰动项 u_t^i 为高斯白噪声且相互独立。

尽管马尔可夫状态转换自回归模型依据状态变化确定自回归表达式，但如同门限自回归或平滑转化自回归模型一样面临更多的参数选择：马尔可夫状态数目和状态转移概率矩阵。此外，未知参数的极大似然 MLE 估计过程的计算量庞大。

需要说明的是，状态数目是根据经验指定的，资产交易三个状态足够提供充分决策信息；状态转移概率矩阵只是表明给定条件下交易状态或方向的转换概率，但难以对投资组合选择的提供支持。

实例 5.3.2　MSAR 模型实证：中国石化 SINOPEC

截至 2021 年 10 月 10 日，中国石化在上交所发行股票的总股本数 1 210.71 亿股，其中自由流通股本 128.49 亿股，总市值为 5 557.17 亿元，其中自由流通市值为 589.75 亿元，占比上证综指成分为 0.923 0%，位居第 13 位，涨跌 0.13，涨跌幅 2.91%，成交量 33 026.50 万股，成交额为 151 269.19 万元，贡献点 0.97。与中国石油 A 股一样被沪深证券市场戏称为“两桶油魔咒”，即每逢中石油、中石化独立大涨都会在市场掀起波澜，致使小盘股跳水和市场调整。因此，实证检验和理解二者在沪深证券市场的价格（或收益或波动）变化尤为重要。实证样本观测期间为 2014 年 9 月 20 日至 2015 年 9 月 17 日，其间在政策预期、产业调整及场外配资等诸多影响沪深证券市场发生剧烈动荡，上证综指从 2014 年 9 月 2 日 2 289.866 点起，快速地攀升到 6 月 12 日 5 166.350 点；尔后剧烈动荡下跌，8 月 24 日上证指数大跌−8.49%，促使监管部门关闭信用交易和股指期货，直至 9 月 17 日跌至 3 086.061 点。实证程序代码见表 5.7；中国石化上交所 A 股的实证结果见表 5.8，上交所综指的实证结果见表 5.9。实证结果表明，中国石化上交所 A 股收益率与道指数、原油、上证综指、香港恒指和香港 H 股的回归系数显著，而与纽约证交所美股 B 的相关并不显著；中国石化上交所 A 股收益率有三种状态，相应 AR 回归和状态转移概率矩阵见表 5.8，转换概率表非对称的。同时，上交所指数对道指、香港恒指、中国石化的纽约证交所美股、上交所A股和港交所H股的回归系数显著，而对原油的回归不显著；简单地讲，中国石化上交所A股对大盘沪深指数的回归系数数值是正的、正相关的，贡献程度为8%，但与纽约证交所美股和港交所H股的回归系数数值都正负的、统计显著的；上交所指数收益率有三种状态，相应AR回归和状态转移概率矩阵见表5.9，转换概率表非对称的。需要说明的是，上交所综指回归或许说明沪深证券市场与香港市场和美国证券市场的联动是负相关的。

表 5.7　　MSAR 模型实证：中国石化 SINOPEC

```
library(zoo)#基础数据包
library(stats)#基础统计包
library(MSwM)#马尔可夫状态转换包
load("FiEsen.Rdata")#财经数据集
y<- window(sinopec.p,start="2014 - 09 - 20",end="2015 - 09 - 17")#价格数据
x<- window(sinopec.r,start="2014 - 09 - 20",end="2015 - 09 - 17")#收益率数据
cl<- window(nymex.cl.x$p,start="2014 - 09 - 20",end="2015 - 09 - 17")#原油期货日结算价格
z<- merge(y,cl);z<- log(z)#价格数据归并;对数
lm.nyse<- lm(nyse.sinopec dji+cl+sse.ci+hkex.hsi+sse.sinopec+hkex.sinopec,data=z)
lm.sse<- lm( sse.sinopec dji+cl+sse.ci+hkex.hsi+nyse.sinopec+hkex.sinopec,data=z)
lm.hkex<- lm(hkex.sinopec dji+cl+sse.ci+hkex.hsi+nyse.sinopec+sse.sinopec,data=z)
lm.sse.ci<- lm(sse.ci dji+cl+hkex.hsi+nyse.sinopec+sse.sinopec+hkex.sinopec,data=z)
msmFit.nyse<- msmFit(lm.nyse,k=3,sw=rep(TRUE,10),p=2)
msmFit.sse<- msmFit(lm.sse,k=3,sw=rep(TRUE,10),p=2)
msmFit.hkex<- msmFit(lm.hkex,k=3,sw=rep(TRUE,10),p=2)
msmFit.sse.ci<- msmFit(lm.sse.ci,k=3,sw=rep(TRUE,10),p=2)
```

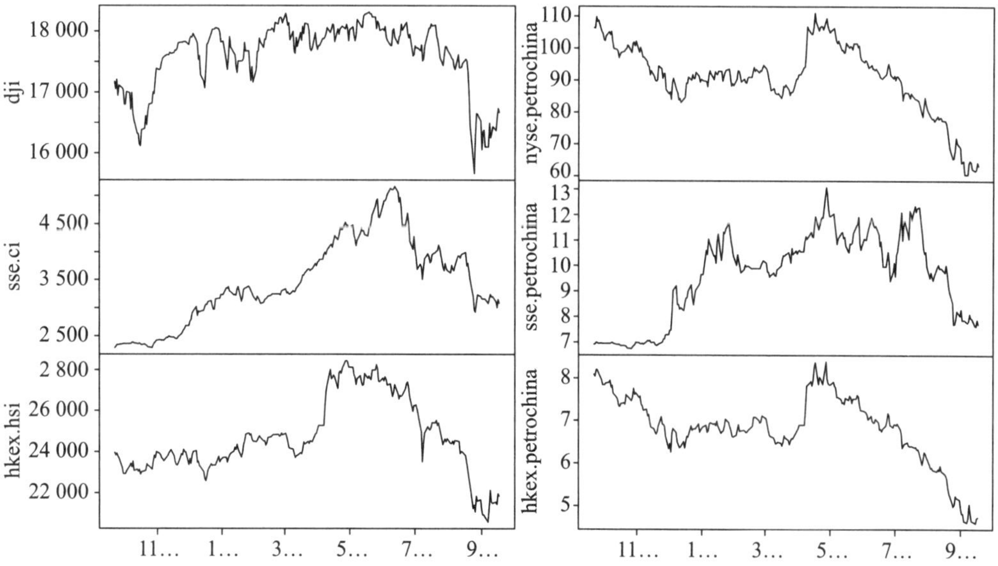

图 5.3　价格序列：中国石化 SINOPEC

表 5.8　MSAR 模型参数估计：中国石化 SINOPEC A 股

	Estimate	Std. Error	t value	p-value
(c)	−1.865e+00	4.597e−01	−4.057	6.70e−05
dji	1.228e−04	3.470e−05	3.539	0.000 48
cl	−1.588e−02	1.963e−03	−8.087	2.91e−14
sse.ci	7.051e−04	4.585e−05	15.378	<2e−16
hsi	−1.807e−04	3.072e−05	−5.882	1.34e−08
nyse.sinopec	3.516e−02	2.229e−02	1.577	0.110 00
hkex.sinopec	1.283e+00	2.766e−01	4.638	5.75e−06

Residual s.e. 0.190 7 on 243 DF; R-squared 0.911 3, Adj.R-squared 0.909 1

F-statistic 415.8 on 6 and 243 DF, p-value<2.2e−16

Markov Switching Model: AIC −517.354 BIC −273.629 logL 285.677

(c)	dji	cl	sse.ci	hkex.hsi	nyse.sinopec	hkex.sinopec	sse.sinopec_1	sse.sinopec_2	Std	
M1	−1.43	1.78e-05	0.003	0.000 4	−2.092 1e−06	4.708 7e-02	0.002 4	0.354 4	0.008 9	0.05
M2	0.13	9.29e-06	0.003	0.000 4	−2.437 6e−05	−7.889 2e-05	0.092 2	0.664 4	−0.021 1	0.03
M3	0.22	−5.24e-06	−0.015	0.000 3	−1.310 1e-04	1.572 7e-02	1.060 8	0.492 9	0.039 7	0.13

Transition probabilities

	Regime 1	Regime 2	Regime 3
Regime 1	0.857 557 94	0.031 945 19	0.051 227 24
Regime 2	0.066 887 04	0.940 932 92	0.016 321 31
Regime 3	0.075 555 02	0.027 121 88	0.932 451 44

表 5.9　MSAR 模型参数估计：上证综指 SSE.CI

	Estimate	Std. Error	t value	p-value
(c)	−7.1731 7	1.641 69	−4.369	1.85e-05
dji	−0.837 35	0.155 46	−5.386	1.70e-07
cl	0.010 98	0.034 99	0.314	0.753 959
hsi	2.702 32	0.128 00	21.113	<2e-16
nyse.sinopec	−0.900 17	0.294 05	−3.061	0.002 451
sse.sinopec	0.866 94	0.052 10	16.639	<2e-16
hkex.sinopec	−1.152 20	0.291 68	−3.950	0.000 102

续表

Residual s.e. 0.190 7 on 243 DF; R-squared 0.911 3, Adj. R-squared 0.909 1 F-statistic 415.8 on 6 and 243 DF, p-value<2.2e−16 Markov Switching Model AIC −1 310.99 BIC −1 067.265 logL 682.495										
	(c)	dji	cl	sse.ci	hsi	nyse.sinopec	hkex.sinopec	sse.sinopec_1	sse.sinopec_2	Std
M1	−6.94	−0.367	0.097	1.211	0.665	0.224	−1.527	0.795	−0.156	0.03
M2	0.70	0.216	0.009	−0.309	0.032	0.093	0.047	0.942	0.052	0.01
M3	−0.84	−0.021	−0.001	0.258	−0.162	0.153	−0.062	0.671	0.199	0.01

Transition probabilities:

	Regime 1	Regime 2	Regime 3
Regime 1	8.656 1e-01	2.794 9e-06	0.116 7
Regime 2	2.108 6e-06	6.314 1e-01	0.261 5
Regime 3	1.343 9e-01	3.685 9e-01	0.621 8

第四节　核密度函数回归方法

虽然时间序列或多变量时间序列的非线性模型参数估计需要大量的历史观测数据和烦琐的数值计算，但是现代计算技术为诸如滑动平均方法提供支持非参数形式处理高维复杂的金融数据处理。

5.4.1　非参核密度函数自回归

时间序列 y_t 非参核密度函数回归基础是数学期望大数定律。

给定平滑的核密度函数 $m(\cdot)$和选定密度函数的常数 θ。那么，时间序列 y_t 及同期的系列解释变量 $\mathbf{X}_t$ 满足：

$$\begin{cases} y_t & = m(X_t) + u_t \\ E[u_t \mid \mathbf{X}_t] & = 0 \\ E[u_t, u_s \mid \mathbf{X}_t] & = 0, \forall t \neq s \\ E[y_t \mid \mathbf{X}_t] & = m(\mathbf{X}_t) \\ D[y_t \mid X_t] & = \sigma^2(\mathbf{X}_t) \end{cases} \tag{5.39}$$

其中，均值函数 $m(X_t)$ 表示序列缓慢变化的趋势项；随机扰动项 u_t 满足同期条件零均值和同期位序不相关。

非参核密度函数回归分析如下：

$$\begin{cases} y_t & = m(\mathbf{X}_t) + u_t \\ \dfrac{1}{N}\sum_{t=1}^{N} y_t & = m(\mathbf{X}_t) + \dfrac{1}{N}\sum_{t=1}^{N} u_t \\ \overline{y} & = \dfrac{1}{N}\sum_{t=1}^{N} y_t = m(\mathbf{X}_t) \end{cases} \tag{5.40}$$

简单地，均值函数 $m(X_t)$ 是时间序列 y_t 距离 $w_t(X_t)$ 加权累计和：

$$\hat{m}(X_t) = \frac{1}{N}\sum_{t=1}^{N} w_t(X_t) y_t \tag{5.41}$$

其中，权重函数 $w_t(X_t)$ 观测值累计和为单位 1，且仅依赖于被解释变量的样本观测值 y_t 与同期解释变量的观测值 X_t 相对偏移关系。依据大数定律，观测数据的加权平均 $\bar{y}$ 则为函数 $m(X_t)$ 的一致估计。

常见的权重函数为概率密度函数：正态高斯核密度

$$K_h(x) = \frac{1}{h\sqrt{2\pi}} \exp\{-\frac{x^2}{2h^2}\} \tag{5.42}$$

及 Epanechinikov 核密度

$$K_h(x) = \frac{0.75}{h}\left(1 - \frac{x^2}{h^2}\right) I\left(\left|\frac{x}{h}\right| \leqslant 1\right) \tag{5.43}$$

核密度函数

$$\begin{cases} K(x) \geqslant 0, \int K(z)\mathrm{d}z = 1 \\ K_h(x) = \dfrac{1}{h} K(x/h) \geqslant 0, \int K_h(z)\mathrm{d}z = 1 \end{cases} \tag{5.44}$$

满足非负，而权重函数

$$w_t(x) = \frac{K_h(x - x_t)}{\dfrac{1}{N}\sum_{t=1}^{N} K_h(x - x_t)} \tag{5.45}$$

满足单位权重累计。

常见的核密度函数平滑估计量 Nadaraya-Watson：

$$\bar{m}(x) = \sum_{t=1}^{N} w_t(x) y_t = \frac{\sum_{t=1}^{N} K_h(x - x_t) y_t}{\sum_{t=1}^{N} K_h(x - x_t)} \tag{5.46}$$

可以证明，核回归估计量$\hat{m}(X)$具有一致性和渐近正态分布。

注意到，带宽参数 h 渐近性质列举如下：其一，$\bar{m}(x)=\sum_{t=1}^{N}w_t(x)y_t=\dfrac{\sum_{t=1}^{N}K_h(x-x_t)y_t}{\sum_{t=1}^{N}K_h(x-x_t)}$；其二，$\bar{m}(x_t)\to\dfrac{K_h(0)y_t}{K_h(0)}=y_t$，若 $h\to 0$；其三，$\bar{m}(x_t)\to\dfrac{\sum_{t=1}^{N}K_h(0)y_t}{\sum_{t=1}^{N}K_h(0)}=\dfrac{1}{N}\sum_{t=1}^{N}y_t=\bar{y}$，若 $h\to\infty$。

带宽参数 h 选择在核密度回归中极为重要。参见带宽估计两个原则：其一，平均整体误差平方和$MISE=E\left[\int_{-\infty}^{+\infty}[\bar{m}(x)-m(x)]^2\mathrm{d}x\right]$最小，对于正态高斯核密度带宽为 $1.06s\,T^{-1/5}$，而对于 Epanechnikov 核密度函数带宽为 $2.34sN^{-1/5}$；其二，样本数据交叉验证，$CV(h)=\dfrac{1}{N}\sum_{t=1}^{N}[y_j-\bar{m}_{h,j}(x_j)]^2W(x_j)$。

需要说明的是，这里所说的平滑技术作为一种统计方法，把其系列滞后项作为解释变量进行核密度加权平均，本质上还是均值函数 $m(y_t)$或 $m(Y_t)$回归；同时，核密度函数 $K_h(X)=\dfrac{1}{(h\sqrt{2\pi})^p}\exp\left\{-\dfrac{1}{2\pi^2}X\,\Sigma^{-1}X\right\}$，或 $K_h(X)=\prod_{i=1}^{p}\dfrac{0.75}{h_i}\left(1-\dfrac{x_i^2}{h_i^2}\right)I\left(\left|\dfrac{x_i}{h_i}\right|<1\right)$。

5.4.2　半参数核密度函数回归

无论是带有未知参数的线性回归模型(3.94)，还是无参数的核密度函数回归模型(5.40)，线性表达形式和非线性能力是分离的，最佳可能是二者的结合。例如，给定价格、收益率或方差序列 y_t、解释变量序列 X_t，其中或包括 y_t 的滞后项，部分非线性函数与部分线性的分离模型：

$$y_t=X_t\beta+g(Z_t;\theta)+a_t \tag{5.47}$$

其中，参数 β 为未知的线性模型系数；参数 θ 为非线性部分 $g(\cdot)$的未知常数；随机扰动项$\{a_t\}$为白噪声。显然，半参数核密度函数回归同时兼具参数的线性回归模型和无参数的核回归模型的特征。

第五节 状态空间模型

正如马尔可夫自回归 MSAR 模型(5.38)所描述的那样,观测数据不仅与其历史数据相关,而且还与其历史的状态相关。因此,联立行为方程和状态方程以刻画复杂的系统行为,即谓之状态空间 SSM 模型:

$$\begin{cases}\mathbf{Y}_t = g(\mathbf{Y}_{t-1},\mathbf{S}_{t-1},\mathbf{Z}_t;\Phi)+\mathbf{v}_t, & \mathbf{v}_t \sim \mathrm{WN}(0,\Sigma_v)\\ \mathbf{S}_t = f(\mathbf{Y}_{t-1},\mathbf{S}_{t-1},\mathbf{Z}_t;\Theta)+u_t, & \mathbf{u}_t \sim \mathrm{WN}(0,\Sigma_u)\end{cases} \tag{5.48}$$

其中,向量 $\mathbf{Y}_t$ 为行为变量,向量 $\mathbf{S}_t$ 为状态变量,向量 $\mathbf{Z}_t$ 为外生变量;而含有未知参数的函数 $g(\cdot)$和 $f(\cdot)$分别称为行为方程函数和状态方程函数;仅当函数 $g(\cdot)$或 $f(\cdot)$为非线性时,称为非线性状态空间 NSSM 模型;两方程的随机扰动项向量 $\mathbf{u}_t$ 和向量 $\mathbf{v}_t$ 相互独立且概率分布已知,如高斯分布,确定是否为高斯或非高斯分布。

特别地,高斯线性状态空间 GLSSM 模型:

$$\begin{cases}\Pr\{\mathbf{Y}_t \mid \mathbf{D}_y+\mathbf{A}\mathbf{Y}_{t-1}+\mathbf{B}\mathbf{S}_{t-1}+\mathbf{C}\mathbf{Z}_t\} \sim \mathrm{WN}(\mathbf{Y}_t \mid \mathbf{Y}_{t-1},\mathbf{S}_{t-1},\mathbf{Z}_t)\\ \mathbf{S}_t=\mathbf{D}_s+\mathbf{D}\mathbf{Y}_{t-1}+\mathbf{T}\mathbf{S}_{t-1}+\mathbf{V}\mathbf{Z}_t+\mathbf{u}_t\end{cases} \tag{5.49}$$

其中,行为方程中的 p 维观测向量依赖与状态变量的概率分布 $\Pr\{\mathbf{Y}_t \mid \cdots\}$为高斯的、泊松、二项、伽马、高斯或非负二项,向量 $\mathbf{D}_y$ 为行为方程截距,向量 $\mathbf{A}$ 为行为方程的自回归效应,向量 $\mathbf{B}$ 为行为方程的状态效应,向量 $\mathbf{C}$ 为行为方程的外生效应;状态方程中的随机扰动 $\mathbf{u}_t \sim N(0,I_k)$,扰动项数目 k 小于状态数目 m,向量 $\mathbf{D}_S$ 为状态方程的截距,向量 $\mathbf{T}$ 为状态方程的状态转移矩阵,矩阵 $\mathbf{U}_t$ 为状态方程的行为效应,矩阵 $\mathbf{V}_t$ 为状态方程的外生效应。

无论是否为高斯或线性的状态空间模型,通过马尔可夫链蒙特卡洛模拟 MC-MC 方法实现了模型未知参数的数值模计算(Liu,2004)。

第六节 限值因变量模型

无论是非线性自回归模型、核密度函数回归方法,还是非线性状态空间,这些非线性方法都是基于因变量(被解释变量)为实值的,其数值大小刻画观测现象或对象的本质属性。但是,实证问题中研究对象的取值并非为连续实值的,如证券价格的涨跌状态、证券价格的上升趋势、下跌趋势或横盘震荡趋势、交易价格的形成机制、组合的盈亏状态、到期债券是否违约、债券发行人的信用级别等。这些问题难以使用线性或非线性模型进行实证分析。因此，探索限值因变量 LDV 模型有重要应用价值。

首先，最简单的限值因变量模型就是刻画是否违约二值属性的线性概率 LPM 模型：

$$\begin{cases} y=\beta\mathbf{x}+\epsilon, y \in \{0,1\} \\ \Pr\{y=1 \mid \mathbf{x}\}=\text{违约概率}, \Pr\{y=0 \mid \mathbf{x}\}=\text{履约概率} \end{cases} \tag{5.50}$$

显然，如此线性概率模型无法保证高斯马尔可夫 GMA 假设成立，难以使用普通最小二乘 OLS 估计方法估计模型参数。实际上，线性概率 LPM 扩展为概率单位 Probit 模型：

$$\begin{cases} \Pr\{y=1 \mid \mathbf{x}\}=G(\beta\mathbf{x}), \Pr\{y=0 \mid \mathbf{x}\}=1-G(\beta\mathbf{x}) \\ G(z)=\Phi(z)=\dfrac{1}{\sqrt{2\pi}}\displaystyle\int_{-\infty}^{z}\exp\{-\frac{z^2}{2}\}\mathrm{d}v \end{cases} \tag{5.51}$$

或对数单位 Logit 模型：

$$\begin{cases} \Pr\{y=1 \mid \mathbf{x}\}=G(\beta\mathbf{x}), \Pr\{y=0 \mid \mathbf{x}\}=1-G(\beta\mathbf{x}) \\ G(z)=L(z)=\dfrac{\exp\{z\}}{1+\exp\{z\}} \end{cases} \tag{5.52}$$

其中，$\Phi(z)$为正态分布函数，$L(z)$为逻辑斯谛分布函数。

上述三者最大区别在于：LPM 模型假设边际效应为常数，而 Logit 模型和 Probit 模型满足非参数的边际效用。

上述二值限值因变量的概率模型可扩展为因变量取值为有序或无序的离散、连续计数的限值因变量 LDV 模型：

$$\begin{cases} \Pr\{y=y_i \mid \mathbf{x}\}=G(\beta\mathbf{x}), i=1,2,\cdots,k \\ \displaystyle\sum_{i=1}^{k}\Pr\{y=y_i\}=1, \text{或}\int_{+\infty}^{-\infty}\mathrm{d}G(z)=1 \\ \{y_i\}\subset\mathbb{R}, \text{或}\{y_i\}\subset\mathrm{IN}, i=1,2,\cdots,k \end{cases} \tag{5.53}$$

或因变量取值被角点、截取、截断的限值因变量模型：

$$\begin{cases} y^*=\beta\mathbf{x}+\epsilon \\ y=f(y^*;\gamma)\ \text{或}\ w=g(y^*;\gamma)+\nu=\gamma y^*+\nu \end{cases} \tag{5.54}$$

其中，因变量 y^* 受限不可直接观测；$f(\cdot)$为因变量角点或截取函数，$g(\cdot)$为因变量截断函数。依据限值因变量取值的限制方式：限值的离散或连续、有序或无序及限制的显式或隐式，限值因变量模型可归纳如表5.10所示。

表5.10 **部分限值因变量LDV模型**

限值因变量	模型名称	模型数学表达式
二值	线性概率LPM	$y=\beta\mathbf{x}+\epsilon$
	概率单位Proit	$\Pr\{y=1\mid\mathbf{x}\}=G(\beta\mathbf{x})$ $\Pr\{y=0\mid\mathbf{x}\}=1-G(\beta\mathbf{x})$ $G(z)=\frac{1}{\sqrt{2\pi}}\int_{-\infty}^{z}\exp\left\{-\frac{z^2}{2}\right\}\mathrm{d}v$
	对数单位Logit	$\Pr\{y=1\mid\mathbf{x}\}=G(\beta\mathbf{x})$ $\Pr\{y=0\mid\mathbf{x}\}=1-G(\beta\mathbf{x})$ $G(z)=\frac{\exp(z)}{1+\exp\{-z\}}$
多值，无序	对数单位	$\Pr\{y=y_j\}=\frac{\exp\{\beta_j\mathbf{x}\}}{1+\exp\{\sum_{i=1}^{k}\beta_i\mathbf{x}\}}$
多值，位序	位序概率或对数单位	$\Pr\{y=y_j\}=\Pr\{y_{(j-1)}<\beta\mathbf{x}+u<y_{(j)}\}$ $u\sim\Phi(\cdot),u\sim L(\cdot)$ $y_{(j)}$位序统计量
计数	泊松Poisson	$\Pr\{y=i\mid\mathbf{x}\}=\frac{\exp\{-\lambda\}\lambda^i}{i!},\lambda=\exp\{\beta\mathbf{x}\}$ $E[y\mid\mathbf{x}]=D[y\mid\mathbf{x}]=\lambda$
角点	托宾Tobit	$\begin{cases}y^*=\beta\mathbf{x}+\epsilon\\y=\max\{0,y^*\}\end{cases}$
截取	截取Censored	$\begin{cases}y=\beta\mathbf{x}+\epsilon\\w_i=\max\{y_i,c_i\}\\c_i\sim N(0,\sigma_c^2)\end{cases}$
截断	截断Truncated	$\begin{cases}y=\beta\mathbf{x}+\epsilon\\s=1\mid_{\gamma y+\nu\geqslant 0}\end{cases}$

有关限值因变量LDV模型有四点需要注意。其一，使用极大似然MLE估计进行限值因变量模型的参数估计；其二，模型参数估计表达式为非线性及经济含义；其三，二值概率模型多应用于债券违约事件评估、交易价格状态刻画及信用风险计量，多值位序概率模型多应用于交易价格形成，分别参见"6.2.1 价格位序概率：Ordered Probit"和"6.2.2 价格解析模型：ADS Logit"以及第七章"风险测度的概率方法"所述内容；其四，限值因变量模型参数估计及分析(Wooldridge，2008)。

第七节　实证练习

1.使用不同检验方法实证分析市场指数的非线性，如道指(dji)、标普 500 指数(sp500)、纳指(nasdaq.ci)、芝加哥波指(cboe.vix)、芝加哥罗指(cboe.rut2000)、上证综指(sse.ci)、深证成指(szse.ci)和香港恒指(hkex.hsi)。

2.应用两区域门限模型 TAR($r=2,p=3$)分析证券的非线性，如谷歌(nasdaq.google)、亚马逊(nasdaq.amazon)、星巴克(nasdaq.starbucks)、新浪(nasdaq.sina)、中国石油(nyse.petrochina)、阿里巴巴(nyse.alibaba)、工商银行(sse.icbc)、中信证券(sse.citic.sc)、中国人寿(sse.chinalife)、平安银行(szse.pingan)、格力电器(szse.gree)和申万宏源证券(szse.swhy.sc)。

3.使用 MSAR 模型参数估计对比分析不同抽样周期日或周或月证券的非线性，如谷歌(nasdaq.google)、亚马逊(nasdaq.amazon)、星巴克(nasdaq.starbucks)、新浪(nasdaq.sina)、中国石油(nyse.petrochina)、阿里巴巴(nyse.alibaba)、工商银行(sse.icbc)、中信证券(sse.citic.sc)、中国人寿(sse.chinalife)、平安银行(szse.pingan)和申万宏源证券(szse.swhy.sc)。

4.使用非参核密度函数自回归方法实证分析证券的非线性，如谷歌(nasdaq.google)、亚马逊(nasdaq.amazon)、星巴克(nasdaq.starbucks)、新浪(nasdaq.sina)、中国石油(nyse.petrochina)、阿里巴巴(nyse.alibaba)、工商银行(sse.icbc)、中信证券(sse.citic.sc)、中国人寿(sse.chinalife)、平安银行(szse.pingan)、

5.使用限值因变量 LDV 模型，如概率单位(Proit)、对数单位(Logit)或位序概率(Ordered Probit)，辅以证券的日间交易量价数据及相应市场指数数据，实证分析影响证券涨跌的量价因素，如谷歌(nasdaq.google)、亚马逊(nasdaq.amazon)、星巴克(nasdaq.starbucks)、新浪(nasdaq.sina)、中国石油(nyse.petrochina)、阿里巴巴(nyse.alibaba)、工商银行(sse.icbc)、中信证券(sse.citic.sc)、中国人寿(sse.chinalife)、平安银行(szse.pingan)、万科地产(szse.vanke)和申万宏源证券(szse.swhy.sc)。

第六章　价格形成的微观机制

价格是通过市场交易形成的，收益率是通过价格变化实现的。正确理解诸如证券和商品期货等资产价格形成的微观机制，对交易者、交易所和监管者都具有重要价值。因此，本章讨论金融资产价格形成的微观机制及相应交易的回归模型。首先，在无套利定价 ATP 原理和集合竞价及连续竞价①的交易规则前提下，探讨成交价差 Roll 模型和成交收益 Lo-Mackinlay 模型；其次，介绍价格变化的计量位序概率和解析模型以及交易成交间隔的计量回归 ACD 模型；最后，依据市场交易的高频数据构成的技术面指标分析价格形成的微观过程。

第一节　价格概率模型

设定无套利定价 ATP 假设成立，资产成交价格总是围绕其不可观测的基本价值或价格变化②；盘外资产交易参与竞买者以价格 P_b 申报买出资产，而盘内参与竞卖者以价格 P_a 申报买进资产；给定时间点和证券价格买卖双方并非一定能够同步达成交易。

6.1.1　价格模型：Roll

尽管影响资产竞拍过程的因素包括资产基本价值、竞拍双方信息、市场信息及交易规则，但是竞拍过程形成资产的交易价格及其成交量(Roll，1984)。

设定资产交易的双方竞拍买卖价差

$$S = P_a - P_b \tag{6.1}$$

---

① 集合竞价是指对一段时间内，如开盘前上午 9:15 至 9:30，或收盘时下午 2:57 至 3:30，接收的买卖申报一次性集中撮合的竞价方式；而连续竞价是指对在一段时间内，如盘中上午 9:30 至下午 2:57，申报的每一笔买卖委托，由交易所计算机交易系统按照预定规则形成交易和成交价。

② 某种意义上，可以认为资产不可观测的基本价值或价格与市场交易或交易过程无关，它是资产的价值属性，由基本面因素决定。

表达买卖成交的意愿，为证券交易的流动性标志，它是由买卖双方提出申请在交易所的买卖队列排队；通过交易形成的可观测的成交价格变化

$$\Delta P_t = P_t - P_{t-1} \tag{6.2}$$

总是围绕不可观测的基本价值 P_t^* 变化。那么，交易过程形成的价格 Roll 模型(Roll，1984)：

$$P_t = P_t^* + \epsilon_t = P_t^* + I_t \frac{S}{2} \tag{6.3}$$

其中，ϵ_t 为随机扰动项，表示交易价格总是围绕资产的基本价值的变化；标识函数 I_t：

$$\Pr\{I_t = +1\} = \Pr\{I_t = -1\} = \frac{1}{2} \tag{6.4}$$

指示竞拍成交的交易类型：买进或卖出。

依据标识函数 I_t，交易过程形成的价格表达式展开为：

$$P_t = P_t^* + I_t \frac{S}{2} = P_t^* + \begin{cases} +\dfrac{S}{2} & \text{概率}\dfrac{1}{2} \\ -\dfrac{S}{2} & \text{概率}\dfrac{1}{2} \end{cases} \tag{6.5}$$

并设定短时期内资产的基本价值保持不变，即 $\Delta P_t^* = 0$。所以，交易过程成交的价格变化为：

$$\Delta P_t = (P_t - P_{t-1}) = (I_t - I_{t-1}) \frac{S}{2} \tag{6.6}$$

因此，交易价格 Roll 模型的价差统计性质表达如下。其一，期望与方差：

$$\begin{cases} E[\Delta P_t] & = 0 \\ D[\Delta P_t] & = \dfrac{S^2}{2} \end{cases}$$

成交价格的变化平均为零，其方差为竞拍价差平方之半；其二，自相关函数：成交价差的协方差

$$\mathrm{Cov}[\Delta P_t, \Delta P_{t-\ell}] \begin{cases} -\dfrac{S^2}{4} & \text{若 } \ell = 1 \\ 0 & \text{若 } \ell > 1 \end{cases}$$

自相关函数

$$\rho_\ell(\Delta P_t) = \begin{cases} -0.5 & \text{若 } \ell = 1 \\ +0.0 & \text{若 } \ell > 1 \end{cases}$$

表明，相邻成交价格变化为负相关，而非相邻交易价差则不相关。这称为买卖报价弹性。

此外,成交价格变化 ΔP_t 不仅与资产的基本价值变化 ΔP_t^* 分布的期望方差有关,而且与交易双方的竞拍买卖价差 S 有关,即竞拍双方的买卖意向和交易所的竞拍规则。

6.1.2 收益模型:Lo-MacKinlay

资产交易过程并非同步的,其交易数据包括时、分、秒、毫秒、纳秒以及成交价格、成交量、交易类型或属性,而非同步交易导致不同的证券(股票、债券、股票期货)和商品期货的交易数据具有不同的统计特征,即使同一证券在不同交易时段或宏观经济时期的交易数据的统计特征也并非是相同的(Campbell,Lo & MacKinlay,1997;Lo & MacKinlay,1990)。

设定资产期间收益的概率模型如下:其一,交易资产的不可观测的基本收益过程 r_t 为均值 μ 和方差 σ^2 的独立同分布过程;其二,任意时刻交易形成的概率 $\Pr\{成交\}=1-\pi\in(0,1)$;其三,通过交易形成的可观测的收益过程 r_t^o 规定为最近邻交易期间的累计对数收益和:

$$r_t^o = r_t + r_{t-1} + \cdots + r_{t-k_t} \tag{6.7}$$

其中,非负整数 k_t:

$$\Delta t \triangleq t - t_{k_t} = k_t \tag{6.8}$$

为没有达成交易的最长间隔或资产持有的最久期间。那么,资产持有期间的可测收益 r_t^o 的持有收益 Lo-MacKinlay 模型为:

$$r_t^o = \begin{cases} 0 & 概率\ \pi \\ x_t & 概率(1-\pi)^2 \\ r_t + r_{t-1} & 概率(1-\pi)^2\pi \\ r_t + \cdots + r_{t-2} & 概率(1-\pi)^2\ \pi^2 \\ r_t + \cdots + r_{t-3} & 概率(1-\pi)^2\ \pi^3 \\ & \vdots \\ \sum_{i=0}^{k_t} r_{t-i} & 取概率(1-\pi)^2\ \pi_t^k \end{cases} \tag{6.9}$$

因此,交易过程形成的可观测的收益序列 r_t^o 统计性质分述如下。其一,期望:

$$\begin{aligned} E[r_t^o] &= E[x_t](1-\pi)^2 + E[x_t + r_{-1}](1-\pi)^2\pi + \cdots \\ &= \mu(1-\pi)^2 + 2\mu(1-\pi)^2\pi + \cdots \\ &= (1-\pi)^2\mu[(1-\pi)^2 + 2(1-\pi)^2\pi + \cdots] \\ &= (1-\pi)^2 \frac{1}{(1-\pi)^2}\cdots = \mu \end{aligned}$$

其二,方差,由于

$$\begin{cases} D[r_t^o] & = E[(r_t^o)^2] - (E[r_t^o])^2 \\ E[(r_t^o)^2] & = E[(\sum_{i=0}^{k_t} r_{t-i})^2] = (k_t + 1)\sigma^2 + [(k_t + 1)\mu]^2 \end{cases}$$

所以,

$$D[r_t^o] = \sigma^2 + \mu^2\left[\frac{2}{1-\pi} - 1\right] - (\mu)^2 = \sigma^2 + \frac{2\pi\mu^2}{1-\pi}$$

其三,协方差或相关系数,相邻可观测的证券收益,计算 1 阶滞后协方差:

$$\mathrm{Cov}[r_t^o, r_{t-1}^o] = E[r_t^o r_{t-1}^o] - E[r_t^o]E[r_{t-1}^o] = E[r_t^o r_{t-1}^o] - \mu^2$$

所以,当且仅当在任意相邻两个时刻$\{t, t-1\}$没有任何交易达成,有 $r_t^o r_{t-1}^o = 0$ 且概率为 $\pi(1-\pi) + \pi(1-\pi) + \pi^2 = 2\pi - \pi^2$;当且仅当在任意相邻三个时刻$\{t, t-1, t-2\}$没有任何交易达成,有 $r_t^o r_{t-1}^o = r_t r_{t-1}$ 且概率$(1-\pi)^3$;当且仅当在任意相邻四个时刻$\{t, t-1, t-2, t-3\}$没有任何交易达成,有 $r_t^o r_{t-1}^o = r_t r_{t-1}$ 且概率$(1-\pi)^4$。依此类推,相邻的可观测的证券收益乘积为:

$$r_t^o r_{t-1}^o = \begin{cases} 0 & \text{概率}(2-\pi)\pi \\ r_t r_{t-1} & \text{概率}(1-\pi)^3\pi^0 \\ r_t(r_{t-1} + r_{t-2}) & \text{概率}(1-\pi)^3\pi^1 \\ r_t(r_{t-1} + \cdots + r_{t-3}) & \text{概率}(1-\pi)^3\pi^2 \\ r_t(r_{t-1} + \cdots + r_{t-4}) & \text{概率}(1-\pi)^3\pi^3 \\ & \vdots \\ r_t\sum_{i=0}^{k_t} r_{t-i} & \text{概率}(1-\pi)^3\pi^{k_t-1} \end{cases} \tag{6.10}$$

1 阶协方差和自相关函数为:

$$\begin{cases} \mathrm{Cov}[r_t^o, r_{t-1}^o] & = -\pi\mu^2 \\ \rho_1(r_t^o) & = \dfrac{-(1-\pi)\pi\mu^2}{(1-\pi)\sigma^2 + 2\pi\mu^2} \end{cases} \tag{6.11}$$

j 阶滞后依次递推可知:

$$\mathrm{Cov}[r_t^o, r_{t-j}^o] = -\mu^2\pi^j \tag{6.12}$$

此外,非同步交易过程形成的可观测的收益序列的均值为证券的真实收益序列期望的无偏估计,方差却是有偏的,而观测到的证券收益序列总是为负相关的。

实证研究中不失一般性地设定可观测到证券日内交易数据为:观测时间、成交价格、价格状态、成交量、内外盘标志；价格状态表示成交价的状态：上涨、平盘或下跌；成交量为证券成交的手数，1 手为 100 股；内外盘标志表示交易属性："内盘"(Bid)叫价卖出做空，或"外盘"(Ask)询价买入做多。观测到指数的日内交易数据为：观测时间、指数、指数状态、成交额，它是其标的证券的综合指标；指数状态表示标的证券成交价的状态："上涨""平盘"或"下跌"；成交额度为相应指数标的证券成交的累计额度，单位为亿元人民币。

在金融市场，投资者或投资机构通过金融终端[①]参与货币市场、证券市场或商品期货市场进行投资交易。

实例 6.1.1 日内交易价差实证：中国人寿 CHINALIFE A 股

中国人寿上交所证券 2019 年 11 月 4 日，日内交易实证分析代码见表 6.1。相应成交价格、成交量、收益、成交价差、成交间隔及实例波动见图 6.2；盘前和尾盘集合竞价交易数据为重要交易数据。[②] 实证证券日内交易价差序列的自相关函数及偏自相关函数如图 6.1 所示，检验结果显示，证券日内交易价差序列为 1 阶负相关的，即存在买卖报价弹性。

表 6.1 日内交易实证：中国人寿 CHINALIFE A 股

```
library(zoo)#基础数据包
library(stats)#基础统计包
load("FiEsen.Rdata")#财经数据集
date<-as.Date("2019-11-04")
x<-window(u.sse.chinalife.x,start=date,end=date)#日内交易
s<-window(u.sse.chinalife.s,start=date,end=date)#开收盘撮合
plot.ts(ts(cbind(x$p,x$vol,x$r,x$dP,x$dt,x$rv)),xlab="",ylab="",main="")
acf(as.numeric(x$dp),main="")#价差自相关
pacf(as.numeric(x$dp),main="")#价差偏自相关
```

① 金融市场主要的金融终端有：彭博(Bloomberg)、万得(Wind)、标普(CapIQ)、慧甚(FactSet)、路透(Eikon)以及券商自己专门化的交易服务应用系统。

② 特别地，盘前及盘尾集合竞价包含深刻的价格(或指数)预期信息。前者影响当日日内交易，后者影响下一交易日开盘，尤其是盘尾的异动现象。如 2021 年 5 月 27 日 MSCI 调整中国 A 股指数当日交易日结束后立即生效前，属于科创板的康希诺(688185)、中国通号(688009)、澜起科技(688008)、杭可科技(688006)、睿创维纳(688002)在盘尾均出现放量拉升的异动表现，即谓指数调整生效日的"魔咒效应"。

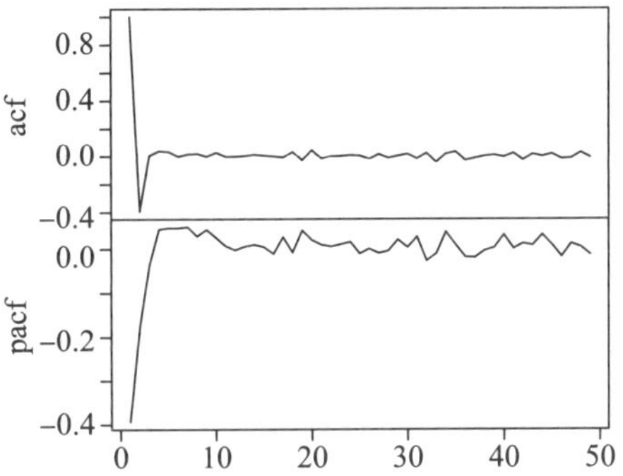

图 6.1　日内交易价差自相关及互相关函数：中国人寿 CHINALIFE A 股

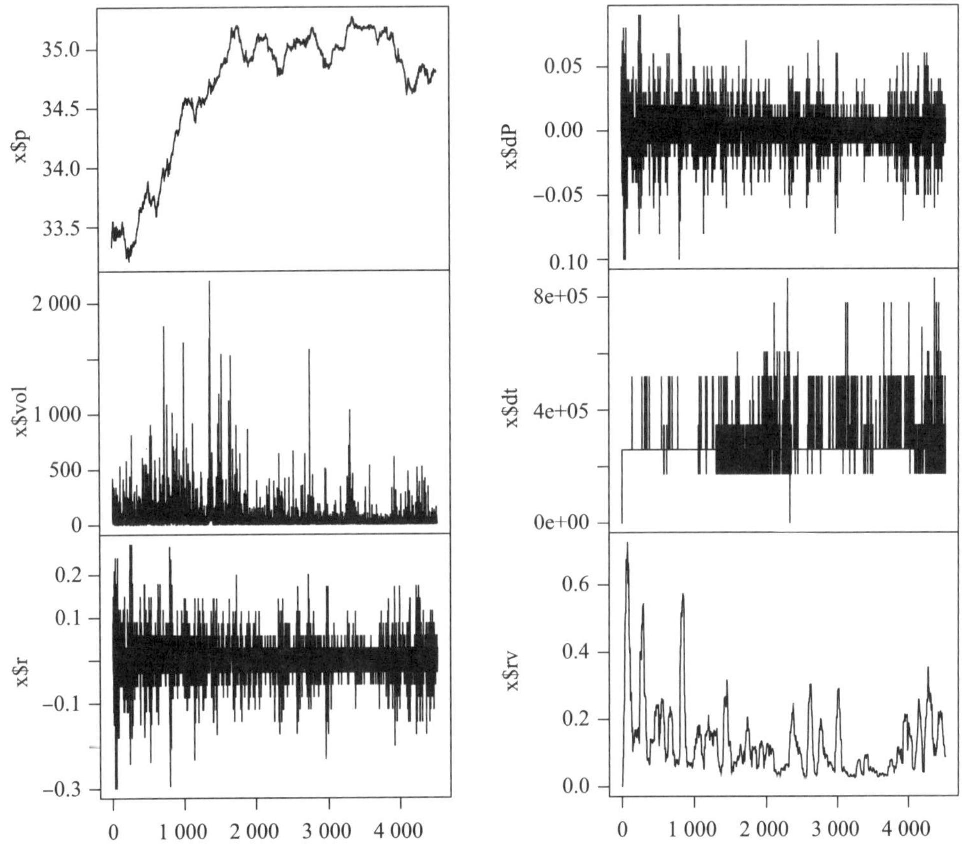

图 6.2　日内交易数据：中国人寿 CHINALIFE A 股

第二节　价格变化回归模型

交易市场无套利定价 ATP 原理并非总是成立的。尤其是日内交易过程证券交易受诸如大盘或行业指数、买卖价差、买卖频度、成交额，以及市场外生消息等诸多因素影响而导致交易聚集现象。因此，资产交易的成交价格及其变化是回归分析的重点。价格及其变化的回归计量方法有三种：其一，使用限值因变量 LDV 模型；其二，直观地使用动态属性的因子分解 ADS 模型；其三，综合地线性或非线性的联立方程模型。

6.2.1 价格位序概率：Ordered Probit

首先，设定时刻 t 证券的不可测的基本价格 P_t^* 的价格变化

$$y_t^* = P_t^* - P_{t-1}^*, t \in \{1,2,\cdots,N\} \tag{6.13}$$

为取值连续的时间序列。那么，证券成交价格变化的潜变量模型[①]：

$$\begin{cases} y_t^* & = x_t\beta + \epsilon_t \\ & E(\epsilon_t \mid x_i) = 0 \\ & \mathrm{Cov}[\epsilon_{t_i}, \epsilon_{t_j}] = 0, t_i \neq t_j \\ & D[\epsilon_t \mid x_t] = \sigma_i^2 = g(w_t) > 0 \end{cases} \tag{6.14}$$

其中，外生(或内生)释变量为 $\mathbf{x}_t$ 及 $\mathbf{w}_t$；随机扰动项 ϵ_t 条件分布 $\Pr\{\epsilon_t \mid \mathbf{x}_t, \mathbf{w}_t\}$。显然，通过市场交易过程形成的可观测的证券价格及其变化取值受限于交易所报价规则和定价机制。

不失一般性地标记通过交易形成的可观测的证券价格变化 y_t 为取值离散的有序的数值列表 $\{s_1, s_2, \cdots, s_k\}$。那么，通过交易形成的可观测价格变化 y_t 与证券的不可观测的由基本面决定的真实价格变化 y_t^* 符合价格位序概率 Probit 模型：

$$y_t = \begin{cases} s_1, & \text{若 } y_t^* \in (\alpha_0, \alpha_1] \\ s_2, & \text{若 } y_t^* \in (\alpha_1, \alpha_2] \\ & \vdots \\ s_k, & \text{若 } y_t^* \in (\alpha_{k-1}, \alpha_k] \end{cases} \tag{6.15}$$

其中，不可测的真实价格的区间划分 $\{\alpha_\kappa\}$，$\ell = 1,2,\cdots,k$ 为待定实数值，与证券报价规则和市场交易规则有关。

因此，给定外生或内生的解释变量 $\mathbf{x}_t$ 和 $\mathbf{w}_t$ 及价格变化区间划分 s_j，$\forall j \in \{1,\cdots,k\}$。那么，成交价格变化 y_t 的条件概率(Hausman, Lo & MacKinlay, 1992)：

① 可以简单地认为潜变量模型是通过引入不可观测的解释变量的回归模型。

$$\Pr\{y_t = s_j \mid \mathbf{x}_t, \mathbf{w}_t\} = \Pr\{y_t^* = \mathbf{x}_t\beta + \epsilon_t \in (\alpha_{j-1}, \alpha_j] \mid \mathbf{x}_t, \mathbf{w}_t\} \tag{6.16}$$

或等价于

$$\Pr\{y_t = s_j \mid \mathbf{x}_t, \mathbf{w}_t\} = \begin{cases} \Pr\{\mathbf{x}_t\beta + \epsilon_t \in (-\infty, \alpha_j] \mid \mathbf{x}_t, \mathbf{w}_t\} & 若 j = 1 \\ \Pr\{\mathbf{x}_t\beta + \epsilon_t \in (\alpha_{j-1}, \alpha_j] \mid \mathbf{x}_t, \mathbf{w}_t\} & 若 j = 2 \\ \vdots & \\ \Pr\{\mathbf{x}_t\beta + \epsilon_t \in (\alpha_{k-1}, +\infty) \mid \mathbf{x}_t, \mathbf{w}_t\} & 若 j = k \end{cases} \tag{6.17}$$

总之，若随机扰动项 ϵ_t 为白噪声，如高斯分布，那么价格变化的位序概率 Probit 模型：

$$\Pr\{y_t = s_j \mid \mathbf{x}_t, \mathbf{w}_t\} = \begin{cases} \Phi\left(\dfrac{\alpha_1 - \beta\mathbf{x}_t}{\sigma_t(\mathbf{w}_t)}\right) & 若 j = 1 \\ \Phi\left(\dfrac{\alpha_j - \beta\mathbf{x}_t}{\sigma_t(\mathbf{w}_t)}\right) - \Phi\left(\dfrac{\alpha_{j-1} - \beta\mathbf{x}_t}{\sigma_t(\mathbf{w}_t)}\right) & 若 j = 2 \\ \vdots & \\ 1 - \Phi\left(\dfrac{\alpha_{k-1} - \beta\mathbf{x}_t}{\sigma_t(\mathbf{w}_t)}\right) & 若 j = k \end{cases} \tag{6.18}$$

其中，影响成交价格变化聚集的外生或内生的解释变量 $\mathbf{x}_t$ 包括但不限于可观测的，诸如大盘或行业板块的行情指数、日内证券成交的价格、成交量、价格状态、内外盘及资金流入累计量等技术面指标信息；影响成交价格变化范围的外生或内生的解释变量 $\mathbf{w}_t$ 包括但不限于可观测的，诸如大盘或行业板块的行情指数、日内证券成交的价格、成交量、价格状态、内外盘及资金流入累计量等技术面指标信息。

6.2.2　价格解析模型：ADS Logit

与成交价格变化的限值因变量的位序概率 Probit 模型(6.15)不同的是，证券或商品期货买卖双方盯盘关注的是成交价格变化的动态属性，即价格是否变化，若变化，那么方向及变化幅度如何。因此，交易价格变化的直观表达是价格变化的属性、方向及幅度的解析 ADS 模型：

$$y_t \equiv P_t - P_{t-1} = A_t D_t S_t, t \in \{1, 2, \cdots, T\} \tag{6.19}$$

属性因子标示价格是否变化及其概率分布：

$$\begin{cases} A_t = \begin{cases} 1 & 若变化 \\ 0 & 若未变 \end{cases} \\ \Pr\{A_t = 1\} = p_t = 1 - \Pr\{A_t = 0\} \end{cases} \tag{6.20}$$

方向因子指出价格是上升还是下行及其概率分布：

$$\begin{cases} D_t \mid (A_t = 1) = \begin{cases} +1 & \text{若上行} \\ -1 & \text{若下行} \end{cases} \\ \Pr\{D_t = +1 \mid A_t = 1\} = \delta_t = 1 - \Pr\{D_t = -1 \mid A_t = 1\} \end{cases} \tag{6.21}$$

幅度属性则标识价格变化的幅度及其概率分布：

$$\begin{cases} S_t \mid (A_t = 1) = \begin{cases} s_i & \text{若变化} \\ 0 & \text{若未变} \end{cases} \\ \Pr\{S_t = s_i \mid D_t, A_t = 1\} = 1 + \begin{cases} g(\lambda_{u,t}) & \text{若 } D_t = +1, A_t = 1 \\ g(\lambda_{d,t}) & \text{若 } D_t = -1, A_t = 1 \end{cases} \end{cases} \tag{6.22}$$

其中，s_t 为证券交易的报价单位整数倍数，且仅当价格变化 $A_t = 1$ 时，D_t 和 S_t 才有意义；涨跌幅度分别服从参数 λ_t^u 和 λ_t^d 的几何分布：

$$g(\lambda) = \Pr\{\xi = m\} = \lambda(1-\lambda)^m, m = 0, 1, 2, \cdots \tag{6.23}$$

其中，整数 m 表示价格幅度为基准报价的倍数；λ 为几何分布参数。

给定影响价格的变化属性、涨跌方向和涨跌幅度的外生或内生的因素依次为 x_t、z_t 和 w_t。那么，相应价格变化 ADS 模型的联立 Logistic 模型（Rydberg & Shephard，2003）为：

$$\begin{cases} \Pr\{A_t = 1\} & = \dfrac{1}{1 + \exp\{-\beta \mathbf{x}_t\}} \\ \Pr\{D_t = 1 \mid A_t = 1\} & = \dfrac{1}{1 + \exp\{-\gamma \mathbf{z}_t\}} \\ \Pr\{\lambda_{u,t} = \mid D_i = +1, A_t = 1\} & = \dfrac{1}{1 + \exp\{-\theta_u \mathbf{w}_t\}} \\ \Pr\{\lambda_{d,t} = \mid D_i = -1, A_t = 1\} & = \dfrac{1}{1 + \exp\{-\theta_d \mathbf{w}_t\}} \end{cases} \tag{6.24}$$

特别说明的是，无论是价格变化位序概率 Probit 模型（6.18）还是价格解析 ADS 模型（6.24），都需要使用极大似然 MLE 估计，通过贝叶斯推断过程对模型未知参数进行数值估计。[①]

第三节 交易间隔自回归模型

正如第一节价格概率模型中收益 Lo-MacKinlay 模型（6.9）指出的那样，日内

① 参见 MASS 文档：http://www.stats.ox.ac.uk/pub/MASS4；R 文档：https://stat.ethz.ch/R-manual/R-patched/library/MASS/html/polr.html；BAYESM 文档：http://www.perossi.org/home/bsm-1/bayesm。

交易间隔是资产竞拍过程达成交易的时间属性，与多空双方博弈策略和交易规则有关。直观地，交易间隔越窄，交易活动越密集，成交价差就越小；反之，交易间隔越宽，交易活动越稀疏，成交价差就越大。

6.3.1　交易间隔调整

日内交易间隔 t_k 的非平稳和非线性缘于参与者信息非对称或市场突发利空利好消息。尤其是市场利空传闻，如监管警示、财务造假或债务违约等，引起交易价格异常，造成交易拥挤；市场参与者的追涨杀跌羊群行为也会造成交易活动密集堵塞。因此，交易间隔数值大小与证券的成交价格、成交价差、成交量或内外盘多空对比有关。此外，影响交易间隔的因素包括盘前集合竞价、盘中连续交易、午盘休息及尾盘撮合交易等。

日间交易间隔 t_k 为证券日内交易的重要技术面指标。影响交易间隔的外生因素不仅有证券内在的价值因素，还有交易规则因素，如上午盘或下午盘、主板A或主板B、沪市或深市等。

实例 6.3.1　日内交易间隔形态实证：中国人寿 CHINALIFE，张裕 CHANGYU

实证检验证券日内交易间隔形态，有助于盯盘投资者实时跟踪市场盘面的交易变化。中国人寿上交所证券日内交易间隔形态实证代码如表6.2所示，实证结果如图6.3所示。实证结果表明，到2019年11月4日，中国人寿日内交易的成交价、成交量及交易间隔在上午和下午有显著差异。同样地，张裕A股和B股的日内交易的成交价、成交量及交易间隔有显著差异，如图6.4所示。① 显然地，实证结果表明，交易间隔的形态强烈地依赖于证券前日收盘及当日开盘的成交价、成交量及资金流入流出。此外，日内交易的高频数据取样受限于交易终端所提供的盯盘最小间隔，大部分取样为3秒钟间隔，几乎难以提供秒级以下的交易数据。

表 6.2　　日内交易间隔形态实证：中国人寿 CHINALIFE，张裕 CHANGYU

```
library(zoo) #基础数据包
library(stats) #基础统计包
library(stringr) #字符串处理包
```

① 受限于证券A股和B股的上市发行规则、交易结算方式及证券交易规模，同一家上市公司的A股票和B股票的市场交易有着巨大差异，二者成交价、成交量和成交间隔几乎没有什么关联性；受制于外汇管理和交易限制，B股证券日益沦为鸡肋，急需市场监管和交易制度创新。

续表

```
library(chron)#日期处理包
load("FiEsen.Rdata")#财经数据集
x<- window(u.sse.chinalife.x,start="2019-11-04",end="2019-11-04")#日内交易
xa<- window(x,end=sPrintf("%s11:30:01",date))#上午交易数据
xp<- window(x,start=sPrintf("%s13:00:00",date))#下午交易数据
plot.ts(ts(cbind(xa$p,xa$vol,xa$dt)),xlab="",ylab="",main="")
plot.ts(ts(cbind(xp$p,xp$vol,xp$dt)),xlab="",ylab="",main="")
x<- window(u.szse.changyu.a.x,start="2021-04-30",end="2021-04-30")#张裕A股
plot.ts(ts(cbind(x$p,x$vol,x$dt)),xlab="",ylab="",main="")
x<- window(u.szse.changyu.b.x,start=date,end=date)#张裕B股
plot.ts(ts(cbind(x$p,x$vol,x$dt)),xlab="",ylab="",main="")
```

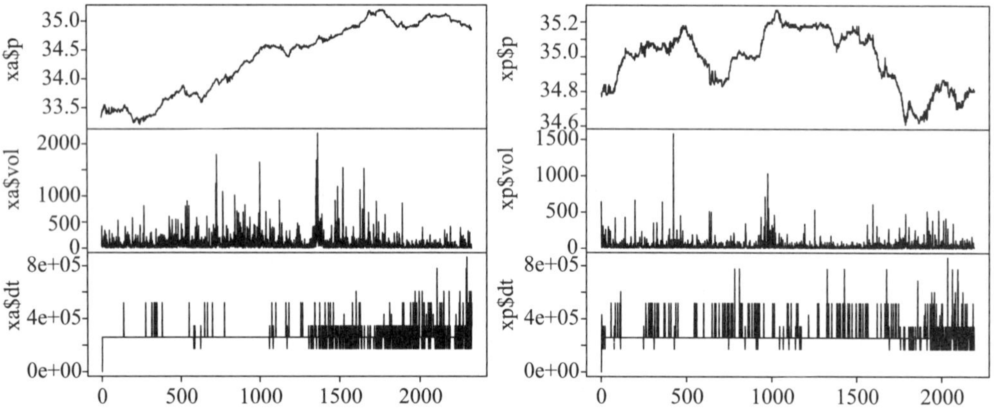

（a）上午盘 （b）下午盘

图 6.3 日内交易间隔比较:中国人寿 CHINALIFE A 股

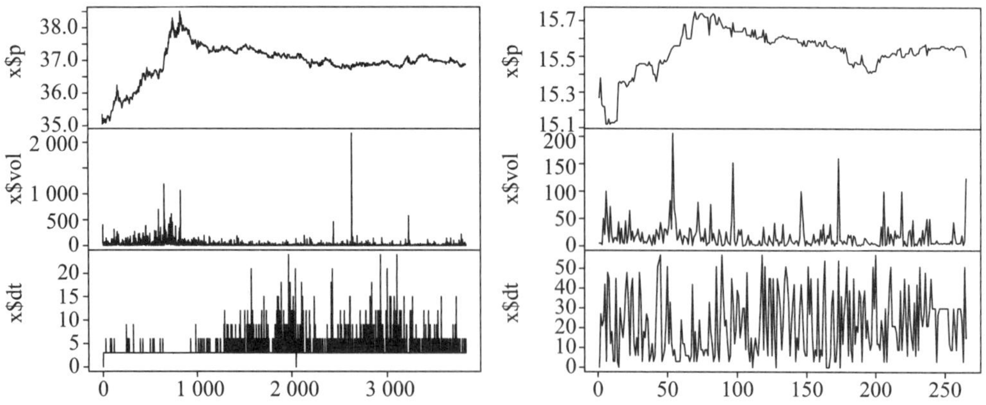

（a）A股 （b）B股

图 6.4 日内交易间隔比较:张裕 CHANGYU A 股与 B 股

6.3.2　条件间隔自回归模型:ACD

直观地,交易间隔的非负性及其非平稳性促使先对其做平稳化处理后,进行自回归拟合。因此,必要地针对特定证券的特定交易日期对成交间隔 Δt_i 进行调整,以减弱其非平稳性、非线性或非高斯性。[①]

无论是调整前的成交间隔 Δt_i,还是调整后的成交间隔 $x_i = \Delta t_i^*$,都具有正定性,即数值大于零且变化非均匀。因此,可以认为交易间隔具有自回归条件异方差性质,即间隔条件自回归 ACD 模型:

$$\begin{cases} x_i &= \beta z_i + \psi_i \epsilon_i \\ \psi_i &= \omega + \sum_{\ell=1}^{r} \gamma_\ell x_{i-\ell} + \sum_{\ell=1}^{s} \omega_\ell \psi_{i-\ell} \end{cases} \tag{6.25}$$

其中,影响交易间隔的外生或内生变量 $\mathbf{z}_t$;随机扰动项 ϵ_i 为独立同分布的非负随机变量且独立于 ψ_i。

某种程度上,条件间隔自回归 ACD 模型与广义自回归条件异方差 GARCH 模型有着天然联系(Engle,1998)。依此类推,间隔条件自回归 ACD 模型统计性质列举如下:其一,期望 $E[x_i \mid z_i] = \beta z_i$ 和 $E(x_i) = E[E(x_i \mid \mathbb{F}_{i-1})] = E[E(\psi_i \epsilon_i \mid \mathbb{F}_{i-1})] = E(\psi_i)$;其二,方差 $D[x_i \mid z_i] = \psi_i^2 \sigma_i^2$ 和 $D[x_i] = E(x_i^2) - [E(x_i)]^2 = E(\psi_i^2 \epsilon_i^2) - [E(\psi_i)]^2$;其三,平稳条件为 $\omega > 0$ 和 $(\sum_{j=1}^{\max\{r,s\}} (\gamma_j + \omega_j)) < 1$。

此外,条件间隔自回归 ACD 模型中均值方程的随机扰动项 ϵ_i 可为指数分布、韦伯分布或广义伽马分布;方差方程可为包括外生变量的其他非线性形式;相应地,均值方程和方差方程的参数估计采用极大似然 MLE 估计。

特别说明的是,在投资参与者盯盘过程或高频自动套利追踪,当前成交间隔不仅与当前或过去的成交价格、成交价差、成交间隔、价格状态、成交量及内外盘等交易过程的指标有关,而且高度相关于上市公司价值预期、大盘或板块指数走势,极其敏感于市场的突发传闻。

交易间隔为日内交易的多空双方博弈的时间成本,它影响着成交价格、成交量、内外盘、收益及实例波动。尤其是,交易间隔的密集程度在股票大幅上涨和剧烈下跌的日内交易过程、证券的 A 股和 B 股的日内交易过程中特别显著。

---

① 日内交易间隔的调整方法具有证券和时间依赖性(Engle,2000;Campbell,Lo & MacKinlay,1997)。

实例 6.3.2　交易间隔与其他技术面指标相关实证：申万宏源证券 SWHY.SC A 股

实证检验申万宏源[①]深交所证券的日内交易间隔与其他技术面指标相关性。样本观测时间为 2020 年 7 月 17 日下午的日内连续交易数据；实证代码如表 6.3 所示。日间交易间隔相关分析如表 6.4 所示。实证结果表明，成交间隔与成交量、内外盘、收益及实例波动呈现负的线性相关和秩相关。这些相关数据表明，日内交易过程中成交间隔的扩大说明内外盘做空或做多双方处于观望、徘徊或犹豫状态；反之，说明内外盘做空或做多双方竞相抛盘或接盘。

表 6.3　　交易间隔与其他技术面指标相关实证：申万宏源证券 SWHY.SC A 股

```
library(zoo) # 基础数据包
library(stats) # 基础统计包
library(stringr) # 字符串处理包
library(chron) # 日期处理包
load("FiEsen.Rdata") # 财经数据集
date<- as.Date("2020-07-17")
x<- window(u.szse.swhy.sc.x, start=date, end=date) # 日内交易数据
xp<- window(x, start=sPrintf("%s13:00:00", date)) # 日内午后交易数据
txp<- times(chron(times=xp$t, format=c(times="h:m:s")))
plot.ts(ts(cbind(xp$p, xp$vol, xp$ask, xp$dt, xp$r, xp$rv)), main="", xlab="", ylab="")
xpy<- data.frame(as.numeric(xp$p), as.numeric(xp$vol), # 高频数据整合
as.numeric(xp$ask), as.numeric(xp$r), as.numeric(xp$rv))
cor(as.numeric(xp$dt), xpy, method="pearson") # 线性相关
cor(as.numeric(xp$dt), xpy, method="kendall") # 秩相关
cor(as.numeric(xp$dt), xpy, method="spearman") # 秩相关
```

表 6.4　　交易间隔与其他技术面指标相关系数：申万宏源证券 SWHY.SC A 股

	成交价	成交量	内外盘	对数收益	实例波动
Pearson	0.025	−0.025	0.003	−0.011	−0.008
Kendall	0.018	−0.049	0.003	−0.012	−0.011
Spearman	0.021	−0.059	0.003	−0.013	−0.014

① 申万宏源证券前身万国证券在 1995 年 2 月因国债期货 327 品种违规交易而陷入破产边缘，并引发沪深证券行业金融危机；1995 年 5 月，证监会报国务院暂停国债期货市场交易；1996 年 1 月，被勒令与同样陷入泥潭的申银证券重组合并；国债期货市场交易暂停 18 年后于 2013 年 9 月重新开启（张明恒，2022）。

第四节 交易数据技术面分析

技术面分析依据市场交易数据判断证券价格未来趋势；技术面分析为市场多空参与者盯盘竞买或竞卖的重要指标依据；市场交易数据包括成交价格、价格差异、收益或成交量、成交价格方向及内外盘标志、技术面指标及 K 线形态等。

6.4.1 瞬时技术面指标

瞬时技术面指标是证券交易的相邻时域持续属性，如成交价差、成交间隔、对数收益及持续资金流向：

$$\begin{cases} \mathrm{d}t_t & = tm_t - tm_{t-1} \\ \mathrm{d}p_t & = p_{tm_t} - p_{tm_t - tm_{t-1}} \\ r_t & = \ln(p_{tm_t}) - \ln(p_{tm_{t-1}}) \\ imf_t & = \sum\limits_{l=1,2,3,\cdots} p_{tm_{t-l}} * vol_{tm_{t-l}} * ask_{tm_{t-l}} * I_{\{ask_{tm_{t-1}} == ask_{tm_t}\}} \end{cases} \tag{6.26}$$

其中，资金流向为交易涉及的资金与证券发行的市值占比，单位为万分之一。

6.4.2 短时技术面指标

给定短时区段为 3 分钟的观测窗口，其间平均可观测到 60 次交易。短时技术面指标是指证券交易的短时内平均属性，如成交均价、成交均量、实例波动及资金流向：

$$\begin{cases} ap_t & = \sum\limits_{\ell=0}^{N-1} p_{tm_{t-\ell}} \\ aq_t & = \sum\limits_{\ell=0}^{N-1} vol_{tm_{t-\ell}} \\ rv_t & = \sum\limits_{\ell=0}^{N-1} r_{tm_{t-\ell}}^2 \\ smf_t & = \sum\limits_{\ell=1}^{N-1} p_{tm_{t-\ell}} * vol_{tm_{t-\ell}} * ask_{tm_{t-\ell}} \end{cases} \tag{6.27}$$

其中，实例波动为时段内成交证券的对数收益平方和；资金流向为交易涉及的资金与证券发行的市值占比，单位为万分之一。

最后，技术面分析结合诸如企业运营、行业板块或宏观经济的基本面分析和诸如企业盈利估值、实例波动管理或策略优化的量化分析为市场交易的主要分析方法；技术面分析主要指标、应用及其统计性质（Lo，Mamaysky & Wang，2000；Campbell，Lo & MacKinlay，1997）。

实例 6.4.1 日内交易资金相关效应实证：中国平安 PINGANINS A 股

实证检验证券日内交易的资金流向对成交价格、交易间隔及成交量的影响。中国平安证券在上交所 2021 年 4 月 30 日日内连续交易数据依次为：成交价、成交量、瞬时资金流入、短时资金流入、收益及实例波动，如图 6.5 给出所示；瞬时资金流入与成交价、成交量、收益及实例波动呈现负的线性相关和秩相关，如表 6.5 所示。实证结果表明，日内交易过程中资金流入的变化指示外盘做多机构持续加仓；短时资金流出与成交价、成交量、收益及实例波动呈现负的线性相关和秩相关；日内交易过程中短时内连续资金的流出的变化指示内盘做空机构持续减仓。

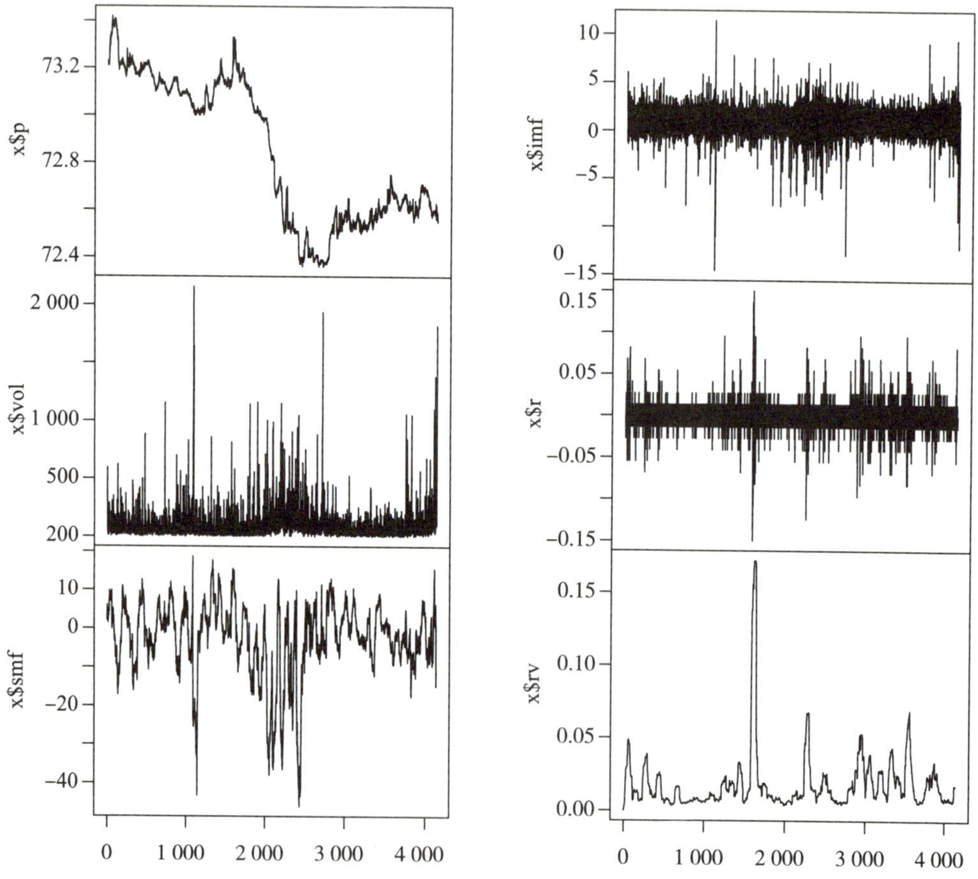

图 6.5 日内交易瞬时和短时资金序列：中国平安 PINGANINS A 股

表 6.5　　日内交易资金相关效应：中国平安 PINGANINS A 股

瞬时资金流					
	成交价	成交量	内外盘	对数收益	实例波动
Pearson	+0.203	−0.129	+0.060	+0.040	+0.191
Kendall	+0.140	−0.092	+0.066	+0.030	+0.087
Spearman	+0.206	−0.136	+0.081	+0.042	+0.138
短时资金流					
	成交价	成交量	内外盘	对数收益	实例波动
Pearson	+0.020	−0.260	+0.877	+0.519	−0.010
Kendall	−0.001	+0.010	+0.707	+0.434	−0.018
Spearman	−0.001	−0.009	+0.866	+0.594	−0.026

第五节　实证练习

1.分析证券日内交易的成交价格、成交价差、成交间隔及成交量的统计特征，如锦江 A 股(u.sse.jinjiang)和 B 股(u.sse.jinjiang.b)、张裕 A 股(u.changyu)和 B 股(u.sse.changyu.b)、南玻 A 股(u.szse.csg)和 B 股(u.szse.csg.b)。

2.分析证券相同交易时段的日内交易的成交价差和成交间隔的统计特征和相关特征，如锦江 A 股(u.sse.jinjiang)和 B 股(u.sse.jinjiang.b)、张裕 A 股(u.changyu)和 B 股(u.sse.changyu.b)、南玻 A 股(u.szse.csg)和 B 股(u.szse.csg.b)。

3.分析证券相同交易时段的日内交易的统计特性，如申万宏源证券(u.swhy.sc)、中信证券(u.sse.citic.sc)、中国石化(u.sse.sinopec)和中国石油(u.sse.petrochina)。

4.分析证券相同交易时段的日内交易的成交价差、成交间隔，如建设银行(u.sse.ccb)、工商银行(u.icbc)、民生银行(u.sse.cmbc)和平安银行(u.szse.pinganbnk)。

5.分析证券相同交易时段的日内交易的成交价差、成交间隔，如中国人寿(u.sse.china-life)和中国平安(u.sse.pinganins)。

6.分析证券相同交易时段的日内交易的成交价差、成交间隔与上证综指(u.sse.ci)或深证成指(u.szse.ci)的相关性，如中国石油(u.sse.petrochina)、建设银行(u.sse.ccb)、万科 A 股(u.szse.vanke)、民生银行(u.sse.cmbc)和平安银行(u.szse.pinganbnk)。

第七章　风险测度的概率方法

资产收益的不确定性或上市公司信息的非对称性导致资产交易市场的剧烈动荡，从而导致投资组合的盈亏恶化，以至于危及投资机构生存的风险。因此，本章讨论资产收益的风险[①]概率方法。首先，介绍资产投资组合及其管理；其次，讨论基于收益率分布概率分位数的风险价值 VaR 方法；之后，讨论风险测度的概率公理化体系；最后，介绍资产收益率的预期亏损 ES 方法。

第一节　波动管理

除国库券或货币中长期储蓄外，大多数金融资产的收益是不确定的；前者称为风险无关资产，后者称为风险资产。资产收益的不确定性的测度是资产收益的波动和资产组合的预期盈亏。

正如第四章“收益率方差的波动模型”所讨论的那样，资产收益的不确定性及交易市场的剧烈动荡促使投资者进行风险管理，即以组合或对冲策略参与市场投资，以整体收益率最大和波动幅度最小。投资组合或组合策略经典理论为 Markwitz 均值方差模型，而对冲策略核心则是 Black-Scholes-Merton 期权定价公式（史树中，2004；张尧庭，1998）。

设定风险中性的投资者拥有的资本为 1，其两类组合成分，其一，p 个风险资产收益：$\mathbf{r}_x=(r_1,r_2,\cdots,r_p)^\top$，以及组合权重：$\mathbf{w}_x=(w_1,w_2,\cdots,w_p)^\top$；其二，设单一风险无关资产收益：$r_f$，以及相应组合权重：$w_f=(1-\mathbf{w}_x^\top 1)$。投资组合的收益均值方差为：

---

① 本章金融风险侧重于刻画股票或债券价格的市场变动致使持有者未来潜在的盈亏或损失；虽侧重于资产的市场风险，但概率方法同样适用于刻画其他金融风险，如信用风险和操作风险。此外，金融风险有别于金融危机；前者是金融资产个体的不确定性，后者则是金融市场整体的剧烈动荡，大批上市公司股票价格崩盘、债券违约、公司破产，乃至需要监管强力调控；至于明斯基时刻则是金融体系出现系统性危机。

$$\begin{cases}\mu_p & = E[x_p] = w_f r_f + \sum_{i=1}^{p} w_i r_i = w_f r_f + \mathbf{w}_x^{\mathrm{T}} \mathbf{r}_x \\ \sigma_p^2 & = D[x_p] = \sum_{i=1}^{p} w_i^2 \sigma_i^2 + \sum_{i\neq j;i,j=1}^{p}\sum w_i w_j \rho_{ij} \sigma_i \sigma_j = \mathbf{w}_x^{\mathrm{T}} \Sigma_x \mathbf{w}_x\end{cases} \tag{7.1}$$

那么，Markwitz 组合 x_p 策略等价于动态优化：

$$\begin{cases}\mathbf{w}_{\text{Markwitz}} = \underset{\forall w_x \in \mathbb{R}^{+(p+1)}}{\operatorname{argmin}} \{\sigma_p^2\} = \underset{\forall w \in \mathbb{R}^{+(p+1)}}{\operatorname{argmin}} \{\mathbf{w}_x^{\mathrm{T}} \Sigma_x \mathbf{w}_x\} \\ \text{s.t.}\ \mu_p = w_f r_f + \mathbf{w}_x^{\mathrm{T}} \mathbf{r}_x, \mathbf{w}_f + w_x 1 = 1\end{cases} \tag{7.2}$$

显然，投资组合收益依赖于其组合的标的资产方差与市场组合的方差之比。

同样地，期权定价模型设定对冲组合为风险无关资产收益率 r，其收益率为常数和风险资产价格 S_t，其价格对数为布朗运动

$$\mathrm{dln}(S_t) = \mu\,\mathrm{d}t + \sigma\,\mathrm{d}W_t \tag{7.3}$$

持有期间不存在分红派息，年化收益 μ 及方差 σ^2；市场不存在套利机会且允许无成本的借贷和买卖，即无交易成本；而对冲预期选择权，欧式期权价格 $V(S,t)$，买入看涨期权：$C(S,t)=\max\{S-K,0\}$ 和卖出看跌期权：$P(S,t)=\max\{K-S,0\}$；到期日 T 时的敲定价格 K。那么，欧式期权满足 Black-Scholes-Merton 方程：

$$\frac{\partial V}{\partial t} + \frac{1}{2}\sigma^2 S^2 \frac{\partial^2 V}{\partial S^2} + rS\frac{\partial V}{\partial S} - rV = 0 \tag{7.4}$$

其蕴涵的对冲策略是，通过买卖标的资产和风险无关资产的期权可以消除风险。欧式期权相应的看涨和看跌期权为：

$$\begin{cases}C(S_t,t) & = N(d_1)S_t + N(d_2)K\exp\{-r(T-t)\} \\ P(S_t,t) & = -N(d_1)S_t + N(-d_2)K\exp\{-r(T-t)\}\end{cases} \tag{7.5}$$

其中，布朗运动或正态分布相关标号：

$$\begin{cases}N(x) & = \frac{1}{\sqrt{2\pi}}\int_{-\infty}^{x} \exp\left\{-\frac{z^2}{2}\right\}\mathrm{d}z \\ N'(x) & = \frac{1}{\sqrt{2\pi}}\exp\left\{-\frac{x^2}{2}\right\} \\ d_1 & = \frac{1}{\sigma\sqrt{T-t}}\left[\ln\left(\frac{S_t}{K}\right) + \left(r + \frac{\sigma^2}{2}(T-t)\right)\right] \\ d_2 & = d_1 - \sigma\sqrt{T-t}\end{cases} \tag{7.6}$$

显然，欧式期权价格依赖于标的资产的收益率和波动率。

第二节　风险价值：VaR

风险价值 VaR 测度正常金融市场状况和给定置信水平或容忍度条件下投资组合可能遭遇的意外损失的最大数值，即为防范意外或不测的最低准备金或保证金。依据概率分位数而规定的风险测度 VaR 则有统一的、客观的和独立的风险评价体系。

7.2.1　证券资产的风险价值

设定证券价格服从几何布朗运动(7.3)、证券允许卖空且不计税费交易成本、证券完全可分和连续交易、期间没有分红派息除权、风险无关资产与证券或其组合的风险资产有相同的到期日。

对给定时刻 t 持有证券而言，设定其收益率为 x_t 或 ΔP_t 或 r_t，且服从 $x_t \sim N(\mu_t, \sigma_t^2)$ 正态分布。那么，在极端事件发生时，即小概率事件 $\Pr\{\xi \leqslant q\} \leqslant (\alpha = 0.05)$，该证券收益概率分布的 α 百分位数的亏损 PL 分析如下：

$$\begin{cases} \alpha = \Pr\{x_t \leqslant -PL_\alpha\} = \Pr\left\{\dfrac{x_t - \mu_t}{\sigma_t} \leqslant \dfrac{-(PL + \mu_t)}{\sigma_t} = q_\alpha\right\} \\ \quad = \Phi\left(\dfrac{-(PL + \mu_t)}{\sigma_t}\right) \\ 1 - \alpha = \Pr\{x_t > -PL_\alpha\} = \Pr\left\{\dfrac{x_t - \mu_t}{\sigma_t} > \dfrac{-(PL + \mu_t)}{\sigma_t} = q_\alpha\right\} \\ \quad = 1 - \Phi\left(\dfrac{-(PL + \mu_t)}{\sigma_t}\right) \end{cases} \tag{7.7}$$

其中，$\Phi(\cdot)$ 为标准正态分布累积分布函数，q_α 为相应于显著水平 α 的百分位数。

因此，基于正态概率分布的证券风险价值 VaR 测度：

$$\mathrm{VaR}_\alpha(x_t) \triangleq PL_\alpha = -(q_\alpha \sigma_t + \mu_t) \tag{7.8}$$

推而广之，任意概率分布证券的风险价值 VaR 测度：

$$\mathrm{VaR}_\alpha(x_t) \triangleq -\min\{x \in \mathbb{R} : \mathrm{F}(x_t) > \alpha\} \tag{7.9}$$

风险价值 VaR 测度的置信水平及其百分位数如图 7.1 所示。

对具有期间持有证券而言，设定其期间初始价格 P_0 和期末价格 P_1 以及显著水平 α 对应的资产价格 P^*。那么，对数收益率与价格变化的关系近似地

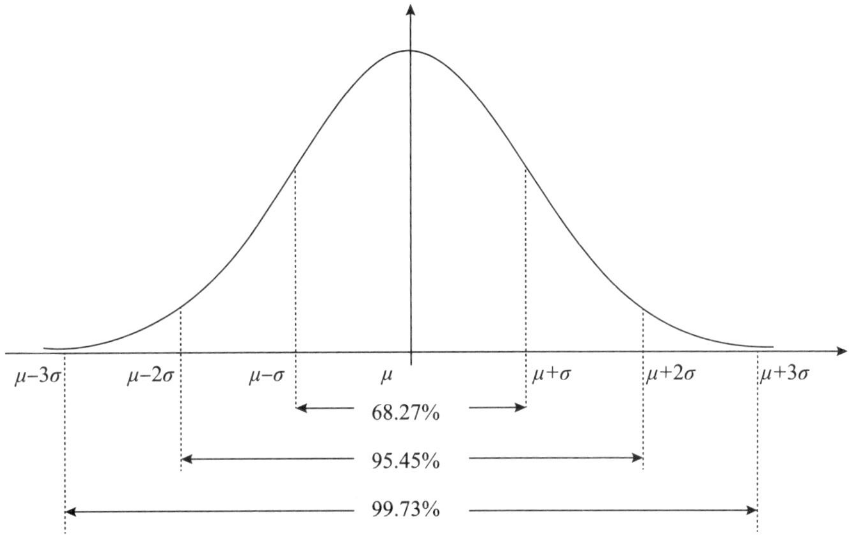

图 7.1　风险价值 VaR：百分位数

$$r=\ln\left(\frac{P_1}{P_0}\right)\simeq\frac{(P_1-P_0)}{P_0}=\frac{P_1}{P_0}-1\sim N(\mu,\sigma^2) \tag{7.10}$$

因此，证券资产的期初价格、期末价格及期间最低价格的关系式为：

$$\begin{cases}P_1=P_0(1+r)\sim N(P_0(1+\mu),(P_0\sigma)^2)\\ P^*=P_0(1+r^*)\end{cases} \tag{7.11}$$

其中：

$$\begin{cases}r_t\sim N(\mu_t,\sigma_t^2)\\ r^*=(q_\alpha\sigma+\mu)\end{cases} \tag{7.12}$$

因此，测度持有证券的风险价值要考虑资产持有期间证券的价格变化，即相对期初价格确定的期初零值风险价值 $\mathrm{VaR}_{\mathrm{zero}}$

$$\mathrm{VaR}_{\mathrm{zero}}\triangleq-(P_0-P^*)=-P_0r^*=-P_0(q_\alpha\sigma+\mu) \tag{7.13}$$

和相对期末价格不确定的期末均值风险价值 $\mathrm{VaR}_{\mathrm{mean}}$

$$\begin{aligned}\mathrm{VaR}_{\mathrm{mean}}&\triangleq-(E[P_1]-P^*)=-P_0(1+\mu)+P_0(1+r^*)\\&=P_0(\mu-r^*)=-P_0q_\alpha\sigma\end{aligned} \tag{7.14}$$

综上所述，风险价值 VaR 评测体系主要构成：统计计量方法和投资组合理论，即风险价值评测系统包括金融理论、数学计算过程和风险评测报告，而评测报告依赖于特定的金融产品构成。

7.2.2　衍生品资产的风险价值

衍生品及其实践对于金融经济理论、组合对冲策略和风险管理都极具挑战。

无论是金融指数期货期权还是商品期货期权，任何投资组合策略设计都必须考虑组合的整体风险管理。衍生品风险价值 VaR 计量关键在于厘清衍生品与基础标的资产的风险关系。

设定衍生品仅依赖于单因素，如单因素标的资产，相应于标的资产初始价值 S_0 的衍生品初始价格 $V(S_0)$ 且认为衍生品价格是基础资产的价格函数：

$$V=V(S_1,S_2,\cdots,S_p) \tag{7.15}$$

对广义衍生品定价式(7.15)，按泰勒展开式对衍生品标的因素展开：

$$\begin{aligned}\mathrm{VaR} &\triangleq (V(S_0)-V(S_0+\Delta S)) \\ &=\sum_{i=1}^{p}\frac{\partial V(S)}{\partial S_i}\Delta S_i \\ &\quad+\frac{1}{2!}\sum_{i=1}^{p}\sum_{j=1}^{p}\frac{\partial^2 V(S)}{\partial S_i \partial S_i}\Delta S_j \Delta S_j+o^3(\Delta S)\end{aligned} \tag{7.16}$$

因此，衍生品风险价值 VaR 与标的资产风险价值 VaR_S 关系有 1 阶近似的德塔常态风险价值 VaR：

$$\mathrm{VaR}=|\Delta|\,\mathrm{VaR}_S \tag{7.17}$$

及 2 阶近似的德塔伽马风险价值 VaR：

$$\mathrm{VaR}=|\Delta|\,\mathrm{VaR}_S-\frac{1}{2}\Gamma VaR_S^2 \tag{7.18}$$

特别地，对于欧式期权，期权价格与其诸多风险因素的偏导数称为 Greeks 系数，如表 7.1 所示，以刻画影响期权价格因素的偏效应。

表 7.1 欧式期权公式希腊字母系数

定义	看涨 Call	看跌 Put
Delta $\frac{\partial V}{\partial S}$	$N(d_1)$	$-N(-d_1)=N(d_1)-1$
Gamma $\frac{\partial^2 V}{\partial S^2}$	$\frac{N'(d_1)}{S\sigma\sqrt{T-t}}$	$\frac{N'(d_1)}{S\sigma\sqrt{T-t}}$
Vega $\frac{\partial V}{\partial \sigma}$	$SN'(d_1)\sqrt{T-t}$	$SN'(d_1)\sqrt{T-t}$
Theta $\frac{\partial V}{\partial t}$	$-\frac{SN'(d_1)\sigma}{2\sqrt{T-t}}-rK\exp\{-r(T-t)\}N(d_2)$	$-\frac{SN'(d_1)\sigma}{2\sqrt{T-t}}+rK\exp\{-r(T-t)\}N(-d_2)$
Rho $\frac{\partial V}{\partial r}$	$K(T-t)\exp\{-r(T-t)\}N(d_2)$	$-K(T-t)\exp\{-r(T-t)\}N(-d_2)$

7.2.3 多资产组合的风险价值

设定投资组合由 p 个标的资产构成，组合比例或权重 $\mathbf{w}_p=(w_1,w_2,\cdots,$

$w_p)^{\mathrm{T}}$;标的资产收益概率分布:

$$\mathbf{x}=(x_1,x_2,\cdots,x_p)^{\mathrm{T}}\sim \mathrm{F}(\mathbf{x}\mid \mu_x,\Sigma_x),\text{e.g. }N(\mu_x,\Sigma_x) \tag{7.19}$$

且投资组合的市场价值或价格为其标的非线性函数且概率分布:

$$V(\mathbf{x})=V(x_1,x_2,\cdots,x_p\mid w_i,\forall i=1,\cdots,p)\sim \mathrm{F}(\mathbf{x}\mid \mu_p,\sigma_p^2),\text{e.g. }N(\mu_p,\sigma_p^2) \tag{7.20}$$

其中,价值或价格非线性函数为标的资产的 2 阶连续可微的;概率分布函数具有非对称、尖峰厚尾属性。

多资产投资组合的收益与其标的资产收益的均值方差关系如下:

$$\begin{cases}\mathbf{x}=(x_1,x_2,\cdots,x_p)^{\mathrm{T}}\\ \mu_x=(\mu_1,\mu_2,\cdots,\mu_p)^{\mathrm{T}}\\ \Sigma_x=(E[(x_i-\mu_i)(x_j-\mu_j)]\mid i,j=1,2,\cdots,p)_{p\times p}\\ x_p=\sum_{i=1}^{p}w_ix_i=\mathbf{w}_p^{\mathrm{T}}\mathbf{x}\\ \mu_p=\sum_{i=1}^{p}\mathbf{w}_i\mu_i=w_p^{\mathrm{T}}\mu_x\\ \sigma_p^2=\sum_{i=1}^{p}w_i^2\sigma_i^2+2\sum_{i\neq j}\sum w_iw_j\sigma_i\sigma_j\rho_{ij}=\mathbf{w}_p^{\mathrm{T}}\Sigma_x\mathbf{w}_p\end{cases} \tag{7.21}$$

因此,给定组合的初始价格 P_0,多资产投资组合的风险价值 VaR 为:

$$\mathrm{VaR}_p=P_0(q_\alpha\sigma_p-\mu_p)=P_0(q_\alpha\sqrt{\mathbf{w}_p^{\mathrm{T}}\Sigma_x\mathbf{w}_p}-\sum_{i=1}^{p}\mu_i) \tag{7.22}$$

虽然多资产组合的风险价值 VaR 依赖于标的资产的方差及其相关系数,但是即便标的资产分布为正态的,多资产组合的概率分布并非总是正态的,或概率分布是非对称、尖峰厚尾的。借助多变量的随机变量概率分布的连接函数 Copula 方法可以拟合多资产组合的概率分布,进而确定或界定多资产组合的风险价值(张明恒,2004)。

特别说明的是,无论是证券资产的风险价值(7.9)、(7.13)、(7.14),衍生品资产的风险价值(7.17)、(7.18),还是多资产组合的风险价值(7.22),风险价值的核心是资产收益的方差或准确地说是资产收益的波动率。

7.2.4　风险价值比较

投资组合性能评价的指标之一就是其风险价值。[①] 如何对比同一组合或不同

---

① 第二章"价格或收益率的概率模型"所说的夏普比率(2.65)那样刻画单位方差收益比。

组合的风险价值 VaR 涉及持有期间 Δt 与显著水平 α，即风险价值 VaR 实际为持有期间和显著水平的二元函数 $\mathrm{VaR}(\Delta t,\alpha)$。风险价值函数 VaR 的时间和置信之比：

$$\begin{cases}\dfrac{\mathrm{VaR}_{\Delta t_1}}{\mathrm{VaR}_{\Delta t_2}} = \dfrac{\Delta t_1}{\Delta t_2}\\[2ex] \dfrac{\mathrm{VaR}_{\alpha_1}}{\mathrm{VaR}_{\alpha_2}} = \dfrac{\alpha_1}{\alpha_2}\end{cases} \tag{7.23}$$

其中，影响风险价值 VaR 的参数 Δt 和 α 则取决于如何评价和监控机构或组合的风险。

实践中，VaR 参数取决于风控条例或监管规则。例如，投资机构 MSCi 采用显著水平 $\alpha=0.05$，百分位数 $q_\alpha=1.65\%$ 和期间 $\Delta t=1$ 天；英国银行管理局 BC 置信水平为 $\alpha=0.01$，$q_\alpha=2.33\%$，时间期限为 $\Delta t=10$ 天。

7.2.5 风险价值偏效应

风险价值偏效应是指影响风险价值 VaR 的那些素如何影响风险价值测度，如标的资产、组合数目、组合期间、相关性及组合权重。

7.2.5.1 边际效应

多资产风险价值 VaR 边缘边际效应：

$$\begin{cases}x_p = w_1x_1 + w_2x_2 + \cdots + w_px_p = \mathbf{w}_p^{\mathrm{T}}\mathbf{x}\\ \sigma_p^2 = \mathrm{Cov}[x_p,x_p] = \mathbf{w}_p^{\mathrm{T}}\Sigma\mathbf{w}_p\\ \rho_{ip} = \mathrm{Cov}[x_i,x_p]\\ \dfrac{\partial\sigma_p^2}{\partial w_i} = 2w_i\sigma_i^2 + 2\sum\sum\limits_{i\neq j} w_iw_j\sigma_i\sigma_j\rho_{ij} = 2\mathrm{Cov}[x_i,x_p]\\ \dfrac{\partial\sigma_p}{\partial w_i} = \dfrac{\mathrm{Cov}[x_i,x_p]}{\sigma_p} = \dfrac{\rho_{ip}}{\sigma_p}\end{cases} \tag{7.24}$$

由此可见，风险价值边际效应如何影响投资组合：

$$\begin{cases}\beta_i = \dfrac{\rho_{ip}}{\sigma_p^2} = \dfrac{\mathrm{Cov}[x_i,x_p]}{\sigma_p^2}\\ \mathrm{VaR}_i = P_0(\alpha\sigma_i - \mu_i)\\ \mathrm{VaR}_p = P_0(\alpha\sigma_p - \mu_p) = P_0(\alpha\sqrt{\mathbf{w}_p^{\mathrm{T}}\Sigma\mathbf{w}_p} - \sum\limits_{i=1}^{p}\mu_i)\\ \Delta\mathrm{VaR}_{x_i} = \dfrac{\partial\mathrm{VaR}_p}{\partial x_i} = \dfrac{\partial[P_0(\alpha\sigma_p)]}{P_0\partial w_i} = \alpha\dfrac{\rho_{ip}}{\sigma_p} = \dfrac{\mathrm{VaR}_p}{P_0}\beta_i\end{cases} \tag{7.25}$$

这与第二章“价格或收益率的概率模型”中式(2.64)分析一致，即贝塔系数正的或与组合正相关的标的资产导致投资组合的风险价值增加，即构成投资组合的基础资产应该是不相关或负相关的。

7.2.5.2　增量效应

多资产投资组合标的的增减影响风险价值，即风险价值增量效应：

$$\mathrm{IVaR} \triangleq \mathrm{VaR}_{p+a} - \mathrm{VaR}_p \tag{7.26}$$

显然，此近似是基于函数泰勒展开式展开近似：

$$\mathrm{IVaR} \triangleq \mathrm{VaR}_{p+a} - \mathrm{VaR}_p \approx (\Delta\,\mathrm{VaR})^{\top}\mathbf{w}_p \tag{7.27}$$

由此，增加正相关的资产标的会增加投资组合的风险价值，而增加负相关的资产标的将会减少投资组合风险价值。

7.2.5.3　成分效应

标的资产的风险价值影响投资组合整体的风险价值：

$$\mathrm{CoVaR} = \begin{pmatrix} \mathrm{VaR}_1 \\ \mathrm{VaR}_2 \\ \vdots \\ \mathrm{VaR}_p \end{pmatrix} \tag{7.28}$$

由此，增加正相关的资产标的成分会增加投资组合的风险价值，而增加负相关的资产标的成分将会减少投资组合风险价值。

7.2.6　风险价值动态效应

受宏观经济因素、产业政策调整、市场交易者情绪或上市公司财务状况等外生或内生因素的影响，资产市场交易价格变化瞬息万变。因此，投资组合的市场价值也随之变化，相应的风险价值同样呈现出动态性。

给定时刻 t 资产收益的动态风险价值为：

$$\begin{cases} x_t \sim f(x \mid \mu_t, \sigma_t^2; \theta) \\ \mathrm{VaR}_\alpha(t) = -P_0(q_\alpha \sigma_t + \mu_t) \end{cases} \tag{7.29}$$

其中，资产分布密度函数 $f(\cdot)$ 中 θ 为分布参数，μ_t 为资产平均收益，σ_t^2 为相应的条件异方差。

收益率方差的波动模型波动，正如第四章“收益率方差的波动模型”所述的那样，波动是资产风险价值的本质所在。无论是条件异方差波动 GARCH 模型、随机杠杆波动 SVLM 模型、实例波动 RV 模型，还是实例化条件异方差波动 real-GARCH 模型，计量资产波动正成为金融实践的重要议题，无论是投资组合、资产

配置,还是套期保值,都有着重要的实践价值。特别地,平均平滑模型

$$\begin{cases} AR_t & =\dfrac{1}{M}\sum_{i=1}^{M} x_{t-i} \\ AV_t^2 & =\dfrac{1}{M}\sum_{i=1}^{M}(x_{t-i}-AR_{t-i})^2 \end{cases} \tag{7.30}$$

其中,期间 $M=5,10,15,20,25,30,\cdots,60$ 个交易日,取决于投资组合管理或市场风险监管要求。相应与资产收益的条件异方差 GARCH 模型

$$\begin{cases} x_t & =(\ln(S_t)-\ln(S_{t-1}))-\mu_t+a_t \sim f(\mu_t,\sigma_t \mid F_{t-1}) \\ a_t & =\sigma_t\epsilon_t,\epsilon_t \sim \mathrm{WN}(0,1) \\ \sigma_t^2 & =\alpha_0+\sum_{i=1}^{m}\alpha_i a_{t-i}^2+\sum_{j=1}^{s}\beta_j\sigma_{t-j}^2 \end{cases} \tag{7.31}$$

资产的动态风险价值 VaR:

$$\mathrm{VaR}_t=-P_0(q_\alpha\sigma_t+\mu_t) \tag{7.32}$$

此外,金融产业风险 RiskMetrics 指数加权滑动平均实例波动 EWMA:

$$\sigma_t^2=\lambda\sigma_{t-1}^2+(1-\lambda)\,r_{t-1}^2 \simeq \mathrm{GARCH}(1,1) \tag{7.33}$$

本质为资产收益历史成分的加权和:

$$\sigma_t^2=(1-\lambda)\sum_{k=1}^{K-1}\lambda^{k-1}x_{t-k}^2+\lambda^K\sigma_{t-K}^2 \tag{7.34}$$

显然,RiskMetrics 风险计量 EWMA 波动方法需要估计或确定历史成分数 K、权重比例系数 λ 及期初波动方差 σ。

实例 7.2.1 风险价值 VaR 实证:中国人寿 CHINALIFE 美股

设定中国人寿 NYSE 美股日收益率为独立正态分布;样本期间 2003 年 12 月 17 日至 2021 年 10 月 19 日;实证代码见表 7.2。正态分布抽样样本分布与中国人寿 NYSE 美股日收益率的直方图如图 7.2 所示,二者有相同的样本均值和标准差:$\mu=0.031\,561$ 和 $\sigma=2.419\,898$。实证结果显示,二者分布几何形状差异显著,但后者明显较前者正态分布有尖峰和厚尾:$Skewness=0.396\,996$、$Kurtosis=5.423\,704$。给定 $\alpha=0.05$,$c=1-\alpha=0.95=95$,则 $q_{0.05}=-1.645\,089$。中国人寿 NYSE 美股实证分布分位数和风险价值分别为:$q_\alpha=3.569\,139$ 和 $\mathrm{VaR}=q_\alpha\sigma-\mu=3.946\,155\,1$,二者与相同均值和标准差的正态样本风险价值 VaR 3.950 239 有明显差异。特别注意到,日收益率序列存在着异方差效应。因此,仅以收益率标准方差作为风险价值的测度有失偏准,风险价值 VaR 测度核心是波动估计。相应于 RV 波动、EWMA 波动、日间价格波动和 GARCH 波动的动态风险价值 VaR 如图 7.3 所示,实证结

果表明，中国人寿 NYSE 美股的风险价值是动态时变的。

表 7.2 风险价值 VaR 实证：中国人寿 CHINALIFE 美股

```
library(zoo) # 基础数据包
library(stats) # 基础统计包
library(fBasics) # 基础金融包
library(fGarch) # 基础 GARCH 包
library(PerformanceAnalytics) # 投资组合性能包
load("FiEsen.Rdata") # 财经数据集
x<- window(nyse.chinalife.x,start="2003-12-17",end="2021-10-19")
basicStats(x$r)
y<- rnorm(n=(length(x$r) * 1000),mean(x$r),sd(x$r)) # 抽样，相同均值和标准差
hist(x$r,freq=FALSE,"FD",xlab="",ylab="",main="")
hist(y,freq=FALSE,"FD",xlab="",ylab="",main="")
VaR<- abs(quantile(rnorm(length(x$r) * 1000,0,1),0.05) * sd(x$r)+mean(x$r)) # 正态 3.949
VaR_E<- abs(quantile(x$r,0.05)) # 实证分布：3.569
arch.test(x$r) # 检验异方差效应，即风险价值的动态性
VaR_RV<- abs(quantile(rnorm(length(x$r) * 1000,0,1),0.05) *
    sqrt(x$RV)+mean(x$r)) # 动态 VaR：RV
VaR_EWMA<- abs(quantile(rnorm(length(x$r) * 1000,0,1),0.05) *
    sqrt(x$ewma)+mean(x$r)) # 动态 VaR：EWMA
VaR_sigma21<- abs(quantile(rnorm(length(x$r) * 1000,0,1),0.05) *
    sqrt(x$sigma21)+mean(x$r)) # 动态 VaR：σ̂₁²
VaR_GARCH<- abs(quantile(rnorm(length(x$r) * 1000,0,1),0.05) *
sqrt(garchFit(garch(2,2),data=x$r,cond.dist=c("sstd"))@h.t)+mean(x$r)) # 动态 VaR
```

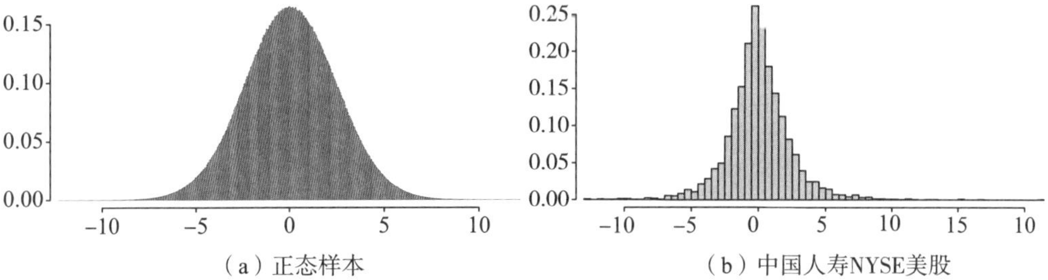

（a）正态样本 （b）中国人寿NYSE美股

图 7.2 样本分布：直方图：中国人寿 CHINALIFE 美股

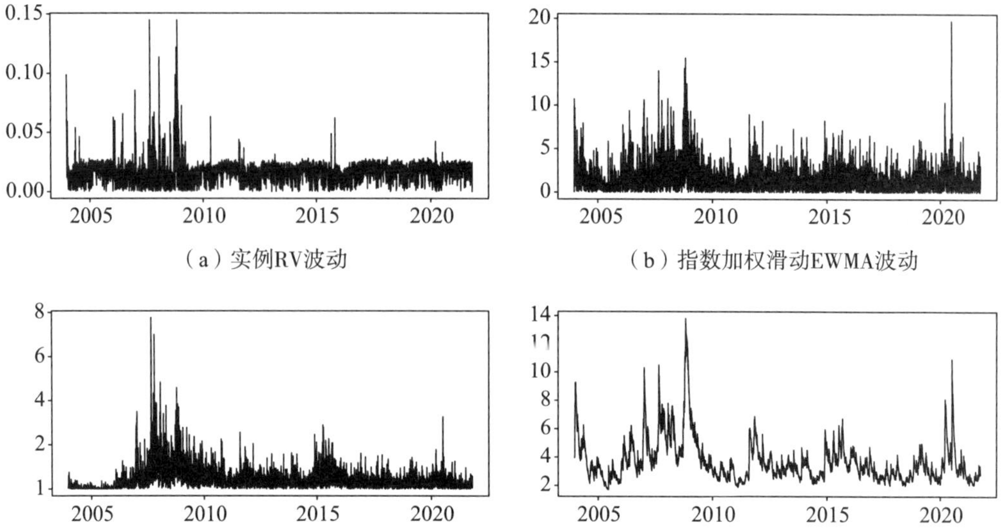

（a）实例RV波动　（b）指数加权滑动EWMA波动

（c）日间价格$\hat{\sigma}_1^2$波动　（d）条件异方差GARCH波动

图 7.3　动态风险价值 VaR：中国人寿 CHINALIFE 美股

第三节　风险价值悖论：债券组合

风险价值 VaR 概率方法有着直观的、简洁的、完美的数学表达式和深刻的金融学内涵。但是，如此测度资产的风险价值却有着潜在的问题。这有悖于金融实践准则：投资风险分散化原则。

设定企业发行的债券面值 100 元、违约概率为 0.02、债券价格为 100 元，债券违约损失为：

$$L_i=\begin{cases}100 & \text{违约}\\ -5 & \text{未违约}\end{cases} \tag{7.35}$$

或

$$L_i=100\times D_i-5(1-D_i)=105\times D_i-5 \tag{7.36}$$

其中，债券违约概率

$$D_i=\begin{cases}1 & \text{已违约}\\ 0 & \text{未违约}\end{cases} \tag{7.37}$$

因此，债券损失概率

$$\begin{cases}P\{L_i=100\}=0.02 & \text{已违约亏损}\\ P\{L_i=-5.0\}=0.98 & \text{未违约盈利}\end{cases} \tag{7.38}$$

极端地，构造两个投资额为 10 000 元的投资组合。其一，集中化投资组合策略 A：仅仅只购买某家企业债券 100 份额；其二，分散化投资组合策略 B：购买全部企业的每家债券 1 份额。现在实际问题是，如何评价此两种组合的投资性能？当然，最简单的投资性能指标是投资的收益率及其方差。

对于集中化投资组合 A 而言，由于单债券违约的预期损失：

$$\begin{cases} P\{L_1=-5\} & =0.98 \\ P\{L_1=100\} & =0.02 \\ P\{L_1\leqslant -5\} & =0.98\geqslant 0.95 \\ P\{L_1\leqslant \ell<-5\} & =0.0<0.95 \end{cases} \tag{7.39}$$

因此，集中化投资组合 A 违约的预期损失：

$$\begin{cases} \mathrm{VaR}_{0.95}(L_1) & =-5 \\ L_A=100\times L_1 & =\sum_{\ell=1}^{100} L_1 \\ \mathrm{VaR}_{0.95}(L_A) & =\mathrm{VaR}_{0.95}(\sum_{\ell=1}^{100} L_1)=100\times \mathrm{VaR}_{0.95}(L_1)=-500 \end{cases} \tag{7.40}$$

对于分散化投资组合 B 而言，单债券违约的预期损失：

$$\begin{cases} L_B & =\sum_{i=1}^{100} L_i=105\sum_{i=1}^{100} Y_i-500 \\ \mathrm{VaR}_{0.95}(L_B) & =105(q_\alpha=0.95)(\sum_{i=1}^{100} Y_i)-500 \end{cases} \tag{7.41}$$

由于随机变量和的分布：

$$\begin{cases} M=\sum_{i=1}^{100} Y_i\sim B(100,0.02) \\ P\{M\leqslant 5\}\approx 0.984 \end{cases} \tag{7.42}$$

因此，整个分散化投资组合 A 违约的预期损失：

$$\begin{cases} q_\alpha & =0.95(\sum_{i=1}^{100} Y_i)=(q_\alpha=0.95)(M)=5 \\ \mathrm{VaR}_{0.95}(L_B) & =105\times(q_\alpha=0.95)(\sum_{i=1}^{100} Y_i)-500=25 \end{cases} \tag{7.43}$$

综合上述，设定风险价值 VaR 控制在置信水平 95%，集中式投资策略，即便撤回风险资本金 500，投资组合仍然是可接受的：

$$\rho(L_A=100\times L_1=100(105\times Y_1-5))=-500 \tag{7.44}$$

而分散式投资策略,则需要机构注入风险资本金 25,以满足监管需要:

$$\rho(L_B=\sum_{i=1}^{100}L_i)=\sum_{i=1}^{100}105\times Y_i-5=25 \tag{7.45}$$

显而易见,如此基于概率分位数的均值方差风险价值 VaR 测度导致没有实际意义评价,这说明风险价值 VaR 并非具有次可加性:

$$\rho(L_B=\sum_{i=1}^{100}L_i)\leqslant\sum_{i=1}^{100}\rho(L_i)=100\rho(L_1)=\rho(L_A=100L_1) \tag{7.46}$$

此悖论缘于资产组合收益率概率分布并非正态分布那样完美,即尖峰厚尾、非对称和杠杆效应。因而,要精确地估计风险价值就需要运用到分布的高阶矩、偏度和峰度(Li,1999),或运用混合分布拟合的非高斯分布(Zhang & Cheng,2005)。

第四节 风险测度公理化体系

风险测度为金融风险管理的核心指标,必须保证风险测度体系是完备的,即风险测度应该满足整体风险度量公理化体系。

7.4.1 风险测度空间

给定风险事件的概率测度空间$(\Omega,\mathbb{F},P)$;定义其上风险事件相应损失的随机变量$L:(\Omega,\mathbb{F},P)\mapsto\mathbb{R}^1$;子集$\mathbb{M}\subset L^0(\Omega,\mathbb{F},P)$称为金融风险,当且子集为凸的,即对于其中任一风险$L_1$和$L_2$、实数$\lambda$。那么,风险组合$L_1+L_2\in\mathbb{M}$且加权组合$\lambda\times L_1+(1-\lambda)\times L_2\in\mathbb{M}$称为投资组合的风险测度,实值函数$\rho:\mathbb{M}\mapsto\mathbb{R}$称为投资组合的风险资本或风险准备金,即追加此数量的资金到投资组合中,足以达到监管标准或头寸管理的最低要求,从而保证投资组合不至于被清仓或强制平仓。

风险测度空间主要特征:其一,Ω为一系列金融风险事件或标的基础资产;其二,集合F属于金融风险时间集合Ω幂集;其三,P为定义在F之上的概率测度函数;其四,$\mathbb{M}$为金融风险事件概率测度空间的子集,用于风险测度的定义域;其五,$\rho(L)$规定为资本数量或准备金额度,以保证投资组合符合监管或管理的最低要求;其六,具有$\rho(L)=0$的投资组合称为可接受的,即无须重新注资,而$\rho(L)<0$的投资组合意味着投资者可以抽出资本仍然保持其符合监管或管理要求(McNeil,Frey & Embrechts,2005)。

7.4.2　风险测度公理

风险测度公理化构成风险管理的理论基础。[①]

公理 1：透明性(Translation Invariance)：风险测度称为透明的，当且

$$\rho(L+c)=\rho(L)+c,\forall L\in \mathbb{M},c\in \mathbb{R} \tag{7.47}$$

该公理准则说明，增减确定性五风险的组合头寸。

公理 2：次可加性(Subadditivity)：风险测度称为次可加性的，当且

$$\rho(L_1+L_2)\leqslant \rho(L_1)+\rho(L_2),\forall L_1,L_2\in \mathbb{M} \tag{7.48}$$

该公理准则说明，投资组合的整体风险不大于各个标的风险的累计和，以反映分散投资策略，即合并未必产生额外风险。对监管者而言，非次可加性的风险测度会导致机构逃避监管资本金要求。

公理 3：同态正定(Positive Homogeneity)：风险测度称为同态正定的，当且

$$\rho(\lambda L)=\lambda\rho(L),\forall L\in \mathbb{M},\lambda\in \mathbb{R}^{+}>0 \tag{7.49}$$

该公理准则意味着次可加公理成立时也将成立。

公理 4：单调性(Monotonicity)：风险测度称为单调性的，当且

$$\rho(L_1)\leqslant \rho(L_2),\forall L_1,L_2\in \mathbb{M},L_1\leqslant L_2 \tag{7.50}$$

该公理准则说明，风险越高的资产应该支出越大的风险资金用于监管风险。

依据上述公理化准则，有两类重要应用的风险测度：其一，一致风险测度，仅当测度满足公理准则 1～4 条，即透明性、次可加、同正态和单调。一致风险测度在金融产业界日益引起重视。其二，风险凸测度，仅当风险测度满足公理准则 1～3 条，即透明性、次可加和同正态。其三，风险凸测度重要体现在分散化投资降低风险(Artzner, et al., 1999)。

第五节　预期亏损：ES

风险价值 VaR 先天缺陷在于其不满足次可加性，无法度量投资组合的整体风险，其本源在于没有考虑到风险分布的尖峰厚尾现象，缺少极端分布事件的损失累计均值。

依据资产盈亏分析(7.7)及风险价值 VaR 定义(7.8)、(7.9)可以看到，风险价

---

① 资产的盈亏或损失含义有时不加区分，盈亏是会计的，而损失是风险的，为盈亏的负值。

值 VaR 本质表达的是给定置信水平，投资组合的收益超出意外的小概率事件对应的盈亏或损失数值，仅属于单个小概率事件，而未涉及大于此置信水平的盈亏事件是否发生。

给定置信水平条件下，加权平均风险价值 VaR 为：

$$\begin{cases} \mathrm{VaR}_{\alpha}(x) & = -(q_{\alpha}\sigma_t + \mu_t) \vee -\min\{x \in \mathbb{R} : F(x) > \alpha\} = F_{-x_t}^{-1}(1-\alpha) \\ E_{\alpha}[\mathrm{VaR}_{\alpha}(x)] & = \dfrac{1}{1-\alpha}\sum_{\alpha \leqslant \alpha_i \leqslant 1} \mathrm{VaR}_{\alpha_i}(x) \end{cases} \tag{7.51}$$

因此，给定置信水平$(1-\alpha)$，定义资产收益的预期损失 ES

$$\mathrm{ES}_{\alpha}(x) = \frac{1}{1-\alpha}\int_{\alpha}^{1} \mathrm{VaR}_{u}(x)\,\mathrm{d}u \tag{7.52}$$

预期损失 ES 数学性质概括为：其一，单调递减；其二，100％分位数对应的预期损失 ES 是投资组合的预期价值；其三，投资组合的 ES 总是大于或等于投资组合的风险价值 VaR，即 $\mathrm{ES}_{\alpha} \geqslant \mathrm{VaR}_{\alpha}$。

特别地，当使用风险价值 VaR(7.8)计量时，即收益率动态分布为正态的，动态预期损失 ES 简化为：

$$\mathrm{ES}_{\alpha}(x_t) = \sigma_t\left[\frac{1}{1-\alpha}\int_{\alpha}^{1} q_u\,\mathrm{d}u\right] + \mu_t \tag{7.53}$$

设定某一投资组合的盈亏概率、期初价值为 100 货币单位[①]，相应的预期损失 ES 计算如表 7.3 所示。

表 7.3　　风险价值 VaR 与预期损失 ES 示例

概率	市值	盈亏 PL	α	VaR	α	ES	α	ES
10％	0	100	(00,10)	100	5％	100	10％	100
20％	150	50	(10,40)	20	20％	60	30％	46.6
30％	80	20	(40,80)	0	40％	40	50％	32
40％	100	0	(80,100)	50	60％	26.6	80％	20

作为风险价值 VaR 的扩展方法，预期损失 ES 满足风险测度的次可加性要求，可应用测度投资组合的整体风险；预期损失 ES 测度充分考虑了不同资产价格变化之间的分散化效应对降低风险的贡献；预期损失 ES 测度投资组合的尾部风险，风险测度数值更为准确；预期损失 ES 风险测度符合最新的巴塞尔监管资本金

① 具体参见维基百科：https://en.wikipedia.org/wiki/Expected_shortfall。

要求(BCBS,2011)。

特别说明的是,预期损失 ES 具有两重性:其一,如同风险价值 VaR 测度的假设相同,ES 依然是基于历史经验数据且设定历史风险事件会重现;其二,投资组合的预期损失 ES 计量依然无法预知市场异常或突发事件;其三,预期损失 ES 及其量化管理无法预判市场监管、财政税收或货币投放等造成的市场动荡;其四,作为风险价值 VaR 扩展预期损失 ES 在测度投资组合的整体风险具有优势,与其他诸如压力测试等非计量方法结合在金融机构的风险评测和组合选择等方面有重要应用(McNeil,Frey & Embrechts,2005)。

实例 7.5.1　风险测度 VaR 和 ES 实证:证券机构股票

证券机构简称券商,是经证券主管机关批准并在工商行政管理局领取营业执照后从事证券或资产管理的专业机构,具有交易所会员资格,可以承销发行、自营买卖或自营兼代理买卖证券,大多数券商自己在交易所都有股票发行流通,这些股票在市场指数中占有相当权重比例,它们的市场行为往往成为市场景气指标。例如,申万宏源证券、中信证券和国泰证券。[①] 实证样本数据时段为 2015 年证券市场泡沫后 6 月 26 日至新冠疫情期间 2021 年 10 月 19 日,实证样本机构为申万宏源证券、中信证券和国泰君安证券。实证风险测度表 7.5 表明,证券机构的风险远大于市场指数的风险测度;中信证券的风险测度 VaR 和 ES 远高于申万宏源证券和国泰君安证券,但其累计收益率也远大于后者,或许这与中信证券的头部券商和市场风格有关。

表 7.4　风险测度 VaR 和 ES 实证:证券机构股票

```
library(zoo)#基础数据包
library(stats)#基础统计包
library(fBasics)#基础金融包
library(PerformanceAnalytics)#投资组合包
load("FiEsen.Rdata")#财经数据集
sc<- window(sc.r,start="2015-06-26",end="2021-10-19")*0.01#收益率
basicStats(sc)#统计描述
VaR<- -VaR(sc,p=.95,method="historical",na.action=na.pass)#风险价值 VaR
```

① 中国证券期货委员会 2021 年 9 月公示名录:http://www.csrc.gov.cn/pub/zjhpublic/G00306205/201509/t20150924_284310.htm。

续表

```
ES<- ES(sc,p=.95,method="historical",na.action=na.pass)#预期损失 ES
dynVaR<- VaR(sc,p=.95,method="historical",na.action=na.pass)#风险价值 VaR
dynES<- ES(sc,p=.95,method="historical",na.action=na.pass)#预期损失 ES
```

表 7.5　　风险价值 VaR 与预期损失 ES:证券机构股票

	sse.ci	szse.ci	szse.swhy.sc	sse.citic.sc	sse.gtja.sc
Mean	−0.000 151	−0.000 064	−0.000 510	0.000 000	0.000 197
Sum	−0.231 202	−0.098 416	−0.782 682	0.000 557	−0.302 418
Stdev	0.013 634	0.016 951	0.021 523	0.023 687	0.022 062
Skewness	−1.210 480	−0.976 034	−0.346 837	−0.086 978	−0.244 471
Kurtosis	8.178 624	4.603 718	7.643 699	5.490 618	6.454 266
VaR	0.019 693	0.025 997	0.030 227	0.032 111	0.029 853
ES	0.037 139	0.046 285	0.055 853	0.057 790	0.054 972

第六节　金融风险案例

正如前文所述,金融风险是市场交易或证券收益的不确定性致使市场价格的剧烈变动,从而导致资产持有者面临巨大的财务亏损,乃至公司破产。因此,综合运用金融投资技术,如组合策略、对冲策略或保险、内部控制和行业监管以构成风险管理的完整防范体系。

金融风险尤其是衍生品,由于它以高杠杆方式实施复杂交易策略,如买入或卖出方式进行欧式、美式或其他期权的看涨或看跌的交易策略,策略暗藏着巨大的预期违约风险,尤其是场外交易(Over-The-Counter,OTC)丑闻事件接连不断。①

实例 7.6.1　衍生品丑闻案例:中航油(新加坡)石油期权丑闻

中航油(新加坡)公司成立于 1993 年 5 月 26 日,由属于中国政府直属大型国有企业的中国航空油料控股有限公司控股,主要从事航空油料航运代理业务,凭

---

① 2022 年 3 月 8 日,伦敦金属交易所 LME 继前一天伦镍收涨 73%之后,逼空行情持续强势上演,伦镍价盘中一度大涨超 100%,连破 6 万、7 万、8 万、9 万、10 万美元关口,两个交易日大涨 240%,刷新纪录,远远突破俄乌战争爆发前价格 2.5 万美元吨,如此"妖"镍横行致使 LME 打破其百年纪录紧急叫停交易。伦镍期货事件始末参见财新报道:https://weekly.caixin.com/2022-03-25/101860920.html。

借航油进口中国市场的垄断地位,1998 年,中航油开始从事航油的贸易和采购业务,税前利润达 450 万美元。鉴于业绩显露和经济贡献,1998 年 7 月,中航油荣获新加坡政府的石油交易许可 AOT 且 5 年间 10%优惠税收,业务扩展到石油贸易、石油产品、石油期货期权及其支付互换。到 2000 年,其业务市场占比 92%,净资产到达 9.637 亿美元,同比增长达 132.5%;公司于 2001 年 12 月 6 日在新加坡证券交易市场主板 SGX-ST 挂牌上市,成为首家利用海外自有资产上市的中资企业,同时公司获新加坡全球贸易商资格 GTP。鉴于其业务几乎垄断中国航油市场及近年营运业绩,中航油市值一路上扬到 65 亿元人民币,成为全球第四大石油巨头,赢得市场青睐和追捧。2002 年,公司资产达营业收入高达 1.689 624 亿新加坡元,比 2001 年增加 60.8%。

但是,天有不测风云。中航油公司 CEO 陈久霖 2004 年 11 月 29 日在新加坡对外发布消息,称因从事衍生品交易公司总计亏损 5.5 亿美元,远远超越其净资产 1.45 亿美元,公司严重资不抵债。次日,中航油公司终止所有石油期权交易,并依据《公司法》第 210 条向新加坡高等法院申请破产保护,并指出其控股公司承诺继续支付及偿还公司欠款。此次石油期权丑闻事件震惊国际石油市场、新加坡及中国内地。人们难以置信曾风光新加坡、耀眼中国、在石油交易市场号称第四大石油巨头的中航油顷刻之间走向破产;同时,中航油事件使人们联想到 1995 年在新加坡石油期货市场从事投机交易而搞垮巴林银行的英国人里森的投机事件[①],专业或非专业人士普遍质疑中航油的治理结构、道德诚信及风险控制,怀疑控股公司涉嫌内部交易和垄断航油进口。2004 年 12 月 8 日,警方对公司 CEO 实施拘押,次日获保释,但随时接受警方传唤。普华永道(新加坡)会计师事务所对中航油公司涉及衍生品交易的财务会计、交易策略、期权合约调整及财务报告等进行全面审计。同时,新加坡高等法院开始审理涉及中航油的民事和刑事诉讼及破产重组案。

2006 年 3 月 21 日,新加坡高等法院就中航油(新加坡)公司石油期权丑闻事件做出终审判决,公司部分高级管理人员受到刑事追究,公司前 CEO 陈久霖 3 月 15 日承认了 15 项指控中的 6 项罪行,即虚假财务报告及内幕交易,被判入狱监禁 4 年且罚款 20.7 万美元。同时,法院指控公司非执行董事荚长斌、董事顾炎飞和李永吉未能向新交所和公司独立董事通报石油期权交易损失,罚款 12.35 万美元。幸运的是,2006 年 3 月 29 日,中航油(新加坡)公司重组计划在债权人大会获得高票通过,终于避免被清盘的厄运。同年 11 月 14 日,中航油引入新标志,预期烈火重生。

---

① 称为不道德交易员,尼克·里森丑闻见其个人网站:https://www.nickleeson.com/rogue-trader。

实证样本以美国西德克萨斯轻质中间基原油指数 WTI 为标的，其间 2003 年 3 月 20 日爆发伊拉克战争，2004 年 11 月 30 日中航油（新加坡）公司被勒令关闭其所有衍生品交易。样本 WTI 指数、波动及以其标的期货的风险价值 VaR 如图 7.4 所示。

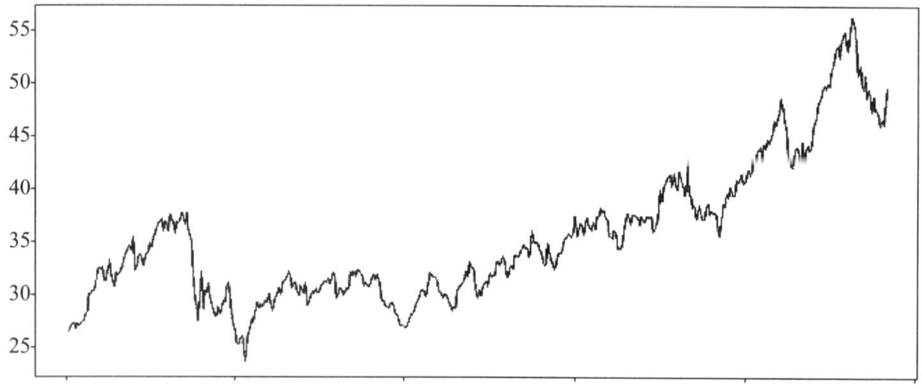

（a）指数

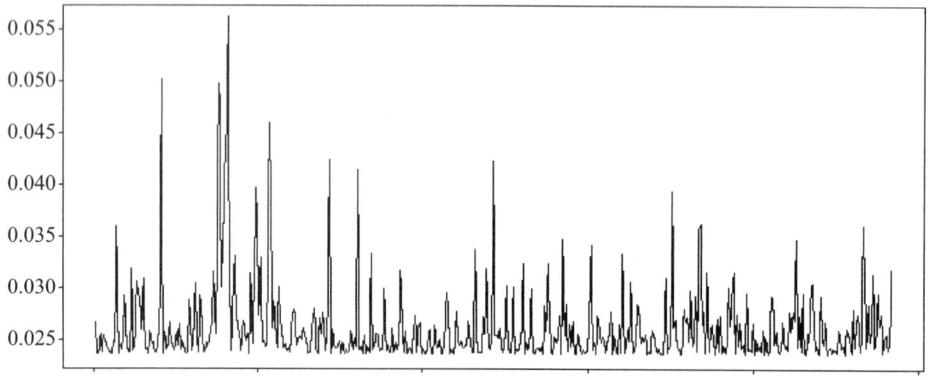

（b）波动

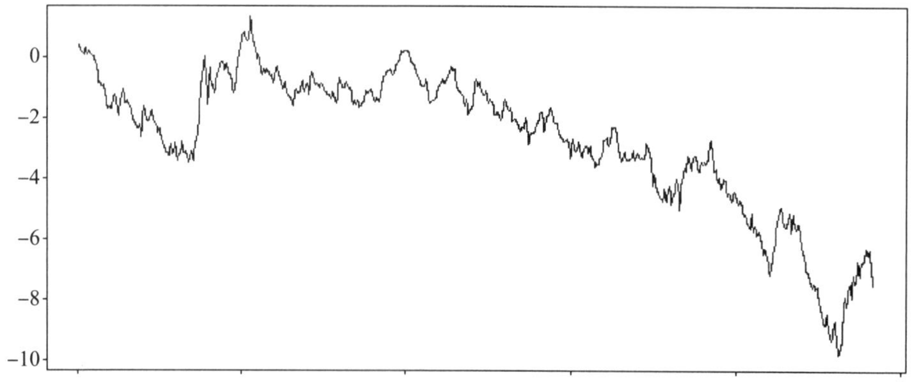

（c）风险价值

图 7.4 风险价值 VaR：WIT 原油指数、波动及其风险价值

案例研究表明,不仅 WTI 原油的市场剧烈波动或价格趋势快速下行,而且公司风险内部控制和外部监管机制日渐削弱,最终导致公司面临破产清算厄运。因此,任何商品期货或期权的市场参与者都必须谨慎地套期保值和对冲策略,以及严格地控制内部风险等风险管理措施(张明恒,2014)。

第七节 实证练习

1.分析证券市场指数的风险价值 VaR 和预期损失 ES,如道指(dji)、标普 500 指数(sp500)、纳指(nasdaq.ci)、芝加哥罗指(cboe.rut2000)、上证综指(sse.ci)、深证成指(szse.ci)和香港恒指(hkex.hsi)。

2.分析证券及与相应易市场指数的风险价值 VaR 和预期损失 ES,如谷歌(nasdaq.google)、星巴克(nasdaq.starbucks)、新浪(nasdaq.sina)、中国石油(nyse.petrochina)、阿里巴巴(nyse.alibaba)、工商银行(sse.icbc)、中信证券(sse.citic.sc)、中国人寿(sse.chinalife)、平安银行(szse.pingan)、万科地产(szse.vanke)和申万宏源证券(szse.swhy.sc)。

3.分析不同证券市场同时期证券的风险价值 VaR 和预期损失 ES,如建设银行在上交所发行的 A 股(sse.ccb)和在港交所发行的 H 股(hkex.ccb)。

4.分析不同行业同时期的证券风险价值 VaR 和预期损失 ES,如中信证券(sse.citic.sc)、云南白药(szse.baiyao)和航天信息(sse.aisino)。

5.分析相同行业的同时期的证券的风险价值 VaR 和预期损失 ES,如电器制造商美的集团(szse.midea)和格力电器(szse.gree)。

6.分析相同证券市场、不同板块的同时期证券的风险价值 VaR 和预期损失 ES,如锦江集团在上交所发行的 A 股(sse.jinjiang)和 B 股(sse.jinjiang.b)、张裕公司发行的 A 股(sse.changyu)和 B 股(sse.changyu.b)、中国南玻发行的 A 股(szse.csg)和 B 股(szse.csg.b)。

7.分析在不同证券市场的同时期证券的风险价值 VaR 和预期损失 ES,如建设银行在上交所发行的 A 股(sse.ccb)和在港交所发行的 H 股(hkex.ccb)、比亚迪在深交所发行的 A 股(szse.byd)与 H 股(hkex.byd)、康希诺在上交所发行的 A 股(sse.cansino)和在港交所发行的 H 股(hkex.cansino)。

第八章 组合管理的神经网络方法

金融资产的价格过程、收益率过程、波动过程并非总是线性模型或非线性模型，以及资产的风险测度并非静态的，尤其是在市场动荡期间，它们具有高度的非线性，呈现混沌和分形现象。因此，本章讨论投资组合的神经网络方法，即价格预测的神经网络方法和管理组合的机器学习方法。首先，介绍金融资产价格的非线特征和投资组合管理；其次，简介生物神经元组织及性质；之后，重点介绍神经网络系统、后向传播方法和强化学习方法；最后，实例介绍资产预测及组合管理框架。

第一节 资产非线性形式

实证表明，金融资产的价格、收益率或波动率并非总是线性的、平稳的、高斯的。例如，在股票、债券或期货市场及商品期货市场，若充斥或散布发行者的利空或利好消息，如管理层丑闻、财务作假或产业链摩擦或业绩预期下滑、商品产地灾害、上市公司并购、创新专利或产业政策优惠，那么股票价格就会大幅震荡下挫或上行。因此，相应的资产价格、收益率或波动率就会呈现出非线性。

正如前文各章所论述的那样，线性模型可以刻画价格、收益率或波动率的单根非平稳、协整 CI 关系、格兰杰因果、向量误差修正 VECM 模型、结构突变或波动溢出或杠杆效应；门限模型可以表达价格、收益率或波动率的似然选择趋向；随机模型可以描述资产波动或系统结构的不确定性；状态转换或状态空间模型能够描摹价格、收益率或波动率的行为模式和状态选择。正是这些模型构成金融计量学的基础，它们都具有明显的金融含义、确定的统计性质和简易的参数估计和假设检验过程。

尽管这些模型参数估计完美且具有金融学含义，但是参数估计依赖于模型设定和样本抽取，致使参数估计难以自适应调整。因此，借助计算机信息大规模处理能力，综合运用诸如人工神经网络、机器学习等人工智能技术尝试分析、识别和预测价格、收益率或波动率以及学习管理投资组合（Refenes，et al.，1996）。

除第五章“价格、收益率或波动率的非线性模型”所述的非线性外，价格或收益率或波动的任意函数为：

$$x_t = f(x_{t-1}, x_{t-2}, \cdots, x_1; z_t, z_{t-1}, z_{t-2}, \cdots, z_1 \mid \Theta) \tag{8.1}$$

其中，函数 $f(\cdot)$ 为高阶连续可微的，其未知参数为 Θ。

给定资产价格、收益率或波动率的观测序列 x_t、诸如市场或企业信息等外生序列 z_t 简记为：$\mathbb{X}=\{x_\kappa \mid \kappa=1,2,\cdots,k;k\in\mathbb{N}\}$。那么，金融资产的价格、收益率或波动的变化 Δx_t 可用泰勒展开式为：

$$\begin{aligned}\Delta x_t &= \sum_{\kappa=1}^{k}\frac{\partial f}{\partial x_\kappa}\Delta x_\kappa + \\ &\frac{1}{2!}\sum_{\kappa_1=1}^{k}\sum_{\kappa_2=1}^{k}\frac{\partial^2 f}{\partial x_{\kappa_1}\partial x_{\kappa_2}}\Delta x_{\kappa_1}\Delta x_{\kappa_2} + \\ &\frac{1}{3!}\sum_{\kappa_1=1}^{k}\sum_{\kappa_2=1}^{k}\sum_{\kappa_3=1}^{k}\frac{\partial^3 f}{\partial x_{\kappa_1}\partial x_{\kappa_2}\partial x_{\kappa_3}}\Delta x_{\kappa_1}\Delta x_{\kappa_2}\Delta x_{\kappa_3} + \\ &\frac{1}{4!}\sum_{\kappa_1=1}^{k}\sum_{\kappa_2=1}^{k}\sum_{\kappa_3=1}^{k}\sum_{\kappa_4=1}^{k}\frac{\partial^4 f}{\partial x_{\kappa_1}\partial x_{\kappa_2}\partial x_{\kappa_3}\partial x_{\kappa_4}}\Delta x_{\kappa_1}\Delta x_{\kappa_2}\Delta x_{\kappa_3}\Delta x_{\kappa_4} + \cdots\end{aligned} \tag{8.2}$$

显然，各阶偏导数刻画因素的偏效应，而展开阶数表示非线性程度；仅当 1 阶偏导数都为常数时，$f(\cdots)$ 才是线性的，而当高阶偏导数至少非全零时就为非线性的，致使高阶非线性项的金融含义理解愈加困难。

幸运的是，借助信息技术和人工智能 AI 方法，我们能够数量化地实证分析和预测金融资产的价格、收益率或波动率以及优化投资组合策略，而非简单地进行线性或非线性回归模型的参数估计与假设检验。

第二节　投资组合管理

投资组合规划或组合策略优化是投资者进行理性投资获取收益规避风险的计量基础，规划和决策过程则是基于投资理念的动态规划序贯行为。

8.2.1　投资组合决策

如同第四章“收益率方差的波动模型”第一节或第七章“风险测度的概率方法”第一节设定的那样，基于组合均值方差模型的投资组合的选择策略使得组合收益最大和整体风险最小。

给定风险组合数目 p，风险资产标的 $r_x=(r_1,r_2,\cdots,r_p)^\top$ 及其协方差 Σ_x，组合权重 $w_x=(w_1,w_2,\cdots,w_p)^\top$ 及置信水平 $(1-\alpha)$，以及相应组合收益 $x_p=\sum_{i=1}^{p}w_ir_i$ 的期望与方差：

$$\begin{cases}\mu_p=E[x_p]=\sum_{i=1}^{p}w_ir_i=\mathbf{w}_x^\top\boldsymbol{r}_x\\ \sigma_p^2=D[x_p]=\sum_{i=1}^{p}w_i^2\sigma_i^2+\sum_{i\neq j;i,j=1}\sum^{p}w_iw_j\rho_{ij}\sigma_i\sigma_j=\mathbf{w}_x^\top\Sigma_x w_x\end{cases}\tag{8.3}$$

那么，最优选择组合 r_x 决策如何从初始状态依据风险测度或收益方差准则在标的权重 w_x 空间或及标的数目 p 空间选择合适的组合满足优化条件：

风险价值 VaR 测度

$$\begin{cases}\mathbf{w}_{\mathrm{VaR}}=\underset{\forall w_x\in\mathbb{R}^{+(p+1)}}{\operatorname{argmin}}\{\mathrm{VaR}_\alpha(x_p)\}=\underset{\forall \mathbf{w}\in\mathbb{R}^{+(p+1)}}{\operatorname{argmin}}\{\mathbf{w}_x^\top\Sigma_x\mathbf{w}_x\}\\ \text{s.t. }\mu_p=\mathbf{w}_x^\top r_x,\mathbf{w}_x1=1\end{cases}\tag{8.4}$$

或预期损失 ES 测度

$$\begin{cases}\mathbf{w}_{\mathrm{ES}}=\underset{\forall \mathbf{w}_x\in\mathbb{R}^{+(p+1)}}{\operatorname{argmin}}\{\mathrm{ES}_\alpha(x_p)\}=\underset{\forall \mathbf{w}_x\in\mathbb{R}^{+(p+1)}}{\operatorname{argmin}}\{\frac{1}{1-\alpha}\int_\alpha^1\mathrm{VaR}_u(x_p)\mathrm{d}u\}\\ \text{s.t. }\mu_p=\mathbf{w}_x^\top r_x,\mathbf{w}_x1=1\end{cases}\tag{8.5}$$

无论基于整体风险(8.4)或(8.5)最小或其他准则，投资组合管理的线性或非线性的动态规划问题的最优决策过程如表 8.1 所示。

表 8.1　投资组合均值方差策略优化过程

步骤	状态修正或组合操作
1	初始化：组合数目 p 标的收益 $\mathbf{r}_x=(r_1,r_2,\cdots,r_p)^\top$ 及其协方差 $\Sigma=(\rho_{ij})_{p\times p}$ 组合权重 $\mathbf{w}_x=(w_1,w_2,\cdots,w_p)^\top$ 及修正系数 γ_w
2	风险或收益梯度： 按式(8.4)或(8.5)计算： $\Delta(\mathbf{w}_p)=\frac{\partial\mathrm{VaR}_\alpha(\mathbf{x}_p)}{\partial\mathbf{w}_p}$ 或 $\Delta(\mathbf{w}_p)=\frac{\partial\mathrm{ES}_\alpha(x_p)}{\partial\mathbf{w}_p}$
3	修正组合权重：$\mathbf{w}_p\leftarrow\mathbf{w}_p-\gamma_w\Delta(w)$
4	修正组合收益： 组合收益 $r_p\leftarrow\sum_{i=1}^{p}w_ir_i$ 组合方差 $\sigma_p^2\leftarrow\sum_{i=1}^{p}w_i^2\sigma_i^2+\sum_{i,j=1,i\neq j}\sum^{p}w_iw_j\rho_{ij\sigma i\sigma j}$
5	重复步骤 2 至步骤 4，直至收敛或符合停止规则

8.2.2 马尔可夫决策过程

投资组合规划过程是一个动态的、自纠错的及环境交互的规划过程，基于收益最大或风险最小(8.4)或(8.5)准则的投资决策过程服从马尔可夫决策过程MDP：

$$\text{MDP}:(\mathcal{S},\mathcal{A},\mathcal{P},\mathcal{R},\gamma) \tag{8.6}$$

首先，设定集合 $\mathcal{S}$ 为所有可能状态组成的；集合 $\mathcal{A}$ 为所有可能动作组成的；集合 $\mathcal{P}$ 为状态转移概率组成的，表示在时刻 t 转换状态 $s\in\mathcal{S}$ 下采取 $a\in\mathcal{A}$ 动作后，能到达状态 $s'\in\mathcal{S}$ 的概率：

$$P_{ss'}^{a} \triangleq \Pr\{s_{t+1}=s' \mid s_t=s,a_t=a\},\forall s,s' \in \mathcal{S},a \in \mathcal{A} \tag{8.7}$$

集合 $\mathbb{R}$ 表示在任意状态 $s\in S$ 下采取 $a\in\mathbb{A}$ 动作后能够得到的报酬：

$$r(s,a) \in \mathcal{R}\subseteq \mathcal{S}\times\mathcal{A}\times\mathbb{R} \tag{8.8}$$

及相应的数学期望：

$$\bar{r}(s,a)=E[r(s,a)] \tag{8.9}$$

$\gamma\in[0,1]$表示报酬在将来的折扣率。

然后，智能体(决策者或代理)当状态 $s_i\in\mathcal{S}$ 时实施动作序列：

$$\alpha=a_1a_2\cdots a_\ell,a_j,\cdots,a_j \in \mathcal{A}$$

及选择相应而获得的报酬序列：

$$\theta=r_1r_2\cdots r_\ell,r_k,\cdots,r_k \in \mathcal{R}$$

而选择执行动作 $a_i\in\mathcal{A}$ 决策序列，记作：

$$\pi=\pi_1\pi_2\cdots\pi_\ell,\cdots,\pi_\ell=(s_i,a_j,r_k) \in \mathcal{S}\times\mathcal{A}\times\mathcal{R}$$

最后，智能体(决策者或代理)处于状态 s 和候选系列动作 α 及其报酬 θ 时，选择执行系列动作决策 a 的策略函数为条件概率：

$$\pi(s,a,\theta)=\Pr\{a_t=a \mid s_t=s,\theta\},\forall s \in S,\forall a \in \mathcal{A} \tag{8.10}$$

其中，策略函数关于序列报酬参数 θ 可微，简写为 $\pi(s,a)$。

因此，任意决策 $\pi(s,a,\theta)$的累计报酬 $\rho(\pi)$及状态动作的累计偏误 $Q^\pi(s,a)$ 测度有两类：其一，期望平均

$$\begin{cases}\rho(\pi) = \lim\limits_{n\to+\infty}E[r_1+r_2+\cdots+r_n \mid \pi]=\sum\limits_{s}d^\pi(s)\sum\limits_{a}\pi(s,a)\,\bar{r}(s,a)\\ d^\pi(s) = \lim\limits_{t\to+\infty}\Pr\{s_t=s \mid s_0,\pi\}\end{cases} \tag{8.11}$$

及相应策略的动作价值

$$Q^\pi(s,a)=\sum_{t=1}^{+\infty}E[r_t-\rho(\pi) \mid s_0=s,a_0=a,\pi],\forall s \in S,\forall a \in \mathcal{A} \tag{8.12}$$

其二,折扣平均

$$\begin{cases}\rho(\pi) & =E[\sum_{t=0}^{+\infty}\gamma^{t-1}r_t \mid s_0,\pi]=\sum_S d^\pi(s)\sum_a \pi(s,a)\bar{r}(s,a) \\ d^\pi(s) & =\sum_{t=1}^{+\infty}\gamma^t \Pr\{s_t=s \mid s_0,\pi\}\end{cases} \tag{8.13}$$

及相应策略的动作价值

$$Q^\pi(s,a)=E[\sum_{k=1}^{+\infty}\gamma^{k-1}r_{t+k} \mid s_t=s,a_t=a,\pi],\forall s\in S,\forall a\in \mathcal{A} \tag{8.14}$$

依据以上设定和分析,马尔可夫决策过程 MDP 策略梯度函数

$$\frac{\partial\rho(\pi)}{\partial\theta}=\sum_s d^\pi(s)\sum_a \frac{\partial\pi(s,a)}{\partial\theta}Q^\pi(s,a) \tag{8.15}$$

数值解构成马尔可夫决策过程 MDP 的最优策略(Sutton,et al. ,2000)。[①]

第三节 脑组织及其神经元

20 世纪中叶,伴随着计算机科学、生物学和物理学的发展,人们设想机器会和人类一样,能够思考并进行某种程度的智能工作。最为简单的就是模拟人类识别物体的感知器,它模仿人类大脑的神经元响应功能,进而达到人类大脑的智能信息处理境界。伴随着计算机技术、网络通信技术和传感技术,具有特定领域的智能机器制造得到发展,尤其是 IBM 深蓝、谷歌阿尔法狗及特斯拉自动驾驶系统促使人工智能 AI 在工业和生活等领域得到应用。现代生物学揭示,人类大脑神经元网络的优越性在于:非线性、输入输出映射、自适应、证据优先响应、上下文关联、容错纠错、大规模并行、均匀及类比推理等智能处理。人类智能的物质基础就是脑组织及其神经元,其生物组成有:大脑、海马结构、小脑、脑干和循环;而组织结构为:中心神经系统、互联网络、局部互联网络、神经元等。[②]

神经元是脑神经系统最基本的结构和功能单位,由细胞体和突起两部分组成;前者由细胞核、细胞膜、细胞质组成,具有联结和综合输入信息并传出信息的作用,后者由突起有树突和轴突组成,具有传递和处理其他神经元轴突传来的神

---

① R 系统马尔可夫决策过程 MDP 应用包及文档参见:https://cran.r-Project.org/web/packages/MDP-toolbox/index.html。

② 人类大脑组成及功能参见:https://en.wikipedia.org/wiki/Human_brain。

经刺激冲动；感觉神经末梢形成各种感受器；运动神经末梢分布于骨骼肌肉，形成运动终极。①

第四节　神经网络系统

模拟脑神经系统处理信息是机器学习的本源方法，即由众多神经元通过相互之间链接及激励函数构成的多输入多输出响应的复杂系统，以实现样本训练学习、知识存储记忆、过程自适应调整、前向预测、目标识别和过程控制，这样具有智能模拟的机器系统称为人工神经网络或多层感知器，简称神经网络系统。

8.4.1　神经元数学表示

脑组织的神经元功能是传递、储存和处理来自外界的刺激信号或邻域神经元的传递信号，其数学抽象功能表示见图 8.1，相应的数学表达为：

$$\begin{cases} v = w_{k0} + \sum_{\kappa=1}^{k} w_{\kappa} x_{\kappa} \\ y = \varphi(v) \end{cases} \tag{8.16}$$

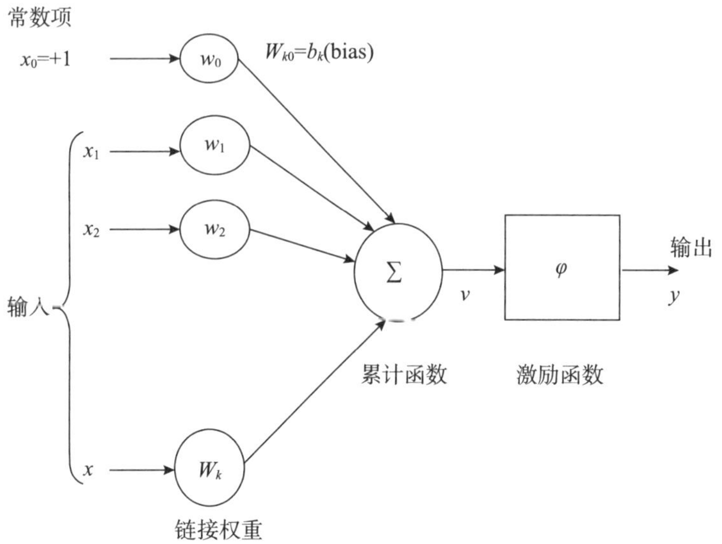

图 8.1　神经元数学表示

① 生物学的神经元组成及功能参见：https://en.wikipedia.org/wiki/Neuron。

其中，神经元结点基差 w_0 为初始储存；链接权重系数 w_κ 为该神经元对近邻输入层或隐含层神经元结点输出信号 κ 的兴奋和抑制效应；激励函数 $\varphi(\cdot)$ 为该神经元输出响应。

常见的模拟神经元功能的激励函数及其性质如下。其一，确定性的符号函数 sigmid：

$$
\begin{cases}
\varphi(v \mid \sigma) & = \dfrac{1}{1+\exp\{-\sigma v\}} \\[2ex]
\dfrac{\partial \varphi(v \mid \sigma)}{\partial v} & = \dfrac{\sigma \exp\{-\sigma v\}}{(1-\exp\{-\sigma v\})^2}
\end{cases}
\tag{8.17}
$$

其二，确定性的分段线性函数：

$$
\begin{cases}
\varphi(v) & = \begin{cases} 1, & v \geqslant \dfrac{1}{2} \\[1ex] v, & |v| < \dfrac{1}{2} \\[1ex] 0, & v \leqslant \dfrac{1}{2} \end{cases} \\[6ex]
\dfrac{\partial \varphi(v)}{\partial v} & = \begin{cases} 0, & 1 \geqslant \dfrac{1}{2} \\[1ex] 1, & |v| < \dfrac{1}{2} \\[1ex] 0, & v \leqslant \dfrac{1}{2} \end{cases}
\end{cases}
\tag{8.18}
$$

其三，确定性的正切函数 tanh：

$$
\begin{cases}
\varphi(v \mid \sigma) & = \dfrac{1-\exp\{-2\sigma v\}}{1+\exp\{-2\sigma v\}} \\[2ex]
\dfrac{\partial \varphi(v)}{\partial v} & = \dfrac{4\exp\{-2\sigma v\}}{(1-\exp\{-2\sigma v\})^2}
\end{cases}
\tag{8.19}
$$

其四，随机的激励函数：

$$
\begin{cases}
\varphi(v \mid \theta) & \sim F(v \mid \theta) \\[1ex]
\dfrac{\partial \varphi(v \mid \theta)}{\partial v} & \sim f(v \mid \theta)
\end{cases}
\tag{8.20}
$$

概率分布函数 $F(\cdot \mid \theta)$ 的选择依据于输出层样本数据的数值分布区间。

激励函数的选择要考虑到是否会产生所谓的梯度弥散或者梯度饱和现象，而致使影响网络学习的收敛过程缓慢。

8.4.2　神经网络结构

神经网络结构决定其权重空间的学习方法和应用能力，即结构组成要素：输入层结点数、隐含层及其结点数、输出层节点数、层级间链接权重、层级循环滞后等决定神经网络功能。常见的网络结构有：单层网络、多层网络和多层循环网络，如图 8.2 所示。

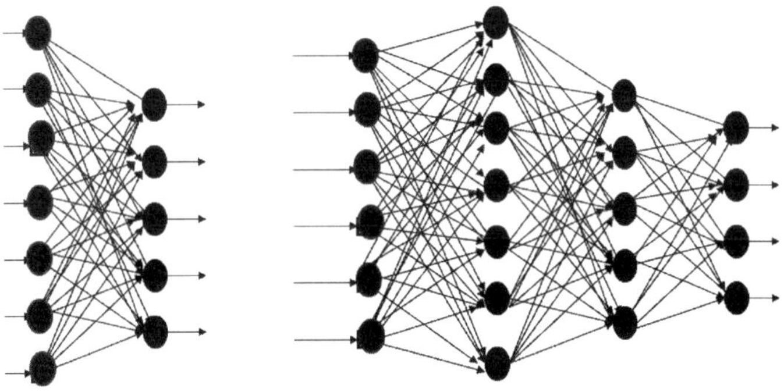

（a）单层、多层网络

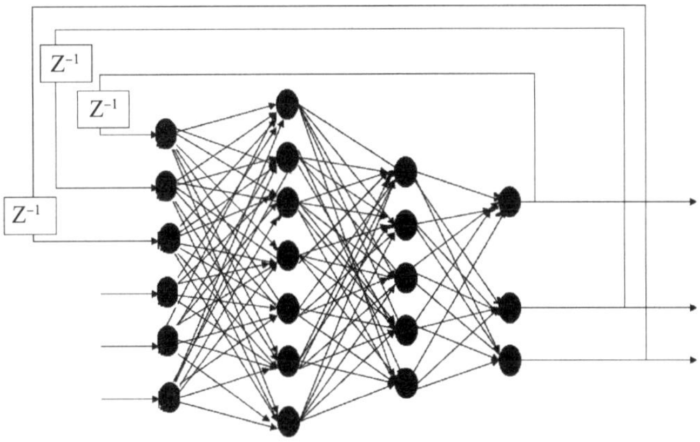

（b）多层循环网络

图 8.2　单层、多层及多层循环的神经网络结构

8.4.3　神经网络功能

尽管脑神经网络极其复杂，但是可以使用数学模拟方法实现其信息处理的部分功能。从结构组成看，神经网络模型由输入端受体、神经网络和输出端效应响应层组成；从应用功能看，神经网络功能实现从学习样本空间经过结构权重空间到决策空间的函数映射，即输入端时间序列及其滞后项通过层层神经元链接权重的非线性响应变换，传播到输出端决策行动，或输出端逐层或递推反馈到输入端。抽象地，神经网络系统由并列的神经元层通过相邻层级结点间完全链接实现形成前向逐层处理信息，如图 8.3 所示。

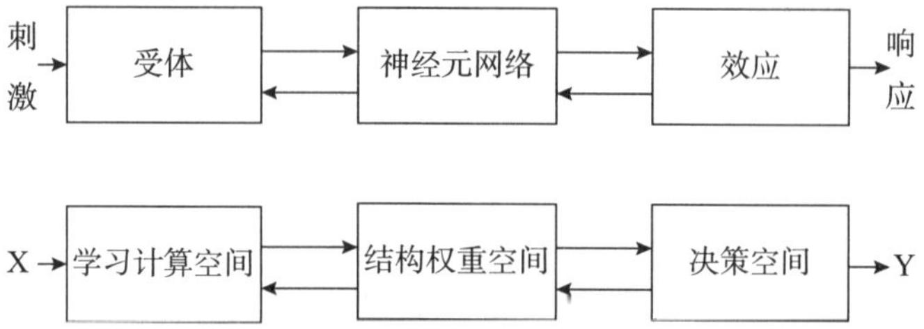

图 8.3　神经网络功能框架

8.4.4　神经网络训练

神经网络训练是模拟人类通过感知、训练、实践、推理和决策所到达智能问题处理的学习过程，构成人工智能 AI 的基础。

抽象地，神经网络训练是确定网络的结构及其链接参数的迭代过程，即机器学习方法；具体地，神经网络的训练首先确定实际问题的数学求解策略；然后，训练神经网络，通过观测样本数据、制定优化规则、目标函数或决策策略，反复迭代地训练学习优化神经网络，直至确定结构及其连接参数的最优；神经网络的训练过程与实际问题求解密切相关，如序列分析预测、目标分类识别、方程数值求解、博弈策略、动态规划、文本写作或目标实时跟踪。

第五节　机器学习方法

机器学习构成人工智能或智能科学的基础；机器学习过程模拟人类大脑的感知、训练、技能、学习和决策的智能信息处理过程；经典的学习方法有神经网络的后向传播误差 BP 算法和策略梯度的 Actor-Critic 算法；机器学习从早期的感知器后向传播方法，历经半个多世纪发展到现在的深度学习和强化学习方法，推动人工智能应用领域日益扩展。

8.5.1　学习方法划分

机器学习方法由数学模型、实施步骤及统计性能构成，其训练准则依然是最小均方误差 MSE、极大似然函数 L 或对数似然函数 logL，二者可使用梯度策略实施，尤其是非线性最优的准则函数。

依据样本数据和交互环境，机器学习方法可划分为：其一，有监督的误差校正学习，学习过程使输出层样本数据的期望与实际之误差平方和最小，误差用作控制与学习的准则，并通过调整神经元链接权值奖惩原则实现总体优化准则，如误差后向传播算法。其二，有监督的存储样本学习，如聚类分析及带有反馈路径的循环的神经网络。其三，无监督的自组织学习、竞争学习和信息熵学习。其四，深度学习和强化学习。前者侧重于样本数据特征训练，后者则以智能体与环境的交互过程训练。其五，马尔可夫决策过程 DMP 则以马尔可夫决策链为基础，以报酬、奖励或惩罚为准则，采取序列化的决策行动。尽管机器学习方法各异，但构成训练学习核心算法都是以数学模型为基础，以确保算法的正确性、收敛性及高效率（阎平凡，张长水，2000；Vapnik，1999）。[①]

8.5.2　后向传播误差算法：BP

神经网络学习核心是通过学习样本数据集训练学习估计隐含层间及隐含层输出层间的神经元链接权重。

确定神经网络结构之后，训练学习过程主要步骤如：首先，随机或给定链接网络权重，依层级输入样本数据，逐个结点按其既定激励函数计算结点输出；其次，输出层神经元激励函数输出的偏差通过隐含层间逐层后向传播并依据选择准则，如奖惩原则，修正神经元结点间链接权重；之后，对所有样本数据进行训练学习，直至符合预定收敛准则，从而完成网络的学习过程；最后，使用学习训练过的神经网络系统进行实际问题求解，如分类、预测或选择。

具体地，单层神经网络的感知器学习过程是机器学习中最为简单、直观和经典的算法，它使用奖惩原则调整神经元链接权重。给定单层感知器的学习算法的输入样本集 X、输出样本集 Y、神经元链接权重集 W、输出层实际输出 $\hat{Y}$ 及总体误差 $E(w)$ 如下：

$$\begin{cases} x(n) & =(x_1(n),\cdots,x_k(n))^{\mathrm{T}} \in X \\ w^1 & =\{w_{i,j}^1 \mid i=1,\cdots,d_0;j=1,\cdots,d_1\} \in W \\ v_d^1(n) & =\sum_{i=1}^{d_0} w_{i,d}^1 x_i(n),d=1,cdots,d_1 \\ y(n) & (y_1(n),\cdots,y_1(n))^{\mathrm{T}} \in Y \end{cases}$$

① R 系统机器学习应用包及文档参见：https://cran.r-Project.org/web/views/MachineLearning.html。

$$\begin{cases}\hat{y}(n) & =\varphi(v(n)) \in \hat{Y} \\ e_d(n) & =(\hat{y}(n)-y(n)), d=1,\cdots,d_1 \\ E(w) & =\frac{1}{2}\sum_{n=1}^{N}\sum_{d=1}^{d_1}\exp\{2\}_d(n)\end{cases} \tag{8.21}$$

单层感知器的训练学习算法的关键是依据计算总体误差对输出结点链接权重的梯度分量：

$$\frac{\partial E(w)}{\partial w_{i,j}^1}=\frac{\partial E(w)}{\partial e_d}\frac{\partial e_d}{\partial \varphi_d}\frac{\partial \varphi(v_d^1)}{\partial w_{i,j}^1} \tag{8.22}$$

调整相应链接权重

$$w_{i,j}^1 \leftarrow (w_{i,j}^1-\eta\frac{\partial E(w)}{\partial w_{i,j}^1}) \tag{8.23}$$

因此，单层感知器 BP 算法学习过程概括见表 8.2。

表 8.2　　单层感知器学习 BP 算法

步骤	前向计算、后向传播及梯度计算
0	初始化神经网络结构参数；
1	选定神经网络结构；
2	设置赏罚因子 $0<\eta\leqslant 1$ 和随机初始化链接权重；
3	对输入层样本 $x(n)$ 按式(8.21)计算所有结点加权累计及激励输出；
4	对输出层样本 $y(n)$ 按式(8.21)计算总体误差函数；
5	对链接权重按式(8.22)计算总体误差函数梯度分量；
6	对链接权重按式(8.23)调整相应链接权重；
7	检查权重估值序列是否收敛；
8	输出单层神经元链接权重，完成训练学习过程。

单层单结构的神经网络的 BP 学习过程简单直观，线性可分时快速收敛，用于样本数据集线性识别与分类；而借助于计算技术和传感技术多层的神经网络的感知系统得到广泛应用，如非线性识别与分类、方程求解及文本写作；单层单结构的神经网络的应用有很大的局限性，而输入输出层间置入隐含结点层以扩展神经网络的学习能力。

给定有多隐含层的神经网络(简称多层感知器或多层神经网络)MLP 由输入

层、多中间隐含层及输出层构成，以其相应层内结点数标记为$(d_0, d_1, \cdots, d_h, d_{h+1})$；相邻层间结点偶对为单向全链接方式，权重为$w_{i,j}^{\ell}$，$\ell \in [1, h+1]$，$i \in [1, d_{\ell-1}]$，$j \in [1, d_\ell]$；每层结点激励函数输入$v_d^\ell$和输出$y_d^\ell$，$d=1,\cdots,d_\ell$；学习算法的输入样本集$\mathbb{X}$、输出样本集$\mathbb{Y}$、神经网络链接权重集$\mathbb{W}$、输出层实际输出$\hat{Y}$及总体误差$E(w)$如下：

$$\begin{cases} x(n) & =(x_1(n),\cdots,x_{d_0}(n))^{\mathrm{T}} \in X \\ w^\ell & =\{w_{i,j}^\ell \mid i=1,\cdots,d_{\ell-1}; j=1,\cdots,d_\ell\} \in W \\ v_d^\ell(n) & =\sum_{i=1}^{d_{\ell-1}} w_{i,d}^\ell \varphi(v_i^{\ell-1})(n), d=1,\cdots,d_\ell \\ y(n) & =(y_1(n),\cdots,y_{d_{h+1}}(n))^{\mathrm{T}} \in Y \\ \hat{y}(n) & =(\varphi(v_1^{h+1}),\cdots,\varphi(v_{d_{h+1}}^{h+1}))^{\mathrm{T}} \in \hat{Y} \\ e_d(n) & =(\hat{y}_d(n)-y_d(n))^{\mathrm{T}}, d=1,\cdots,d_{h+1} \\ E(w) & =\frac{1}{2}\sum_{n=1}^{N}\sum_{d=1}^{d_{h+1}} e_d(n)^2 \end{cases} \tag{8.24}$$

那么，神经网络学习过程就是首先输入层样本数据逐层逐结点累计加权求和，并经神经元结点激励函数输出至下一层，如此递推直至输出层；然后，依据奖惩原则后向传播输出层结点实际数值与网络计算估计数值的误差调整层级结点间链接权重。

具体地，前向信息处理时，按式(8.24)依次按层$\ell \in \{1,\cdots,h+1\}$计算各结点$d \in [1,\cdots,d_\ell]$累积和，并逐层前向直至输出层；后向传播学习时，逐层$\ell \in \{h+1,h,\cdots,1\}$各结点$d \in [1,\cdots,d_\ell]$总体误差函数梯度、逐层后向递推地传播及调整该层链接权重，调整方式与结点所处的输出层或隐含层有关：总体误差函数对输出层$(h+1)$结点链接权重的梯度：

$$\frac{\partial E(w)}{\partial w_{i,j}^{h+1}}=\frac{\partial E(w)}{\partial e_d}\frac{\partial e_d}{\partial \varphi(v_d^{h+1})}\frac{\partial \varphi(v_d^{h+1})}{\partial v_d^{h+1}}\frac{\partial v_d^{h+1}}{\partial w_{i,j}^{h+1}}, \exists_1 d \in [1, d_{h+1}] \tag{8.25}$$

对隐含层$(\ell < h+1)$结点链接权重的梯度分量：

$$\frac{\partial E(w)}{\partial w_{i,j}^\ell}=\sum_{d=1}^{d_{\ell+1}}\frac{\partial E(w)}{\partial e_d}\frac{\partial e_d}{\partial \varphi(v_d^{\ell+1})}\frac{\partial \varphi(v_d^{\ell+1})}{\partial v_d^{\ell+1}}\frac{\partial v_d^{\ell+1}}{\partial w_{i,j}^\ell} \tag{8.26}$$

调整相应链接权重

$$w_{i,j}^\ell \leftarrow (w_{i,j}^\ell - \eta\frac{\partial E(w)}{\partial w_{d_\ell}^\ell}), i=1,\cdots,d_{\ell-1}; i=1,\cdots,d_\ell \tag{8.27}$$

如此多层神经网络 MLP 后向传播 BP 算法学习过程概括如表 8.3 所示。

表 8.3　　多层神经网络 MLP 后向传播学习 BP 算法

步骤	前向计算、后向传播及梯度计算
0	初始化神经网络结构参数；
1	选定或自动确定神经网络结构；
2	设置赏罚因子 $0<\eta\leqslant 1$ 和初始化链接权重；
3	对输入层每个样本 $x(n)$，按式(8.24)逐层计算所有结点加权累计及其激励输出；
4	对所有输出样本 $y(n)$，按式(8.24)计算总体误差函数；
5	依层依次后向递推地按公式(8.25—8.26)计算总体误差函数梯度分量；
6	依层依次后向递推地按式(8.27)调整相应链接权重；
7	检查权重估值序列是否收敛；
8	输出多层神经元链接权重，完成学习过程。

需要说明的是：其一，对于给定激励函数，总体误差函数的梯度分量可以式(8.22)、(8.25)及(8.26)快速数值计算；其二，多层神经网络 MLP 即便经过训练学习和实际应用，其链接权重的物理学或经济学含义并非直观清晰，无法像经济计量回归模型那样有完美的参数估计、假设检验和预测性能；其三，多层神经网络 MLP 后向传播 BP 算法可以扩展到其他结构的神经网络系统；其四，神经网络学习通过特殊芯片实现，如英伟达 NVIDIA 公司图形处理 GPU 芯片 CUDA 框架。[①]

8.5.3　策略梯度算法：Actor-Critic

依据"8.2.1　投资组合决策"和"8.2.2　马尔可夫决策过程"依次介绍投资组合规划的决策模型、马尔可夫决策 MDP 过程及其策略梯度函数(8.15)，构造实现梯度策略函数数值解程的策略梯度 Actor-Critic 算法。

梯度策略(8.15) Actor-Critic 算法构成三要素：其一，状态相关的平均报酬 $d^{\pi}(s)$；其二，状态动作概率对序列报酬的梯度：$\dfrac{\partial\pi(s,a)}{\partial\theta}$；其三，状态相关的累计报酬：$Q^{\pi}(s,a)$。三者关系流程如图 8.4 所示。因此，基于马尔可夫决策 MDP 过程策略梯度的 Actor-Critic 算法学习过程[②]概括如表 8.4 所示(Konda & Tsitsiklis，2000；Sutton，et al.，2000)。

---

① 英伟达公司 AI 和数据科学支持文档参见：https://www.nvidia.cn/ai-data-science。

② 梯度策略 Actor-Critic 算法详细分析参见：https://arxiv.org/abs/1803.02912.pdf。

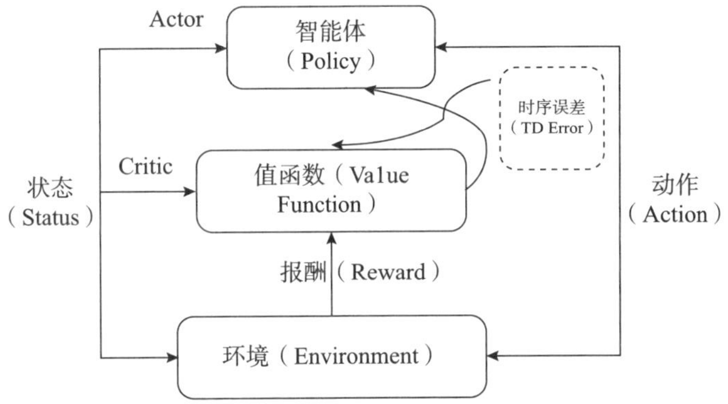

图 8.4　基于策略梯度的强化学习 Actor-Critic 算法流图

表 8.4　　基于策略梯度的强化学习 Actor-Critic 算法框架

步骤	状态选择、动作执行及策略梯度调整
0	初始化 Actor-Critic 参数：状态空间、动作空间及报酬空间；
1	重复执行下列：
2	搜索状态空间中所有状态 s；
3	按公式(8.12 或 8.14)计算策略函数：$d^{\pi}(s)$；
4	对所有动作 a，构造策略 $\pi(s,a)$及其报酬 r：
5	按公式(8.12 或 8.14)计算时序差分：$\Delta_{\theta}\pi(s,a)$；
6	按公式(8.12 或 8.14)计算动作值函数：$Q^{\pi}(s,a)$数乘时序差分；
7	累积策略函数与价值函数乘积(8.15)；
8	更新函数值：$\theta \leftarrow \theta - \alpha\Delta_{\theta}\rho(\pi)$；
9	直至迭代收敛或符合停止规则。

显然，策略梯度 Actor-Critic 算法学习框架由评价的值函数 Critic 和策略函数 Actor 组成；属于无监督学习方式，是经典的强化学习策略；应用 Actor-Critic 算法解决实际问题的主要框架有：谷歌 AlphaGo 系统，强化学习方法的 A3C 算法、DDPG 算法和 PPO 算法等。

第六节　资产预测应用

尽管金融资产的价格、收益的线性或非线性模型、波动的条件异方差模型或随机模型有明确的数学解析表达式，易于经济学分析和统计学估计与检验，但是这些模型前提假设条件较为苛刻，以至于模型的内生性问题难以逾越和估计量的稳健性难以保证，因此资产预测成为人工智能 AI 或机器学习最初应用问题(Crone & Kourentzes，2010；Refenest，et al.，1996)。

金融资产的基本属性是价格及其交易技术指标，如第六章第四节所示，这些观测序列的主要特征是不确定性、线性平稳的、单根非平稳、非线性分叉、季节性或非周期的；外生因素包括宏观经济指数、市场景气及行业指数；MLP 神经网络相应的模型组织如表 8.5 所示。

表 8.5　时间序列类型、统计特征及 MLP 模型组织

序列类型	统计特征	MLP 模型组织
白噪声	独立同分布	聚类
弱平稳	二阶矩有界且位移不变	短时均值或方差
单根非平稳	差分、单整	近邻反馈
长记忆效应	相关持久	滞后乘积或差分
季节性或周期	季节差分	远距反馈
非线性	高阶项、高阶矩 分叉、混沌	高维空间嵌入
外生因素	交易技术指标、宏观经济 市场景气、行业指数	扩展输入层节点

8.6.1　神经网络实现

如同自回归滑动平均 ARMA 模型、GARCH 模型、马尔可夫状态转换自回归 MSAR 模型或限值因变量 LDV 模型那样，神经网络实现同样要确定其拓扑结构和训练学习网络参数。

神经网络实现影响因素包括：其一，输入层结点数目取决于序列的非线性程度、日或周末或月份或季度的准周期性、价格的相关结构、记忆效应序列及其滞后项、自动选择滞后项、季节性因素及其虚拟变量、差分；其二，隐含层列数目要么依据误差准则自动选择，要么以实际经验指定；其三，除价格收益率、波动及其滞后项外，还要考虑其他外生变量及其滞后项的影响因素；其四，训练学习网络链接权重的算法，如后向传播 BP 算法等。

8.6.2　资产预测及评价

无论是资产价格序列、收益率序列，还是资产波动序列，序列预测应用的技术

问题有：其一，预测时期是短期或中长期；其二，预测是否需要外生变量辅助；其三，预测序列是否进行必要的预处理：价格、价差、对数价格、对数收益率或波动序列；其四，预测采用常规的参数模型还是黑匣子的神经网络相关的非线性模型。前者预测值可参数化表达，而后者只能数值模拟。

预测序列的趋势强调是序列状态变化的属性，如价格的涨跌、收益率的正负，可用极大似然函数估计和评价；预测序列的数值则强调序列的预测的估计，可用最小均方误差 MSE、绝对值偏差、或均值绝对误差百分比等估计评价；二者预测过程都需要概率分布分析，如预测趋势或数值的置信区间。

神经网络用于预测序列时，除上述议题之外，还要考虑如何依据资产序列的统计特征或物理意义确定神经网络的体系结构，如表 8.5 所示。神经网络方法的预测原理及其实现可参考 R 应用包及相关开发者文档（Kourentzes，Barrow & Crone，2014）。

实例 8.6.1　EGARCH-M 模型及 MLP 预测实证：锰硅期货日收益率序列

锰硅期货价格因素归纳为两方面因素：其一，基本面方面，如锰硅产量、锰矿价格、螺纹钢价格、房地产购地和投资增速、基建投资增速及央行基础货币发行增速，如附录 C 经济指标、市场指数和财经事记；其二，技术指标方面，如开盘、最高价、最低价、收盘、结算、成交量（手）、持仓量、成交额（万元）、交割结算价，如图 8.5 所示；其三，影响因素还有直接或间接的市场或政策预期，如锰矿减产、环保限制或天象气候。此外，不失一般性，设定基本面信息、技术面指标及市场预期都包含在市场价格，即市场有效 EMH 假设范式之一成立。

锰硅期货预测应用预测对象为对数收益率序列、预测期间为两周 10 个交易日；选取日间交易部分数据作为预测的外生变量，外生样本容量多于序列训练样本容量；分别应用风险溢价效应的 EGARCH-M 模型和多层神经网络 MLP 方法进行预测；翔实的指数型广义条件件异方差 EGARCH-M 模型及多隐含层神经网络 MLP 方法实现参考相应技术文档。①

锰硅期货收盘收益率预测实证代码见表 8.6，其中 GARCH-M 模型预测时自动地预留出（out sample）尾部部分样本数据为预测比较用且轮回预测（rolling）步长，而 MLP 预测时则需要人为预置大部分样本，作为训练学习用（trained）和尾部部分样本数据作为预测比较用且预测整合（ensemble）次；无论是 EGARCH-M 参

---

① 单变量 GARCH 应用包及文档参见：http://www.unstarched.net/r-examples/rugarch；时间序列神经网络应用包及文档参见：https://kourentzes.com/forecasting/2019/01/16/tutorial-for-the-nnfor-r-package。

数估计还是 MLP 学习，估计和训练都需谨慎地选择优化和学习算法。

EGARCH-M 模型进行收益率序列预测时，预测锰硅期货日间对数收益序列，均值方程含有外生变量，模型参数估计结果见表 8.7，模型参数估计表明，风险溢价效应显著性几乎为(1－0.0000)%，波动有偏，预测结果如表 8.8 所示。

神经网络 MLP 方法进行收益率序列预测时，预测锰硅期货日间对数收益率序列，输入层含有外生变量，具有外生变量的隐含层神经网络 MLP 结构 3－5－3 拓扑、预测序列滞后项和外生变量序列的滞后项如图 8.9 所示，预测结果如表 8.10 所示。

表 8.6　　EGARCH-M 模型及 MLP 方法预测实证：锰硅期货日收益率序列

```
library(zoo)#基础数据包
library(stats)#基础统计包
library(fBasics)#基础金融包
library(tseries)#时间序列包
library(rugarch)#单变量 GARCH 模型
library(nnfor)#时间序列神经网络预测包
load("FiEsen.Rdata")#财经数据集
forecasting<- 10;ensemble<- forecasting#预测步长、整合次数
b.date<- as.Date("2018-04-03");e.date<- as.Date("2021-04-15")#周 2 周 5
z<- window(czce.sm.x[,1:8],start=(b.date-forecasting),end=(e.date+2*forecasting))
z[1:length(z[,1]),]<- 100.0*returns0(z)#对数收益
colnames(z)<- c("r.Open","r.High,r.Low","r.Close","r.Settlement",
        "r.Amount","r.Volume","r.Position")
y<- window(z[,4],start=b.date,end=e.date)#时间序列:日收盘价
ex<- window(cbind(z[,1:3],z[,5:8]),start=b.date,end=(e.date+2*forecasting)#外生变量
spec=ugarchspec(variance.model=list(model="eGARCH",#GARCH 规范
        garchOrder=c(1,1),submodel=NULL,external.regressors=NULL),
mean.model=list(armaOrder=c(1,1),include.mean=TRUE,
        archm=TRUE,archpow=1,arfima=FALSE,#风险溢价效应
        external.regressors=ts(ex),archex=FALSE),#外生变量
distribution.model="sstd")#有偏学生分布
fit.garch<- ugarchfit(spec,data=y,solver="gosolnp",out.sample=forecasting)#拟合
frc.garch<- ugarchforecast(fit.garch,n.ahead=forecasting,n.roll=forecasting)#预测
```

续表

```
plot(frc.garch)#预测值绘图
trained<- length(y)-forecasting
fit.mlp<- mlp(y,hd=c(3,5,3),xreg=ex,sel.lag=TRUE,reps=ensemble,comb="mean")#外生变量
Print(fit.mlp);plot(fit.mlp)#模型结构图
frc.mlp<- forecast(fit.mlp,h=forecasting);plot(frc.mlp);summary(frc.mlp);#预测及图示
```

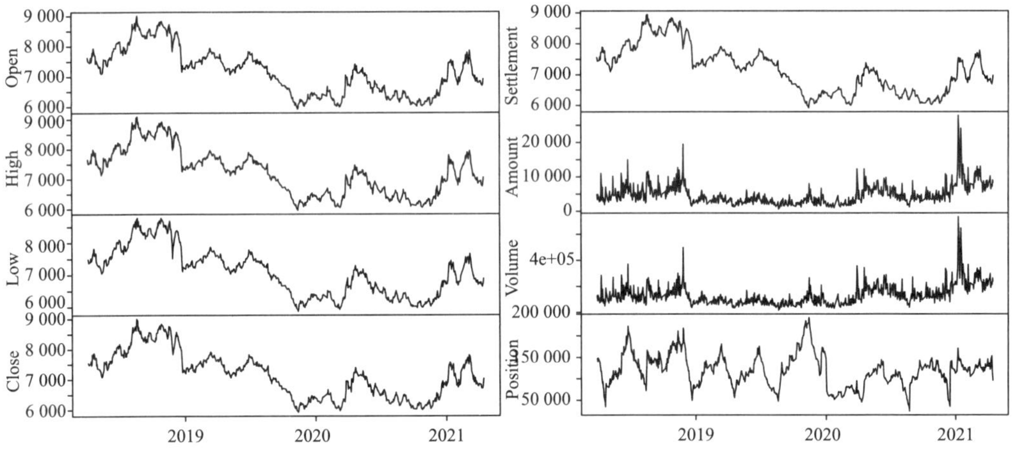

图 8.5　锰硅期货合约日间交易:2018 年 4 月 3 日至 2021 年 4 月 15 日

表 8.7　　EGARCH-M 模型参数估计:锰硅期货日收益率序列

GARCH Model　eGARCH(1,1)				
Mean Model　ARFIMA(1,0,1) Distribution　sstd				
	Estimate	Std. Error	t value	p-value
mu	0.008 438	0.000 001	13 218.137	0
ar1	−0.069 885	0.003 872	−18.051	0
ma1	−1.000 000	0.000 031	−32 418.110	0
archm	−0.018 740	0.000 000	−399 305.227	0
mxreg1	−0.295 781	0.000 046	−6 498.280	0
mxreg2	−0.080 481	0.000 142	−566.891	0
mxreg3	0.006 569	0.000 145	45.393	0
mxreg4	−0.371 387	0.000 020	−18 116.637	0
mxreg5	1.744 438	0.000 020	89 377.104	0
mxreg6	−1.745 173	0.000 128	−13 660.359	0
omega	−0.426 427	0.000 002	−281 489.073	0

续表

mxreg7	0.000 954	0.000 001	1 029.237	0
alpha1	0.198 147	0.000 095	2 078.447	0
beta1	0.733 384	0.000 001	1 394 684.582	0
gamma1	0.074 901	0.000 188	398.420	0
skew	1.156 491	0.054 011	21.412	0
shape	5.074 358	0.027 019	187.807	0
logL－455.200 AIC 1.297 BIC 1.404 SIC 1.296 Hannan-Quinn 1.339				

表 8.8　EGARCH-M 模型前向预测：锰硅期货日收益率序列

GARCH Model eGARCH(1,1) Mean Model ARFIMA(1,0,1) Distribution sstd Horizon 10 Roll Steps 10 Out of Sample 10 0－roll forecast [T0＝2021-03-31]					
T	Series	Sigma	T	Series	Sigma
T+1	－0.744 650 7	0.568 9	T+2	0.042 252 9	0.526 1
T+3	－0.003 172 8	0.504 1	T+4	－0.000 240 0	0.492 3
T+5	－0.000 260 7	0.486 0	T+6	－0.000 177 8	0.482 6
T+7	－0.000 138 0	0.480 7	T+8	－0.000 116 0	0.479 7
T+9	－0.000 103 9	0.479 1	T+10	－0.000 097 3	0.478 8

表 8.9　MLP 神经网络结构参数：锰硅期货日收益率序列

Univariate lags: (1,3) 6 regressors included

- Regressor 1 lags:(1,3); - Regressor 2 lags:(4)

- Regressor 3 lags:(1,3); - Regressor 4 lags:(1)

- Regressor 5 lags:(1);- Regressor 6 lags:(1,4)

Forecast combined using the mean operator MSE 1.216 8

(a)结构参数

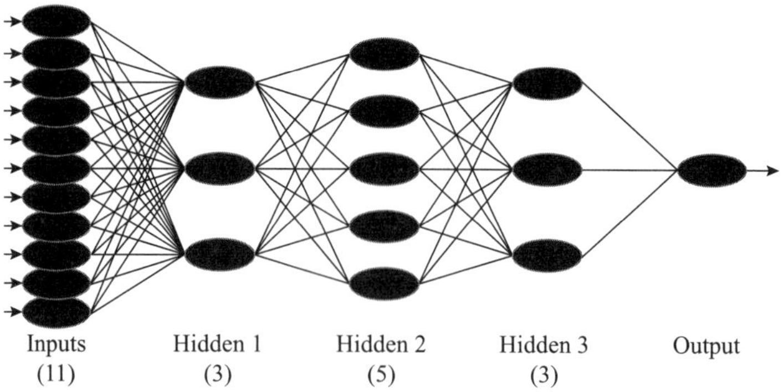

(b)网络结构

表 8.10　　MLP 神经网络前向预测:锰硅期货日收益率序列

Error measures Training set			
ME	RMSE	MAE	
−4.729 356e−05	1.148 775	0.847 440 2	
Forecasts			
Point	Forecast	Point	Forecast
729	0.141 217 05	730	0.361 209 78
731	−0.426 728 26	732	0.190 007 04
733	−0.137 907 94	734	−0.237 283 63
735	0.127 895 73	736	0.124 150 35
737	−0.306 522 10	738	−0.022 827 83

上述实例说明,预测资产价格或收益率,无论是应用参数化 EGARCH - M 模型还是用非线性的 MLP 神经网络方法,都有很大的局限性。因此,值得探讨的是投资组合管理优化,以追求投资组合的利润最大和风险最小。

第七节　资产组合管理应用

金融交易的不确定性和动态性致使简单的神经网络难以预测资产的市场价格、收益或波动。因此,应用机器学习方法构造人工智能 AI 系统实现资产投资—组合策略管理、组合选择和组合调整,以期实现再风险控制条件下达到最优投资收益。应用神经网络和机器学习进行资产的投资组合管理(Ban,et al. ,2016;Sutton,et al. ,2000)。

8.7.1　投资组合评价

正如第二章"价格或收益率的概率模型"第五节所讨论投资组合评价指标那样,依赖于投资者的投资理念的综合评价因素:年化收益和年化波动、风险调整后收益率和市场低迷时波动率、最大回撤时年华收益率、风险价值 VaR 或预期损失 ES、整体风险以及时间趋势效应。

8.7.2　投资组合实施

投资组合实施方伴随计算机技术、数据科学,尤其是人工智能和机器学习的发展，而从传统的人工手动决策、价格预测和系统交易到以机器学习的投资组合交易过程。

传统交易系统由预测系统和决策系统组成，依据技术指标或基本面指标进行预测，交易策略则以预测价格驱动由投资理念实例的组合策略进行投资执行（波涛，1998）；现代交易系统核心为强化学习系统，它以神经网络为基础、以证券或期货的技术指标、基本面指标或宏观财务等为输入解释变量，基于现代金融投资理论、组合性能评价及市场环境进行无监督地学习，形成投资决策，进而实施投资决策（Wang，et al.，2019）；二者组成如图 8.6 所示；投资组合的优化过程策略实施如图 8.7 所示。

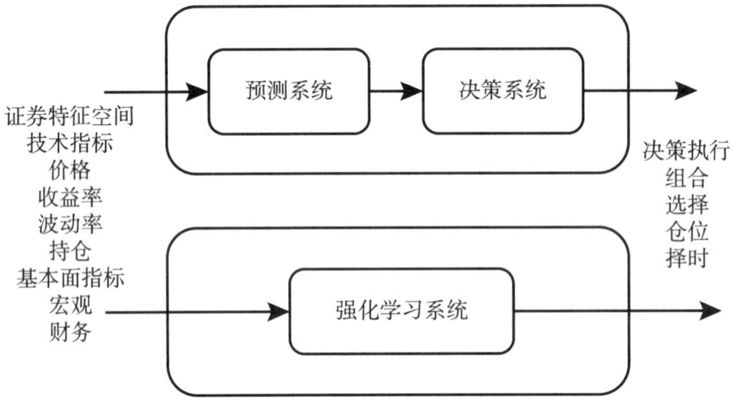

图 8.6　证券期货交易系统

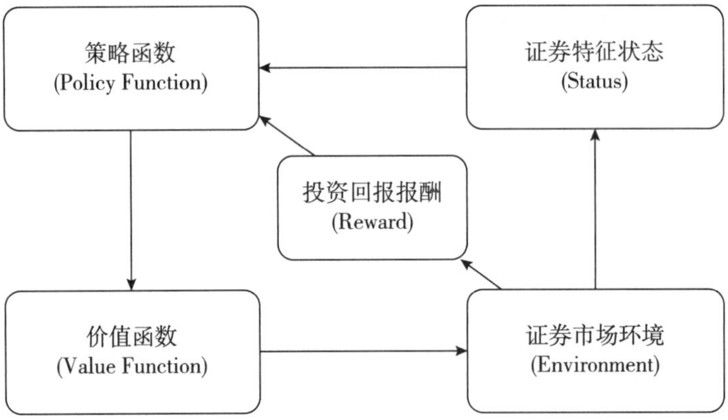

图 8.7　投资组合决策的马尔可夫决策过程 MDP 框架

本质上，组合管理问题等价于马尔可夫决策过程 MDP 构成，可以用强化学习系统实现，即依据投资组合优化过程（表 8.1）和马尔可夫决策过程 MDP 策略梯度函数式（8.15），实施如图 8.4 及表 8.4 所示的策略梯度的强化学习 Actor-Critic 算法，以完成特定的以智能体为核心的组合管理的强化学习系统核心：策略函数 Actor 和值函数 Critic 使用含有隐含层的多层神经网络 MLP 实现。

投资组合实施的机器学习系统如表 8.11 所示。其中，谷歌的 TensorFlow 适合中高级研究或实现者；PyTorch 及 Torch 适合科技研究者；Keras 适合初入门者；谷歌收购的深邃 DeepMind 的 Sonnet 适合大规模应用开发者；微软的 ONNX 适合微软服务环境及不同框架间交互的开发者；Amazon 的 MXNet 或 Gluon 适合 AWS 应用开发者；微软的 CNTK 适合微软服务开发者；Caffe 适合电子商务开发者；D4LJ 适合 Java 环境开发者；实施案例参见相应学习框架的技术文档；机器学习过程程序设计语言多为 C、R、Python 或 Java。这些机器学习系统大多提供由策略梯度和策略搜索的 Actor-Critic 算法实现框架，如 3C 算法、DDPG 算法、PPO 算法，构成强化学习交易系统的核心技术。

表 8.11　　支持组合管理实施的机器学习系统

名称		文档链接	R 应用包
TensorFlow	Google	https://www.tensorflow.org https://tensorflow.rstudio.com	tensorflow tfestimators
Keras	MIT Keras	https://keras.io https://keras.rstudio.com	keras
PyTorch	Python	https://pytorch.org	rTorch
Torch	R R	https://torch.mlverse.org https://www.rstudio.com/blog/torch	torch
Sonnet	Google DeepMind	https://github.com/deepmind/sonnet https://www.deepmind.comt	sonet
MXNet	Amazon	https://aws.amazon.com/mxnet	mxnet
ONNX Gluon CNTK	MS MS MS	https://onnx.ai https://ts.gluon.ai https://www.cntk.ai	onnx gluonTS CNTK-R
DL4J	Java	https://github.com/deeplearning4j	

第八节　实证练习

1. 应用神经网络 MLP 方法或 GARCH 模型，预测分析纳斯达克或纽约证交所股票，如谷歌(nasdaq.google)、亚马逊(nasdaq.amazon)、阿里巴巴(nyse.alibaba)和新浪(nasdaq.sina)，用日间交易数据式(4.49)中实例方差作为外生变量。

2. 应用神经网络 MLP 方法或 GARCH 模型，预测分析不同交易市场股票，如工商银行(sse.icbc)、中国石油(nyse.petrochina)、阿里巴巴(nyse.alibaba)、中国人寿(sse.chinalife)和平安银行(szse.pingan)，用实例波动式(4.48)中 RV 作为外生变量。

3. 应用神经网络 MLP 方法或 GARCH 模型，预测分析电气行业上市公司的股票，如美的集团(szse.midea)、格力电器(szse.gree)，使用实例方差式(4.49)中 sigma21 作为外生变量。

4. 应用神经网络 MLP 方法或 GARCH 模型，预测分析证券业的上市公司股票，如中信证券(sse.citic.sc)、申万宏源证券(szse.swhy.sc)和国泰君安证券(sse.gtja.sc)，用实例波动式(4.50)中 EWMA 作为外生变量。

5. 依据表 8.11，构建 TensorFlow、Keras、PyTorch、Torch、Sonnet 或 MXNet 机器学习环境，并阅读理解和分析运行相应范例。

附录A　统计计算系统:R

本章介绍如何构造用于金融计量学的实证环境R系统,即R系统安装及其使用。

第一节　R系统安装

简介R系统实证环境的安装、配置和运用。程序设计语言R是面向统计计算的应用系统,函数式的交互和批处理的程序设计语言,广泛运用于科学计算、生物医学、经济及金融等实证研究领域。R系统由庞大的符合GNP协议的应用包构成;使用者通过安装及加载系统所提供的应用包,从而构成特定目的的实证环境,进而实现金融计量学实证练习。

A.1.1　系统安装

R系统实证环境的构造步骤:首先,通过R-Project或RStudio官方网站[①]下载最新版本的MS-Windows或macOS或Linux系统的R系统软件到本地;其次,运行可安装到本地计算机系统;最后,安装实证研究必要的应用视图和应用包;MS-Windows系统下建议以系统管理员权限安装R系统及其应用视图和应用包。

实证研究者使用R系统控制命令序列或R脚本文件(程序),实现实证数据处理。控制命令是使用者在控制窗状态下通过菜单或命令行交互地进行,而脚本文件则是使用者经过反复执行、调试和完善的编写的程序文件,它由系列应用包的函数调用、命令语句或表达式组成,如以#引导的注解行、以options设置允许环境、以library加载功能包到内存、以setwd设置文件路径、以read读取数据到内存、引用或调用或使用应用包的功能函数。

---

①　参见R-Project主页:https://www.r-project.org;或RStudio主页:https://www.rstudio.com。本书仅介绍命令交互驱动方式的R-Project统计计算系统的安装、使用和编码。

运行 R 系统后就进入控制窗。由此可以交互式地实现:(1)通过文件菜单加载或保存程序脚本、工作空间;(2)通过编辑菜单编辑命令文本;(3)通过其他菜单实现控制窗管理,如中断处理、对象管理等;(4)通过程序包菜单实现:加载程序包、设定 R 镜像、选择软件库、安装程序包或更新应用包、或安装本地应用包,进而配置运行环境;(5)通过窗口菜单布置桌面命令窗口、R 脚本文件编辑窗口、图形输出窗口等;(6)通过帮助菜单可以查询相关问题,如键盘命令、问答文档、用户手册、函数帮助文档、html 帮助文档、搜索帮助、R 主页或 CRAN 主页。①

A.1.2　应用包安装

R 系统应用包由系列特定数据对象及其操作组成,完成统计计算的"基础层面"功能和"应用层面"功能。前者由系统自动安装加载,如 base、utils 和 stats,后者需要使用者下载、安装和加载配置。常见的 R 应用包有:base、zoo、stats、utils、ctv、fBasics、fGarch、FitARMA、tseries、uroot、urca、grangers、rugarch、tsDyn、plm 及 systemfit 等;安装应用包的控制命令:utils:::menuInstallPkgs( );常见命令行见表 A.1 所示;更多参见 R 应用包。②

表 A.1　　R 控制命令示例

功能	控制命令示例
程序包安装	install.packages("base");install.packages("utils") install.packages("zoo");install.packages("stats") install.packages("fGarch");install.packages("tseries") install.packages("urgarch");install.packages("vars") install.packages("ctv")
本地程序包安装	utils:::menuInstallLocal()
程序包加载	library(base) library(utils) library(zoo) library(ctv) library(stats) library(fBasics)
程序包说明	library(help=base);library(help=utils);library(help=zoo) library(help=stats);brary(help=fBasics)
工作环境数据集保存	save("D:/FiEsen/Dat/FiEsen.Rdata")

① R 系统手册:https://cran.r-project.org/manuals.html。
② R 应用包:https://cran.r-Project.org/web/packages。

续表

功能	控制命令示例
工作环境数据集加载	load("D:/FiEsen/Dat/FiEsen.Rdata")
数据对象列表	ls(pattern=" * .chinalife. * ")
数据对象显示	class(sse.chinalife.x)、class(sse.chinalife.x $ ewma)
	class(chinalife.p)、class(chinalife.r)
数据对象转换	clf<- as.data.frame(sse.chinalife.x)
数据对象组成	p<- sse.chinalife.x $ p
	r<- sse.chinalife.x $ r
数据对象编辑	edit(clf)
基本绘图	plot.zoo(sse.chinalife.x $ p)
	plot.zoo(chinalife.x $ r)
统计描述	basicStats(sse.chinalife.x $ p)
	basicStats(nyse.chinalife.x $ r)

A.1.3 任务视图安装

R系统任务视图是依统计处理任务、功能或目的对R应用包进行分类,以自动安装更新R任务视图所包括的所有应用包。CRAN任务视图如表A.2所示,而任务视图安装ctv应用包使用步骤见表A.3所示;更多参见CARN应用视图。①

表A.2　　CRAN任务视图

任务视图	应用领域	任务视图	应用领域
Bayesian	贝叶斯推断	ChemPhys	计算理化
ClinicalTrials	临床试验	Cluster	聚类分析
Databases	数据库接口	DifferentialEquations	差分方程
Distributions	概率分布	Econometrics	经济计量
Environmetrics	环境生态	ExperimentalDesign	试验设计
ExtremeValue	极值分析	Finance	实证金融
FunctionalData	功能数据	Genetics	遗传学
Graphics	图形可视化	HighPerformanceComputing	高性能计算

① R应用视图:https://cran.r-project.org/web/views。

续表

任务视图	应用领域	任务视图	应用领域
Hydrology	水文数据	MachineLearning	机器学习
MedicalImaging	医学图像	MetaAnalysis	荟萃分析
MissingData	缺失数据	ModelDeployment	模型布置
Multivariate	多变量统计	NaturalLanguageProcessing	自然语言
NumericalMathematics	数值计算	OfficialStatistics	统计调查
Optimization	优化与规划	Pharmacokinetics	药动分析
Phylogenetics	遗传学	Psychometrics	心理学
ReProducibleResearch	可重复研究	Robust	稳健统计
SocialSciences	社会学统计	Spatial	空间数据
SpatioTemporal	时空数据	Survival	生存分析
TeachingStatistics	统计教育	TimeSeries	时间序列
Tracking	踪迹数据	WebTechnologies	网页技术

表 A.3　　ctv：安装或更新任务视图

步骤	目的	控制命令
1	安装 ctv 应用包	install.packages("ctv")
2	选定任务视图	https://cran.r-project.org/web/views
3	安装任务视图	install.views("Bayesian")
		install.views("Econometrics")
		install.views("Finance")
		install.views("TimeSeries")
		install.views("Multivariate")
		install.views("MachineLearning")
4	更新任务视图	update.views("Bayesian")
		update.views("Econometrics")
		update.views("Finance")
		update.views("TimeSeries")
		update.views("Multivariate")
		update.views("MachineLearning")

第二节　R 程序组成

R 系统提供面向对象的函数式程序语言 R、语言编译解释系统及支持环境，具有丰富的数据结构、数据对象及其应用包。虽然 R 程序设计风格灵活自由，但是程序设计规范在数据类型或对象转换、表达式构成、函数定义及引用等方面缺乏严谨语法检查。

A.2.1　数据对象

R 系统提供丰富的数据类型及其封装的数据对象。例如，基本数据类型有：整数、实数、字符串，而复合类型有：位序样本、向量、矩阵、列、序列、集合及链；基本类型大多是没有结构的，而复合数据类型则是有结构的，它由基本类型或其他复合类型通过特定规范组成，多以二维表格的形式表达。基本的结构类型有：numeric、vector、zoo、data.frame，见表 A.4 和 A.5 所示。由这些数据及其定义之上的操作运算构成的数据对象可以构成 R 系统最有价值的应用包，其可直接引用、间接继承派生，以实现数据、程序、软件、系统等自由共享。

表 A.4　　数据对象：位序样本 zoo

语句	功能	语句	功能
对象类型	zoo	类型检查	is.zoo
类型强制	as.zoo	数据索引	index
数据绘图	plot.zoo、ggplot2.zoo	窗口数据	window.zoo
数据滞后	lag.zoo	数据合并	merge.zoo
文件读写	read.zoo、write.zoo		

表 A.5　　数据对象：数据框架 data.frame

功能	语句	功能	语句
对象类型	data.frame	类型检查	is.data.frmae
类型强制	as.data.frame	行列名称	rownames、colnames
数据绘图	plot.data.frame	窗口取样	window
数据合并	merge	追加数据	cbind、rbind
文件读写	read.table、write.table		

A.2.2　变量、表达式及函数

R 系统程序设计语言成分包括变量、表达式、语句、函数和对象等，如表 A.6 所示。变量是由数据类型、数据对象及其隐含的操作规定的，通过标识符引用；而表达式则是由数据及其操作，如算术运算符号：加、减、乘、除、幂、表达式、函数引用、数据或对象成员引用等；语句则是 R 系统程序语言提供特定处理的且系统保留的标识符，如赋值、循环、判断、控制、转向等组成的特殊表达式。

R 系统程序语言通过标识符关键字 function 构造函数，函数实体是由预先定义的数据及其操作的有序命令语句组成，函数最后返回一个数据对象，见表 A.7 所示[①]，而研究者实证应用程序则是实证数据及其操作的语句或命令行构成的有序序列文档，以实现特定计量模型的数据变换、参数估计、假设检验等实证任务，并以文件档案形式编辑、保存、传输或共享等。

表 A.6　　R 语言组成要素

要素	语义
标识符	有序字符序列，唯一地标识特定数据或函数或模块或应用包
类型	字符串、数值、矩阵、向量、集合或链表、函数
变量	取不同数据对象的标识符，有其特定定义域和作用域
常数	特定数据对象的标识符
运算符	关系比较符、算术运算符、逻辑运算符或对象成员指示符
表达式	由常数、变量及运算符构成的正则的有值的有序的
赋值	<-、=表达式求值后转送给另一变量
语句	由表达式、赋值、条件或函数调用组成的表达式
条件	if-else、switch 根据条件逻辑真假执行
循环	for、while、repeat
函数定义	function 处理特定数据或实现特定应用的语句序列
函数调用	函数名称（参数）
返回	renturn

表 A.7　　R 函数定义示例：FinTS：ArchTest

```
Arch.test<- function(x,lags=12,demean=FALSE){
  xName<- deparse(substitute(x))
  x<- as.vector(x)
```

① 此代码段引用应用包 FinTS 中函数 ArchTest。

续表

```
  if(demean)
    x<- scale(x,center=TRUE,scale=FALSE)
  lags<- lags+1
  mat<- embed(x∧2,lags)
  arch.lm<- summary(lm(mat[,1] mat[,-1]))
  STATISTIC<- arch.lm$r.squared* length(resid(arch.lm))
  names(STATISTIC)<-"Chi-squared"
  PARAMETER<- lags-1
  names(PARAMETER)<-"df"
  PVAL<- 1-pchisq(STATISTIC,df=PARAMETER)
  METHOD<-"ARCH LM-test;Null hypothesis:no ARCH effects"
  result<- list(statistic=STATISTIC,parameter=PARAMETER,
    p.value=PVAL,method=METHOD,data.name=xName)
  class(result)<-"htest"
  return(result)
}
```

第三节　R 相关任务视图及应用包

R 系统提供大量应用包及其任务视图，支持金融实证研究的程序编制过程。

R 系统支持的应用任务视图如表 A.8 所示，参见 CRANR data.frame 文档：https://cran.r-project.org/web/views/Finance.html。

R 支持的应用包见表 A.9 所示，通过控制命令加载应用包联机帮助，如命令 library(help=tseries)。应用包按使用目的划分为六类：其 ，应用包 base 提供基础服务，主要用以用户程序或控制调用计算机系统资源，如查询设置系统硬件、配置程序运行环境、构造数据结构、操作文件系统、求解线性或非线性方程及化线性或非线性规划；其二，应用包 utils 提供工具服务，主要用以用户程序或控制调用计算机系统资源，如查询设置系统硬件、配置程序运行环境、构造数据结构、操作文件系统、求解线性或非线性方程及化线性或非线性规划；其三，应用包 fBasics 提供 R 系统基础金融统计服务，包括统计描述、统计检验、分布拟合、数据绘制及部分金融数据；其四，应用包 fGarch 提供时间序列的基本自回归滑动平均 ARMA 模型和广义自回归条件异方差 GARCH 模型；其五，应用包 tseries 提供时间序列分析及金融统计服务，包括 ARMA 模型、广义条件异方差 GARCH 模型；其六，应用包 urgarch 提供单变量的多种多样的广义自回归条件异方差 GARCH 模型，应用包的实证任务或计量模型及其主要函数语句。

表 A.8　　Finance：金融应用任务视图

任务视图	主要应用包
标准回归	stat nlme car lmtest strucchange sandwich Rcmdr
时间序列	fGarch tseries urca tsDyn tseriesChaos xts rugarch rmgarch stochvol betategarch bayesGARCH gogarch timeSeries fMultivar CADFtest
金融	fAssets、fBasics、fBonds timeDate fCopulae fExoticOptions fExtremes fGarch fImport fNonlinear fOptions fPortfolio fRegression timeSeries、fTrading RQuantLib quantmod backtestPerformanceAnalytics TTR sde AmericanCallOpt VarSwapPrice SharpeR markovchain OptHedging MarkowitzR OptionPricing OptionPricing sharpeRratio PortfolioOptim DtD PeerPerformance
风险管理	qrmtools qrmdata CreditMetrics fPortfolio fExtremes copula copulaData fgac actuar ghyp frmqa RiskPortfolios cvar

表 A.9　　金融实证应用包

应用包	计量任务	命令、语句或函数
base	系统服务、环境配置 数据构造、文件操作 方程求解、最优规划	system system.time date try conditions stop library setwd load save attach file.create

续表

应用包	计量任务	命令、语句或函数
utils	应用包、数据、文件	install.packagesdownload.packages edit data read.table write.tabe read.socket write.socke
stats	概率分布、ARMA 相关及方差、统计检验 线性非线性拟合	ar ar.ols arima arima.sim arima0 t.test adf.test PP.test bartlett.test wilcox.test Box.test fisher.test ks.test lm lmfit glm nls nlm
fBasics	统计描述、统计检验 分布拟合	basicStats NormalityTests CorrelationTest varianceTest ks2Test
fGarch	重尾分布、GARCH 波动 残差、预测	dsnorm psnorm qsnorm dsstd dstd psstd garchFit summary residuals Predict volatility
foreign	外部数据文件读写	read.dta write.dta read.dbf write.dbf read.spss write.spss read.xport write.xport
tseries	时间序列处理	plotOHLC arma garch adf.test po.test pp.test white.test bds.test jarque.bera.test
urca	单根、协整 向量自回归、误差修正	ur.df ca.jo cajolst cajolst cajools ca.jo
urgarch	单变量 GARCH 模型	uGARCHspec garchFit summary Print show residuals Predict volatility
tsDyn	门限或向量自回归 误差修正门限	SETAR STAR lineVar VAR TVAR VECM TVECM
MSwM	马尔可夫状态转换	lm glm formula msmFit msmResid summary
nnfor	神经网络	mlp plot.mlp forecast.mlp

附录 B　实证财经数据：FiEsen

本章介绍金融计量学的实证数据集 R 描述、应用框架、下载地址、数据集组成及其含义。

第一节　数据描述

实证财经数据源自雅虎财经[①]、统计局、证券市场、货币市场、债券市场及商品期货市场等公开数据。

实证财经数据集提供部分经济统计数据、市场指数数据、货币市场数据、商品期货市场数据及证券市场数据，这些数据以 R 工作文件 FiEsen.Rdata 或应用包 FiEsen_0.1.0.ZIP 提供 R 系统实证应用。

实证数据标识符号四重属性：其一，经济或金融指标，如 GDP、CPI、M1、M2、M3、CHINALIFE、CCB、PETROCHINA。其二，样本交易市场，如纽约证券交易所、纳斯达克证券交易所、上海证券交易所、深圳证券交易所、香港交易所。其三，数据变量标识以相应关键字含义为主，附着前后缀，前缀以 d、w、m 或 q 标示日、周、月或季，而 d 省略，以表示数据抽样间隔；后缀则为具体的观测数据项，多以后缀 x、p 或 r 标识。其四，数据变量标识后缀表示交易数据及其派生的价格、收益、方差，如指数或证券符号、证券可交易数量、抽样起止时间，指数代码、开盘价、最高价、最低价、收盘价、复权价、成交额度、交易方向、成交数量、买卖方向等。

此外，宏观经济指标、证券产品、市场指数或商品期货各有自己特定的数据结构和含义，如证券产品有成交数量、成交方向、交易属性等，而市场指数有成交额度等。

---

① 雅虎公司自 2021 年 11 月 1 日起停止在中国地区提供产品和服务，所以实证数据无法通过使用 R 系统应用包 tseries 命令 get.hist.quote 进行更新。此外，在美国证券市场上市的部分中国公司证券因退市而缺失部分数据。

第二节 下载安装

实证财经数据以特定 R 系统的数据对象存储为 R 系统的工作文件 FiEsen.Rdata 或 R 系统的应用包 FiEsen_0.1.0.ZIP。

实证财经数据在使用前需下载到本地和安装到 R 系统，具体步骤如下。首先，通过网络地址 https://anyshare.sufe.edu.cn:443/#/link/7710C6A76A43440FAB03CDE9F0D7DBA3 下载本书相关的、存储于云盘目录中的应用包、数据文件、教学文档、实证程序或参考文献等文件到本地存储，这些财经数据和其他文档仅供本书学习和练习使用[①]；其次，使用文件命令复制工作文件 FiEsen.Rdata 到本地；最后，在实证代码或控制窗口中使用命令（语句、函数）load 加载实证财经数据文件 FiEsen.Rdata 或者使用命令（语句、函数）library 加载实证财经数据应用包 FiEsen 到 R 系统运行环境。

第三节 宏观经济数据

实证样本集宏观经济数据主要包括季度国内生产总值、月份消费价格指数、月份采购经理指数及月份货币供给量，见表 B.1 所示。其中，每个数据变量类型都为数据框架，行标识为时间，而列数据为相应的经济指标的单季或当月组成成分。例如，月份货币供给数据结构 m.mx.x 包括三类组成：其一，货币供给的准货币供应量（亿元）及其增长率 M2、M2p；其二，货币（M1）供应量（亿元）及其同比增长率 M1 和 M1p；其三，流通中现金（M0）供应量（亿元）及其同比增长率 M0 和 M0p。

表 B.1 **宏观经济指标**

数据变量	经济指标	数据变量	经济指标
q.gdp.x$	国民生产总值	m.cpi.x$	消费价格指数
m.pmi.x$	采购经理指数	m.mx.x$	货币供给

① 也可咨询电邮：mingheng@sufe.edu.cn 获得支持。

第四节 货币市场数据

实证样本集货币市场数据人民币利率主要是指上海银行间同业拆放市场的拆放利率，见表 B.2 所示。其中，数据结构的行标识为时间，而列数据为相应期限的当日拆放利率，起始时间为 2006 年。货币市场人民币汇率主要是指中国外汇交易中心外汇市场的人民币汇率的中间价，外币币种为美元、欧元、日元、港币和英镑，起始时间为 2006 年，如表 B.3 所示。

表 B.2 上海银行间同业拆放利率

数据变量	数据结构
shibor.x$	ON #隔夜利率 W1 #1 周利率 W2 #2 周利率 M1 #1 月利率 M3 #3 月利率 M6 #6 月利率 M9 #9 月利率 Y1 #1 年利率
shibor.r$	相应期限利率的对数收益

表 B.3 人民币汇率中间价

数据变量	数据结构
fx.x$	USD EUR JPY100 HKD GBP
fx.r$	相应汇率的对数收益

第五节 证券交易数据

证券交易数据为最庞大的数据集合，包括股票、基金、债券、股票期权等金融产品的技术面数据和基本面数据；交易数据按观测交易间隔分为日间交易数据和日内交易数据。实证样本集证券日间交易数据提供沪深证券交易市场部分证券部分时段的日间交易数据 OHLC 及周数据和月份数据。日间交易数据项如表 B.4 所示。部分日间市场指数和证券的交易数据如表 B.9 至表 B.13 所示，而表 B.14 则给出部分企业在多个市场交易的证券或属于同行业的多家证券的日、周和月份的交易价格与收益率。

表 B.4 日间交易数据结构:中国人寿,SSE A 股

数据变量	含义或结构
sse.chinalife	证券符号
sse.chinalife.name	证券名字
sse.chinalife.url	证券网址
sse.chinalife.vols	可交易数量
sse.chinalife.start	交易数据起始日
sse.chinalife.end	交易数据截止日
sse.chinalife.x$	Open #开盘价 High #最高价 Low #最低价 Close #收盘价 p #价格 vol #成交量 r #收益 RV #实例波动 sigma21 #日间实例波动 ewma #指数加权滑动平均波动

实证样本集证券日内交易数据提供沪深证券交易市场部分证券部分时段的日内交易数据或超高频交易数据 UHF。日间证券交易数据项目见表 8.5;证券日内交易数据除去开盘前 5 分钟集合竞价时段和收市盘后前 5 分钟集合竞价的交易数据;日内正常交易的原数据项包括:时间、价格、价格方向、层成交量、成交方向、成交间隔;市场指数日内交易数据的原数据项包括:时间、价格、价格方向、成交量。

表 B.5 日内交易数据结构:中国人寿,上海证交所

数据变量	含义或结构
u.sse.chinalife.s	日内交易开盘及收盘 Day# 日期 obP obVol oaP oaVol #开盘 cbP cbVol caP caVol #收盘 hP hbVol haVol #最高价及交易量 lP lbVol laVol #最低价及交易量
u.sse.chinalife.x	日内交易数据 tm p sta vol ask #时分 dt r dP aP aVol #交易间隔、收益、价差、平均价、平均量 rv smf imf #实例波动、短时资金流、瞬时资金流

第六节　商品期货市场

实证样本集商品期货市场数据包括纽约商品交易所，如表 B.6 所示的原油期货；伦敦金属商品交易所，如表 B.7 所示的金属指数和现货金价格；郑州商品交易所，如表 B.8 所示的锰硅期货交易价格。

表 B.6　纽约商品交易所：原油期货

数据变量	数据结构			
nymex.cl.x $	Open	# 开盘价，每桶美元	High	# 最高价
	Low	# 最低价	Close	# 收盘价
	Settlement	# 结算价	p	# 价格、收盘价
	r	# 对数收益		

表 B.7　伦敦金属商品交易所：现货金价

数据变量	结构			
lmex.lme.x $	Open	# 开盘价	High	# 最高价
	Low	# 最低价	Close	# 收盘价
	Settlement	# 结算价	p	# 价格，缺省为收盘价
	r	# 对数收益		
lmex.gold.x $	Open	# 开盘价，现货每盎司	High	# 最高价
	Low	# 最低价	Close	# 收盘价
	p	# 价格，缺省为收盘价	r	# 对数收益

表 B.8　郑州商品交易所：锰硅期货交易价格

数据变量	结构			
czce.sm.x $	Open	# 开盘价	High	# 最高价
	Low	# 最低价	Close	# 收盘价
	Settlement	# 结算价	Amount	# 成交额
	Volume	# 成交量	Position	# 持仓量
	p	# 价格，缺省为收盘价	r	# 对数收益

第七节　实证样本列表

实证样本集样本列表部分日内证券交易数据样本如表 B.9 至 B.13 所示，而部分日内证券合并数据样本如表 B.14 所示；部分高频交易的日内证券样本数据如表 B.15 所示；具体以联机数据集 FiEsen.Rdata 列表为准。

表 B.9　　市场指数样本（部分）

数据变量	证券符号	证券简称
sp500	^GSPC	S&P500、标普 500
nasdaq.ci	^IXIC	Nasdaq Composite、纳指
cboe.vix	^VIX	CBOE Volatility Index、芝期波指
cboe.rut200	^RUT	CBOE Russell 2000 Index、芝期罗指
sse.ci	000001.SS	SSE Composite Index、上证综指
sse50	000904.SS	SSE 50 Index、上证 50
szse.ci	399001.SZ	SZSE Component Index、深证成指
szse.ai	399107.SZ	SZSE A—Share Index、深证 A 指
hkex.hsi	^HSI	HSI、香港恒指

表 B.10　　美国市场证券样本（部分）

数据变量	证券符号	证券简称
nasdaq.google	GOOGL	Google、谷歌
nasdaq.intel	INTC	Intel、Intel Corporation、英特尔
nasdaq.msft	MSFT	Microsoft、MSFT、微软
nasdaq.starbucks	SBUX	Starbucks、星巴克
nasdaq.sina	SINA	Sina、新浪
nasdaq.baidu	BIDU	Baidu、百度
nasdaq.unicom	CHU	China Unicom (Hong Kong)、中国联通（香港）
nyse.ibm	IBM	IBM、国际商用机器
nyse.gm	GM	GM、General Motors、通用汽车
nyse.3m	MMM	3M、3M 制造
nyse.ceair	CEA	China Eastern Airlines、中国东航

续表

数据变量	证券符号	证券简称
nyse.sinopec	SNP	China Petroleum & Chemical、中国石化
nyse.petrochina	PTR	PetroChina Company Limited、中国石油
nyse.chinalife	LFC	China Life Insurance、中国人寿
nyse.alibaba	BABA	Alibaba Group Holding、阿里控股

表 B.11　　上海证交所证券样本(部分)

数据变量	证券符号	证券简称
sse.saci	600104.SS	SAIC Motors、上汽通用
sse.icbc	601398.SS	ICBC、工商银行
sse.ccb	601939.SS	CCB、建设银行
sse.ceair	600115.SS	China Eastern Airlines、中国东航
sse.sinopec	600028.SS	China Petroleum & Chemical、中国石化
sse.petrochina	601857.SS	Petro—China Company Limited、中国石油
sse.zpmc	600320.SS	Zhenhua Prot Machinery、振华重工
sse.zpmc.b	900947.SS	Zhenhua Prot Machinery、振华重工 B
sse.citic.sc	600030.SS	CITIC Securities、中信证券
sse.aisino	600271.SS	Aisino、航天信息
sse.chinalife	601628.SS	China Life Insurance、中国人寿
sse.unicom	600050.SS	China United、中国联通

表 B.12　　深圳证交所证券样本(部分)

数据变量	证券符号	证券简称
szse.pingan	000001.SZ	Ping An Bank、平安银行
szse.vanke	000002.SZ	China Vanke、万科 A
szse.digitalchina	000034.SZ	Digital China Group、神舟数码
szse.swhysc	000166.SZ	Shenwan Hongyuan Group、申万宏源证券
szse.nfc	000758.SZ	Nonferrous Metal Indus、中色股份
szse.midea	000333.SZ	Midea Group Co. ,Ltd.、美的集团
szse.gree	000651.SZ	Gree Electric Appliances、格力电器
zse.baiyao	000538.SZ	Yunnan Baiyao、云南白药
szse.csg	000012.SZ	CSG Holding、南玻 A
szse.csg.b	200012.SZ	CSG Holding(B)、南玻 B

表 B.13 香港交易所证券样本(部分)

数据变量	证券符号	证券简称
hkex.petrochina	0857.HK	PetroChina Company Limited、中国石油
hkex.icbc	1398.HK	ICBC、工商银行
hkex.ccb	0939.HK	China Construction Bank、建设银行
hkex.chinalife	2628.HK	China Life Insurance、中国人寿
hkex.vanke	1036.HK	Vanke Property、万科海外置业
hkex.tencent	0700.HK	Tencent Holdings、腾讯控股
hkex.digitalchina	0861.HK	Digital China Holdings、神州控股
hkex.unicom	0762.HK	China Unicom (Hong Kong)、香港联通

表 B.14 多市场或多板块证券合并样本(部分)

数据变量	指数或证券组	数据变量	指数或证券组
mkt	多市场指数	etf	基金业
ceair	中国东航	ITs	信息产业
sc	证券业	elec	电器制造业
sinopec	中国石化	petrochina	中国石油
zpmc	振华重机	ccb	建设银行
icb	工商银行	smics	中芯国际
cansino	康希诺	pingan	平安系列
unicom	中国联通	csg	南玻
changyu	张裕	vanke	万科地产
digitalchina	神州数码	chinalife	中国人寿
alibaba	阿里巴巴	jinjiang	锦江集团
byd	比亚迪	tencent	腾讯控股

表 B.15 日内交易数据样本(部分)

数据变量	证券简称	数据变量	证券简称
u.sse.ci	上证综指	u.szse.ci	深圳成指
u.sse.chinalife.	中国人寿	u.sse.icbc.	工商银行
u.sse.ccb.	建设银行	u.szse.pinganbnk	平安银行
u.sse.cmbc.	民生银行	u.sse.ceair.	中国东航
u.sse.sinopec.	中国石化	u.sse.petrochina.	中国石油

续表

数据变量	证券简称	数据变量	证券简称
u.szse.swhy.sc	申万宏源证券	u.sse.citic.sc	中信证券
u.szse.vanke.	万科 A	u.sse.longji	隆基股份
u.sse.JinJiang.	锦江酒店	u.sse.JinJiang.b	锦江 B
u.szse.csg	南玻 A	u.szse.csg.b	南玻 B
u.szse.changyu.a	张裕 A	u.szse.changyu.b	张裕 B

第八节　实证应用框架

实证研究框架有四个阶段:其一,理解实证研究的问题是关键;其二,以经济或金融理论为导向进行理论分析构建数理模型;其三,以数理模型为基础收集相应实际数据,辅以特定的数据处理并确定计量模型;其四,依据计量模型进行实证分析、检验或预测。因此,基于金融计量学实证实现证券的价值分析、波动计算、投资组合、套期保值、统计套利或风险管理。

具体地,R 实证框架组成:其一,设置应用环境和读入数据文件;其二,进行必要的数据预处理;其三,在适合的横截面、时间序列数据、面板或非结构化等数据类型;其四,以经济或金融理论分析为指引构造回归分析方程组;其五,依次反复进行实证结果和结论探讨分析,直至解释现实金融实证问题或金融预测检验等。应用程序框架见表 B.16 所示。

表 B.16　　金融计量学 R 应用程序框架

1st.	确定实证研究问题 数理分析、收集整理样本数据、确定计量模型及系统应用包
2nd.	加载系统应用程序包 library(zoo) # 基础数据包　library(stats) # 基础统计包 library(fBasics) # 基础金融包　library(tseries) # 时间序列包
3rd.	加载实证应用包或数据集 library(FiEsen) # 应用包　load("FiEsen.Rdata") # 数据集
4th.	提取特定时期样本数据 y<- window(vanke.p, start=as.Date("2019-8-16"), end=as.Date("2020-8-13")) x<- window(vanke.r, start=as.Date("2019-8-16"), end=as.Date("2020-8-13"))

续表

5th.	数据预处理及统计分析 plot(y);plot(x);basicStats(y);basicStats(x)
6th.	选定应用包以实现特定计量模型处理 garch.vanke<- garch(ts(x $ szse.vanke),order=c(1,3))
7th.	实证结果、打印和存档 summary(garch.vanke);Print(garch.vanke);plot(garch.vanke)
8th.	实证结论及其局限分析

附录C 经济指标、市场指数和财经事记

金融实证问题始终与经济指标、市场指数或财经大事件密切相关，这些是影响证券或商品期货的外生因素。

实证样本集经济指标主要有：国民生产总值、居民消费价格指数、采购经理指数和调控经济运行的货币供给，分别如图C.1至图C.4所示；实证样本集市场指数主要有：上海银行间同业拆放利率、人民币汇率中间价、商品期货市场和主要证券市场指数，分别如图C.5至图C.8所示。

此外，特别重要的是，影响宏观经济指标和市场指数的财经大事件包括政治或政策调整、市场监管力度和或金融市场危机；改革开放四十年来财经事记见表C.1所示，仅供做实证研究的经济背景参考。

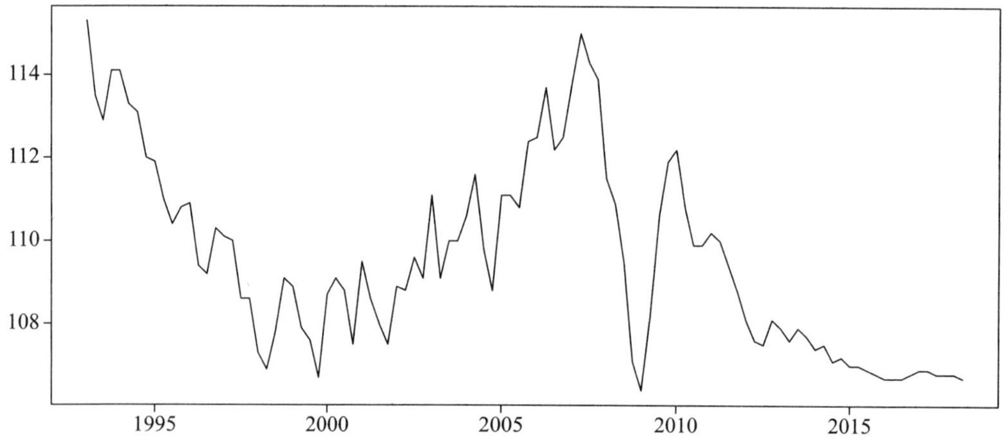

图C.1 国民生产总值

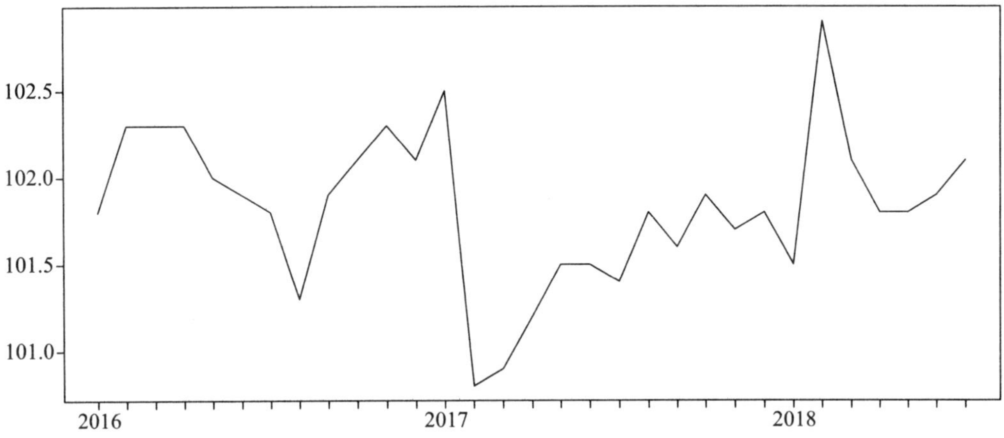

图 C.2　居民消费价格指数

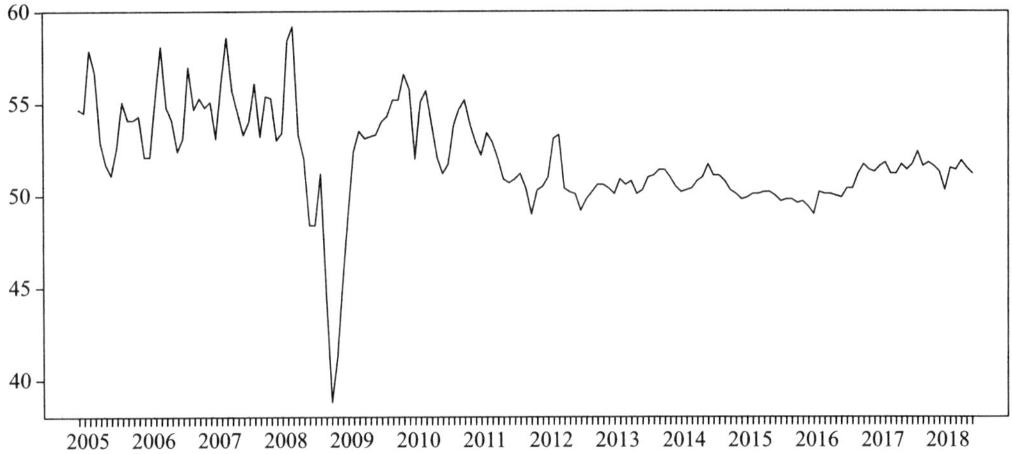

图 C.3　采购经理指数

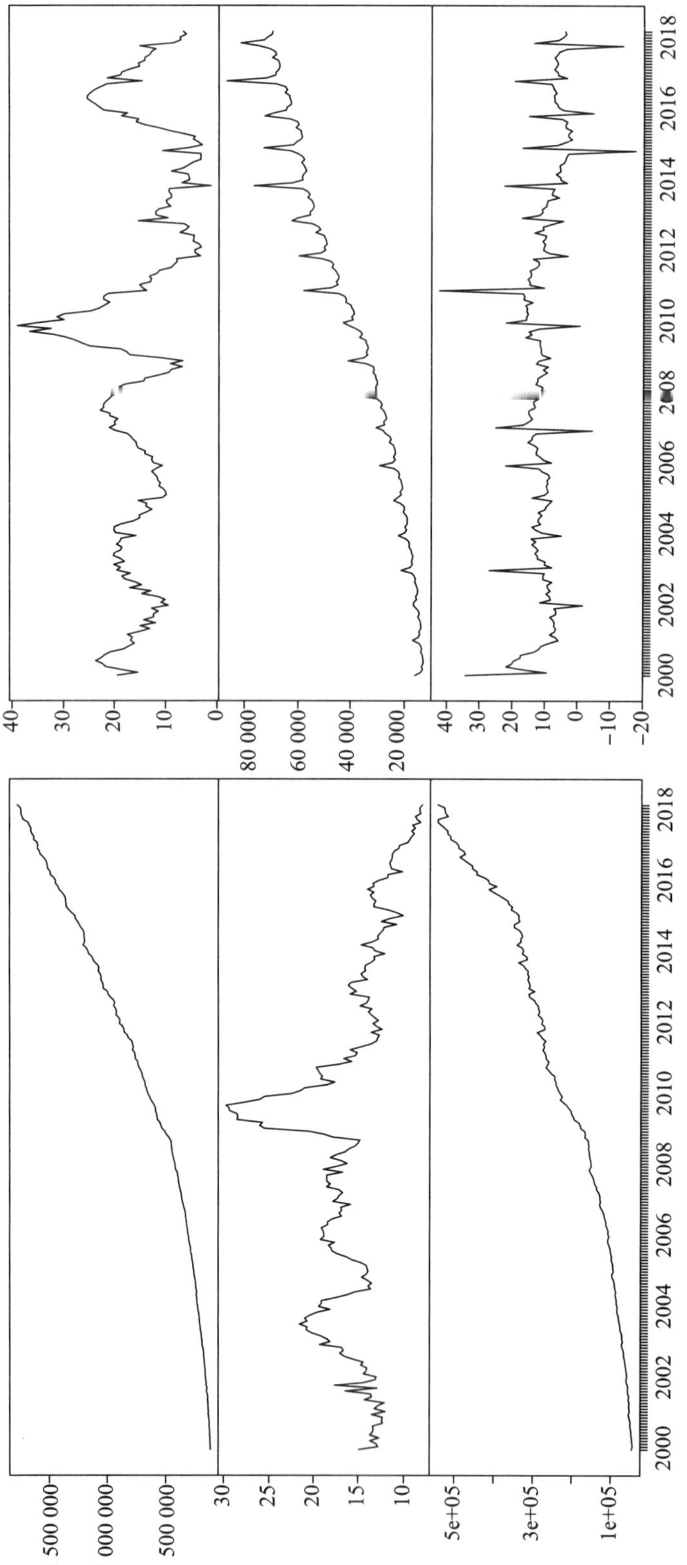

图C.4　货币供给及其同比增长率

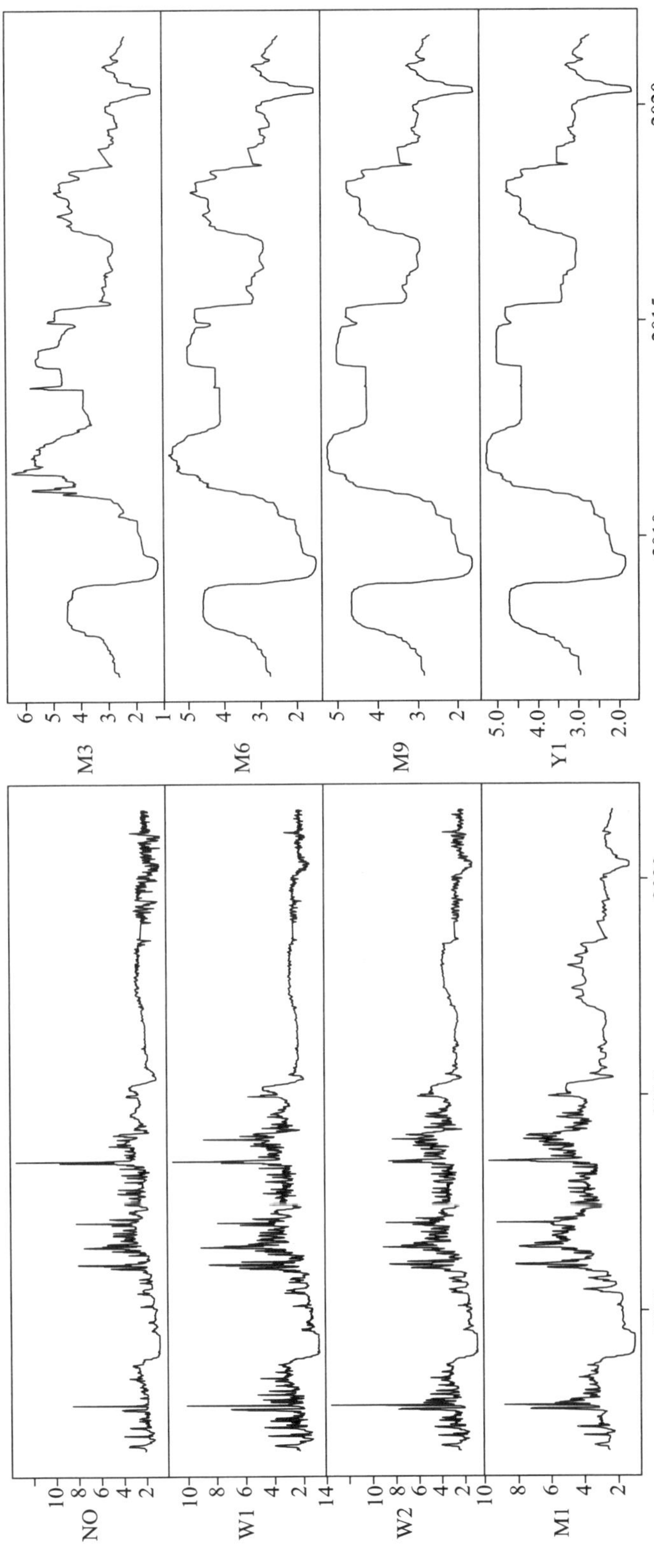

图C.5　上海银行间同业拆放利率

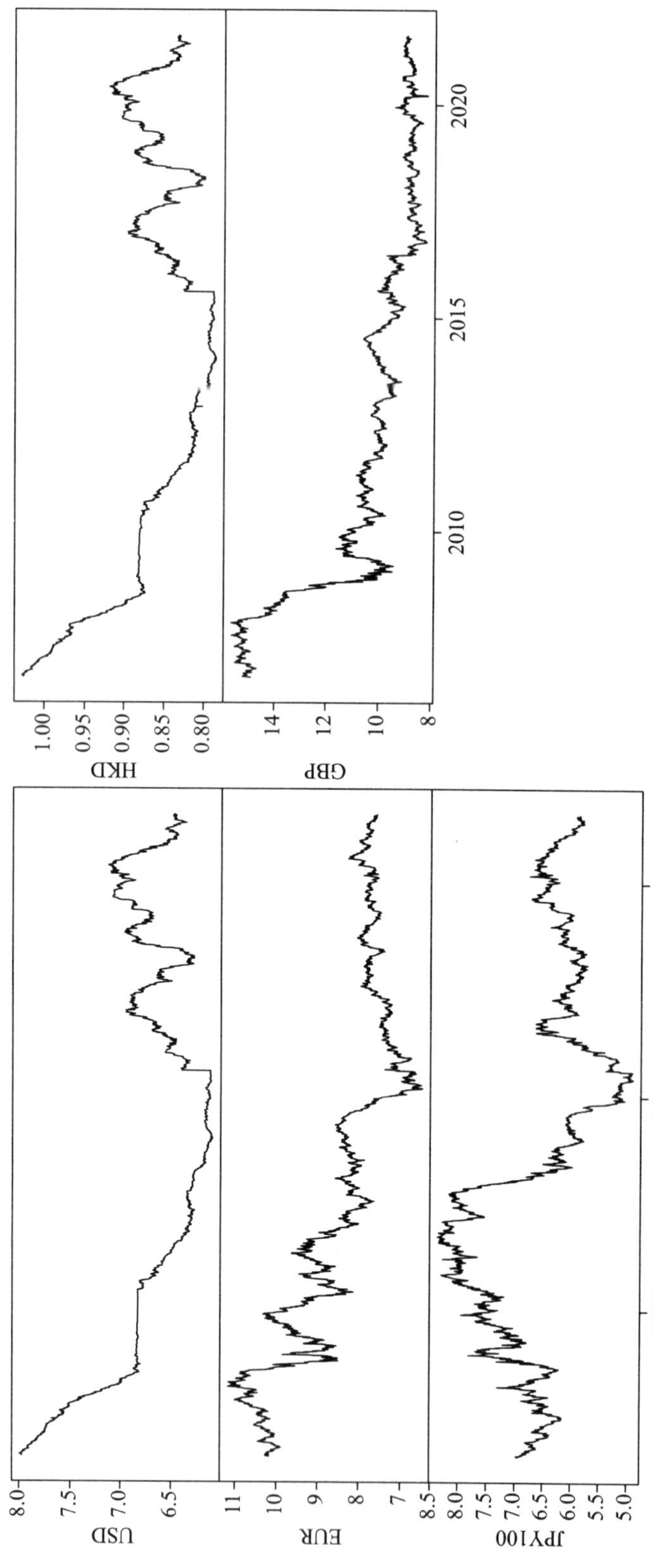

图C.6 人民币对主要汇率中间价

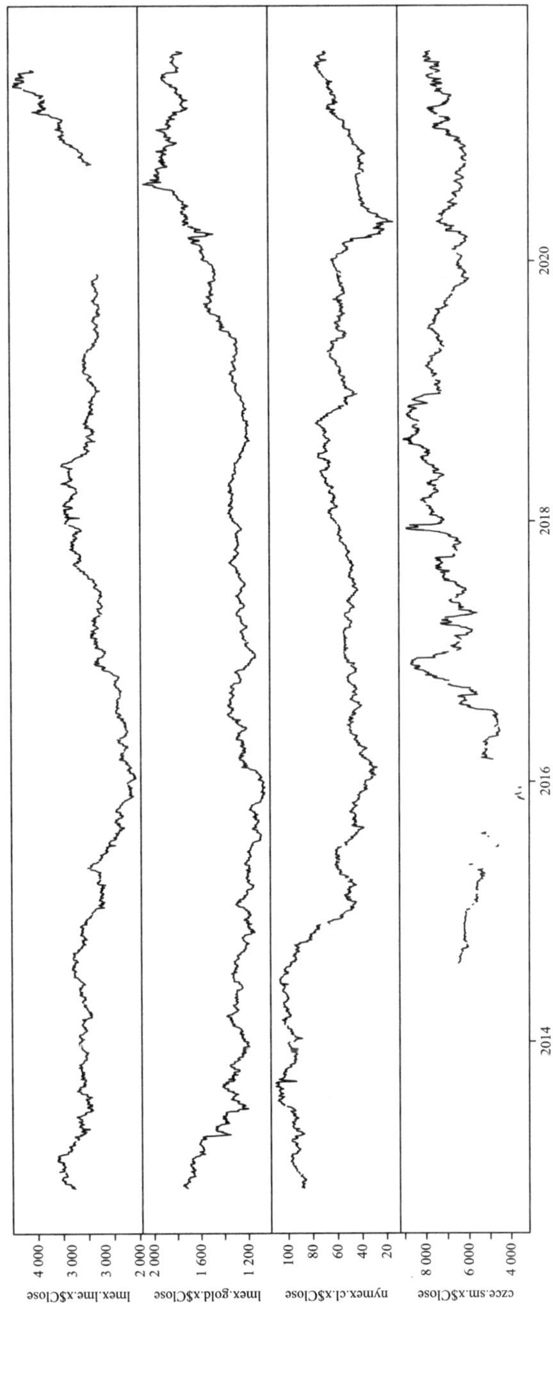

图C.7　商品期货市场：金属指数、现货金、原油及锰硅

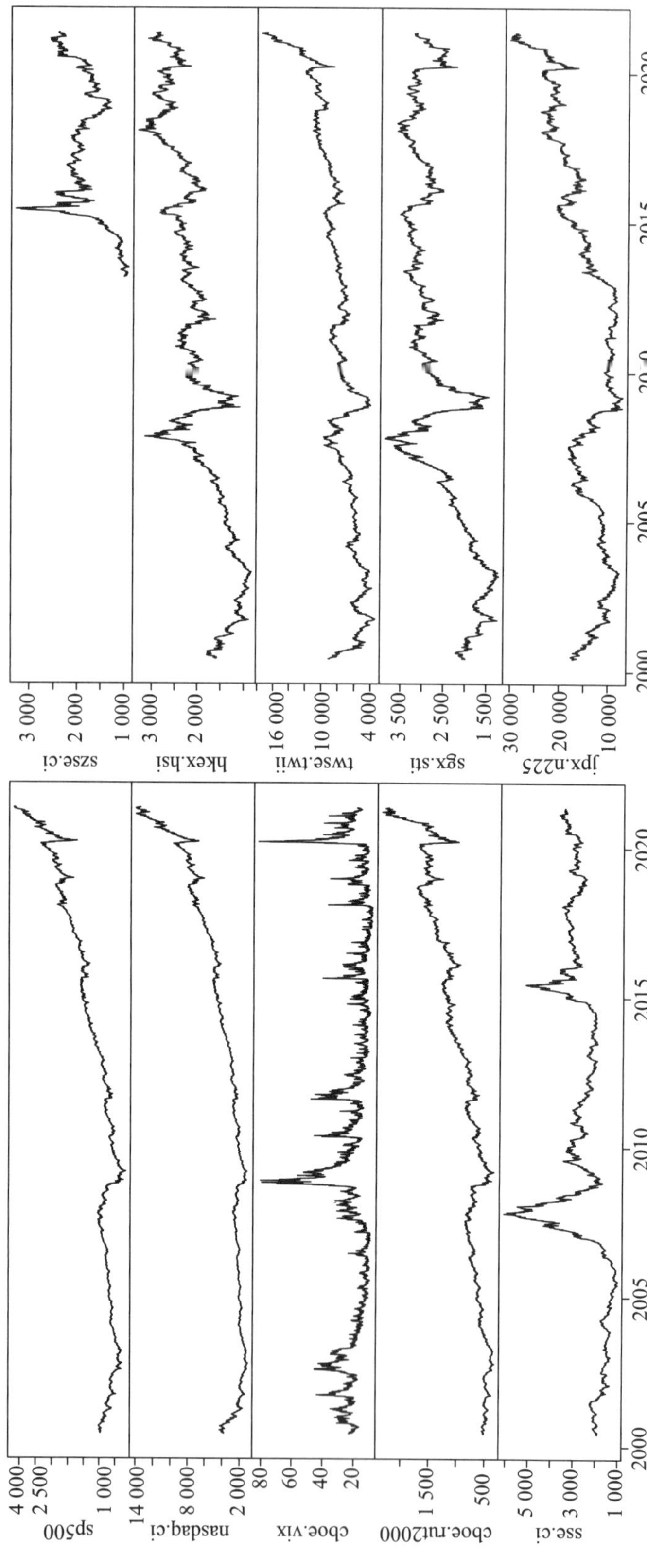

图C.8　主要证券市场指数

表 C.1 **财经事记**

年度	财经事记
1977	8月12日,中共十一大决定结束十年"文化大革命"动乱。
1978	12月18日,中共十一届三中全会确定实践是检验真理的唯一标准并确立市场经济方向。
1980	8月,国务院先后设立深圳、珠海、汕头、厦门经济特区。
1987	中国人民银行和财政部联合发行国家建设特种债券。
1990	4月18日,国务院宣布开发浦东新区并成立国家级的陆家嘴金融贸易区; 11月26日,上交所召开成立大会暨第一次会员大会。
1990	12月1日,深圳证券交易所开业,试运行。
1991	6月15日,中国人民银行深圳分行颁布《深圳市证券机构管理暂行规定》,并于6月25日起实施。
1992	上交所发行以美元计价的B种股票。
1992	8月10日,深圳新股摇号认购风波。
1995	深交所发行以港元计价的B种股票。
1995	国债"3·27"事件导致万国证券等券商破产合并及金融期货市场关闭。
2001	12月11日,中国加入世界贸易组织。
2013	1月16日,建立全国中小企业股份转让系统,简称股转系统或新三板。
2015	人民币年内相继10次降准降息; 6月15日,沪深市场千股跌停,股市泡沫破灭。
2016	1月4日,沪深300暴跌7%,致使触发熔断机制。
2016	10月1日,人民币纳入国际货币基金组织特别提款权(SDR)。
2017	沪深市场年内分别提供融资融券服务。
2018	沪深市场年内相继实施沪股通、深股通和港股通。
2019	7月22日,上交所科创板开市。
2019	12月7日,国际医学期刊《柳叶刀》论文证实首例新冠病毒肺炎患者。
2020	8月24日,深交所创业板开市。
2021	9月3日,在新三板基础上筹建北京证券交易所,并于11月16日开业。

插　图

表　　格

符号缩写

$\mathbb{N}$	自然数集
$\mathbb{R}$、$\mathbb{R}^+$	实数集、正实数集
x、ξ、$\mathbf{x}$	随机变量、随机向量、随机矩阵
x_t、ξ_t、x_t	时间序列、随机过程、随机向量、矩阵序列
$\mathbf{x}_t$、$\mathbf{y}_t$、$\mathbf{z}_t$	样本序列
x_t、y_t、z_t	样本向量、矩阵序列
$^\top$	矩阵或向量转置
$\mathbb{X}$	所有的样本集
$\mathbb{X}_t$	同期或当期的样本集
$\mathbb{X}_{t-1}$	先期或历史的样本集
$\times$	集合直积
$=$	等于、方程式
$\triangleq$	定义、构造
$\equiv$	恒等于、恒等式
$\approx$	近似
$\xrightarrow{\text{a.s.}}$	概率为 1 收敛、几乎处处收敛
$\Pr\{\ \}$	概率、概率测度
$F(\ )$	PDF、概率分布函数
$f(\ )$	pdf、概率密度函数
s.t.	使得、subject to
e.g.	例如、exempli gratia
IID、iid	独立同分布
R_t、r_t	简单或对数收益率序列
$r_{t-1,t}$	单期对数收益率
$r_{t+m,t}$	多期对数收益率

E、E_X、μ	期望
D、D_X、σ^2	方差
σ_t^2	条件异方差、波动、波动率
Cov、γ_l	协方差
Corr、ρ_l	相关系数 $q_\alpha\alpha$ 分位数
$q_{0.50}$	中值、中位数
K	峰度、三阶矩
S	偏度、四阶矩
N、T	样本数目、样本容量
x、m	样本均值
s^2、$(N-1)s^2$	样本方差、样本离差平方和
DF、df	自由度
WN	白噪声
$N(\ )$	正态或高斯分布
t	t 分布、学生 t 分布
F	F 分布、Fisher 分布
χ^2	卡方分布
B_t、W_t	布朗运动、维纳过程
dB_t、dW_t	布朗运动增量、维纳过程增量、随机微分
LRM	线性回归模型
GMA	高斯马尔可夫假设
MDP	马尔可夫决策过程
ϵ_t、u_t、a_t	扰动项、误差项
$\hat{\epsilon}_t$、$\hat{u}_t$、$\hat{a}_t$	误差、残差、新息
$\hat{y}_t$	样本估计
$\hat{\beta}_t$	系数估计
TSS	离差平方和
ESS	释差平方和
RSS	残差平方和
R^2、$\overline{R}^2$	拟合优度、调整拟合优度
t、F、χ^2	t 统计量、F 统计量、卡方统计量

Wald、Chow	Wald 统计量、Chow 统计量
LM、LR	拉格朗日数乘统计量、似然函数比率统计量
p-value	p 值：接受原假设的概率
ACF、ρ_l	自相关函数
PACF、ρ_l	偏自相关函数
CCF、ρ_l	互相关函数
AR(p)	p 阶自回归模型
MA(q)	q 阶滑动平均模型
ARMA(p,q)	p-q 阶自回归滑动平均模型
I(d)	d 阶单整
CI(d,b)	d-b 阶协整
ARCH Eff	异方差效应
ARCH(p)	p 阶自回归条件异方差模型
GARCH(m,s)	m-s 阶广义自回归条件异方差模型
SVM	随机波动模型
VAR(p)	p 阶向量自回归模型
VECM	向量误差模型
MSE	均方误差
OLS、WLS	普通最小二乘估计、加权最小二乘估计
GLS、FGLS	广义最小二乘估计、可行广义最小二乘估计
IV、TSLS	工具变量 IV、两阶段最小二乘估计
L、log$L$	似然函数、似然函数对数
MLE	极大似然估计
LP	线性概率模型
Pobit	位序概率模型
Logistic	逻辑斯蒂概率模型
LDV	因变量受限模型
ADF	ADF 统计量、单根检验
VaR、ES	风险价值、预期损失
B、L	滞后算子
Δ、diff	差分、环比增加
Δ^2、Δ^d	二阶差分、环比增速、d 阶差分

Δ_s	s 季节差分、季节同比增加
Δ_s^2	二阶季节差分、季节同比增速
F、Z	傅立叶 F 变换、Z 变换
AI、ML	人工智能、机器学习
DL、RL	深度学习、强化学习
MLP	多层感知机、前向结构神经网络
BP	后向传播算法
Actor-Critic	策略梯度算法

参考文献

波涛:《系统交易方法》,经济管理出版社 1998 年版。

程乾生:《数字信号处理》,北京大学出版 2003 年版。

才子佳:《基于协整理论的统计套利策略构建与实证》,上海财经大学硕士学位论文,2017 年。

史树中:《金融经济学十讲》,上海人民出版社 2004 年版。

阎平凡,张长水:《人工神经元网络与模拟进化计算》,清华大学出版社 2000 年版。

张尧庭:《金融市场的统计分析》,广西师范大学出版社 1998 年版。

周大中:《现代金融学》,北京大学出版社 2000 年版。

张明恒:《多金融资产风险价值的 Copula 计量方法研究》,《数量经济技术经济研究》,2004(4):67－70。

张明恒,于晨:《ETF 基金市场效应的统计检验》,《上海经济研究》,2011(7):92－99。

张明恒:《中航油(新加坡)石油期权丑闻的控制与分析》,载王少飞主编:《上海财经大学商学案例集》,上海财经大学出版社 2014 年版,第 292－302 页。

张明恒:《国债期货 327 品种交易事件案例研究》,载王少飞主编:《上海财经大学商学案例集》,上海财经大学出版社 2022 年版,第 89－103 页。

Artzner, P. , Delbaen, F. , Eber, J.-M. , Heath, D. , 1999. Coherent Measures of Risk. *Mathematical Finance*, 9(3):203－228.

Ban, G-Y. , El Karoui, N. , A.E.B. , Lim, 2016. Machine Learning and Portfolio Optimization. *Management Science*, 64(3):1136－1154.

BCBS, 2011. Operational Risk-Supervisory Guidelines for the Advanced Measurement ApProaches. *Basel Committee on Banking Supervision*. See the web site: http://www.bis.org/publ/bcbs196.pdf.

Bernstein, Peter L. , 1991. *Capital Ideas: The ImProbable Origins of Mod-*

ern Wall Street. Free Press.中文版《投资革命:源自象牙塔的华尔街理论》,上海远东出版社 2001 年版。

Bollerslev, T. , 1986. Generalized Autoregressive Conditional Heteroscedasticity. *Journal of Econometrics*, 31: 307 - 327.

Bollerslev, T. , Wooldridge, Jeffrey. M. , 1992. Quasi-Maximum Likelihood Estimation and Inference in Dynamic Models with Time-Varying Covariance. *Econometric Reviews*, 11: 143 - 172.

Brockett, Patrick L. , Hinich, Melvin J. , and Patterson, D. , 1988. Bispectral-Based Tests for the Detection of Gaussianity and Linearity in Time Series. *Journal of the American Statistical Association*, 83(403): 657 - 664.

Campbell, John Y. , Lo, Andrew W. , MacKinlay, Craig A. , 1997. *The Econometrics of Financial Markets*. Princeton University Press.

Chen, R. and Tsay, R.S. , 1993. Functional Coefficient Autoregressive Models. *Journal of American Statistical Association*, 88: 298 - 308.

Chiba, S. , Nardarib, F. , Shephardc, N. , 2002. Markov Chain Monte Carlo Methods for Stochastic Volatility Models. *Journal of Econometrics*, 108(2002): 281 - 316.

Crone S.F. , Kourentzes N. , 2010. Feature selection for Time Series Prediction-A Combined Filter and Wrapper ApProach for Neural Networks. *Neurocomputing*, 73(10): 1923 - 1936.

Ding, Z. , Granger, C.W.J. and Engle, R.F. 1993. A Long Memory Property of Stock Market Returns and A New Model. *Journal of Empirical Finance*, 1(1): 83 - 106.

Edgar, Peters E. , 1996. *Chaos and Order in the Capital Markets: A New View of Cycles, Prices, and Market Volatility*. 2nd edition. Wiley.中文版《资本市场的混沌与秩序(第二版)》,经济科学出版社 1999 年版。

Engle, Robert F. , 1982. Autoregressive Conditional Heteroscedasticity with Estimates of the Variance of United Kingdom Inflation. *Econometrica*, 50(4): 987 - 1007.

Engle, Robert F. , 1988. Autoregressive Conditional Duration: A New Model for Irregularly Spaced Transaction Data. *Econometrica*, 1998(66): 1127 - 1162.

Engle, Robert F. , 2000. The Econometrics of Ultra High Frequency Data.

Econometrica, 2000(68): 1-22.

Fama, E., French, K., 2015. A Five-Factor Asset Pricing Model. *Journal of Financial Economics*, 116(1): 1-22.

Ghalanos, A., 2019. rmgarch: Multivariate GARCH models, *R Package Version* 1.3-7. See the web site: https://cran.r-project.org/web/packages/rmgarch/rmgarch.pdf.

Ghalanos A (2020). rugarch: Univariate GARCH Models, *R Package Version* 1.4-4. See the web site: https://cran.r-project.org/web/packages/rugarch/rugarch.pdf.

Gujarati, Damodar N., 2006. *Essentials of Econometrics*. 3rd edition. McGraw-Hill. 中文版《经济计量学精要》(第 3 版),机械工业出版社 2006 年版.

Hosszejni, D., Kastner, G., 2019. ApProaches Toward the Bayesian Estimation of the Stochastic Volatility Model with Leverage. In: Argiento R., Durante D., Wade S. (eds) *Bayesian Statistics and New Generations: Proceedings in Mathematics & Statistics*, 296: 75-83, Springer.

Hausman, Jerry A., Lo, Andrew W., MacKinlay, Craig A., 1992. An Ordered Probit Analysis of Transaction Stock Prices. *Journal of Financial Economics*, 31(3): 319-379.

Kastner, G. and Frühwirth-Schnatter, S., 2014. Ancillarity-sufficiency interweaving strategy (ASIS) for Boosting MCMC Estimation of Stochastic Volatility Models. *Computational Statistics & Data Analysis*, 76: 408-423.

Konda, V., and Tsitsiklis., J., 2000. Actor-Critic Algorithms. *Advances in Neural Information Processing Systems*, 12: 1008-1014, MIT Press, 2000. See the web site: https://papers.nips.cc/paper/1999/file/6449f44a102fde848669bdd9eb6b76fa-Paper.pdf.

Kourentzes, N., Barrow, Devon K., Crone, Sven. F., 2014. Neural Network Eensemble Operators for Time Series Forecasting. *Expert Systems with Applications*, 41(9): 4235-4244.

Li, D.X., 1999. *Value at Risk Based on the Volatility, Skewness and Kurtosis*. See the web site https://www.msci.com/www/research-paper/value-at-risk-based-on-the/018418010.

Liu, Jun S., 2004. *Monte Carlo Strategies in Scientific Computing*. SPringer.

Lo, Andrew W., MacKinlay, Craig A., 1990. An Econometric Analysis of Nonsynchronous Trading. *Journal of Econometrics*, 45(1－2): 181－211.

Lo, Andrew W., Mamaysky, H., Wang, J., 2000. Foundations of Technical Analysis: Computational Algorithms, Statistical Inference, and Empirical Implementation. *The Journal of Finance*, 55(4): 1705－1765.

McNeil, A.J., Frey, R, and Embrechts, P, 2005. *Quantitative Risk Management: Concepts, Techniques, and Tools*. Princeton Press. 中文版《量化风险管理：概念、技术和工具(修订版)》，电子工业出版社 2020 年版。

Morgan, J. P., Reuters, 1996. *RiskMetrics*™—Technical Document. See the web site: https://www.msci.com/documents/10199/5915b101－4206－4ba0－aee2－3449d5c7e95a.

Refenes, A-P. N., Abu-Mostafa, Y., Moody, J., and Weigend, A., (ed.), 1996. *Neural Networks in Financial Engineering: Proceedings of the Third International Conference on Neural Networks in the Capital Markets*. World Scientific.

Roll, R., 1984. A Simple Model of the Implicit Bid－Ask SPread in an Efficient Market. *The Journal of Finance*, 39: 1127－1139.

Rydberg, Tina H., Shephard, N., 2003. Dynamics of Trade-by-Trade Price Movements: Decomposition and Models. *Journal of Financial Econometrics*, 1(1): 2－25.

Shiryaev, Albert N., 2003. *Essentials of Stochastic Finance-Facts, Models, Theory*. World Scientific(Translated from the Russian by N.Kuzhilin).

Sutton, S., McAllester, D., Singh, S., Mansour, Y., 2000. Policy Gradient Methods for Reinforcement Learning with Function ApProximation. *Advances in Neural Information Processing Systems*, 12: 1057－1063, MIT Press, 2000. See the web site: https://Proceedings.neurips.cc/paper/1999/file/464d828b85b0bed98e80ade0a5c43b0f-Paper.pdf.

Shephard, N. (Ed.), 2005. *Stochastic Volatility: Selected Readings*. Oxford University Press.

Terasvirta, T., 1994. Specification, Estimation and Evaluation of Smooth Transition Autoregresive Models. *Journal of the American Statistical Association*, 89(1994): 208－218.

Tsay, Rueuy S. , 2005. *Analysis of Financial Time Series*. 2nd edition. Wiley. 中文版《金融时间序列分析》(第 2 版)，机械工业出版社。

Takens, F. , 1981. Detecting strange attractors in turbulence SPringer Lecture Notes in Mathematics 898: 366 - 381.

Vapnik. , V.N. , 1999. *The Nature of Statistical Learning Theory*. 2nd edition. SPringer.

Wang, J. , Li, Y. , Cao, Y. , 2019. Dynamic Portfolio Management with Reinforcement Learning. *Quantitative Finance*, 2019: 11.

Wooldridge, Jeffrey M. , 2008. *Introductory Econometrics: A Modern ApProach*. 4th edition. South-Western. 中文版《计量经济学导论》(第 4 版)，中国人民大学出版社 2010 年版.

Zhang, M.-H. and Cheng, Q.S. , 2005. An ApProach to VaR for Capital Markets with Gaussian Mixture. *Applied Mathematics and Computation*, 18(2): 1079 - 1085.

Zhang, M.-H. , 2008. Modelling Total Tail Dependence along Diagonals. *Insurance, Mathematics and Economics*, 42(1): 73 - 80.

名词索引

致　　谢

首先，衷心感谢上海财经大学理论经济学高峰学科经济学院教材建设项目和国家自然科学基金面上项目(72173083)及重点项目(71833004)的资金支持。其次，感谢胡景北教授、朱平芳教授和田国强教授对金融计量学课程教学的支持和帮助。最后，感谢芝加哥大学 Booth 商学院 Tsay 教授和苏黎世联邦理工大学 ETH-Risk 实验室 Embrechts 教授的支持和帮助。

作者

2022 年 6 月 1 日于上海